GOLDMANN
ESOTERIK

Bereits bei Goldmann erschienen:

Max Toth/Greg Nielsen
Pyramid Power
Kosmische Energie der Pyramiden (11722)

MAX TOTH

Das Geheimnis der Pyramid Power

Neue Forschungen
zum kosmischen Hintergrund
des Pyramidenrätsels

GOLDMANN VERLAG

Deutsche Erstveröffentlichung

Titel der Originalausgabe: »Pyramid Prophecies«
Originalverlag: Warner Books, Inc., New York

Aus dem Amerikanischen übertragen
von Brigitte Peterka

Der Goldmann Verlag
ist ein Unternehmen der Verlagsgruppe Bertelsmann

Made in Germany · 10/88 · 1. Auflage

Umschlaggestaltung: Design Team München
Satz: IBV Satz- und Datentechnik GmbH, Berlin
Druck: Presse-Druck Augsburg
Verlagsnummer: 11834
Illustrationen: Johann Peterka, Wien
Redaktion: Anja Dihrberg
Lektorat: Michael Görden
Herstellung: Gisela Ernst
ISBN 3-442-11834-4

Inhaltsverzeichnis

Danksagung

Meine Worte reichen nicht aus, um für all die Hilfe, Information und Unterstützung zu danken, die mir beim Sammeln des Materials für dieses Buch zuteil wurde. Eine Person oder Quelle besonders hervorzuheben wäre ungerecht, denn jeder Beitrag hat seinen eigenen Wert. Die Reihenfolge der Danksagung richtet sich daher nicht nach dem Verdienst, sondern der Einfachheit halber nach Kapiteln.

Ich möchte meiner Freude Ausdruck geben, daß es mir ermöglicht wurde, folgende Beiträge einzuschließen: In Kapitel 1 »Metaphysical Foundations of the Great Pyramid« von Bernice B. Cousins, in Kapitel 2 Rocky Mac Collums Theorie über den Gisehkomplex zusammen mit Zitaten aus seinem Buch »The Giza Necropolis Decoded«.

Mein Dank gilt weiterhin Kenneth Lloyd Larsen für die Erlaubnis, aus seinen beiden Büchern »Great Pyramid Designs, UFOs and Planet Earth« und »The Topstone« zitieren zu dürfen, sowie Manly P. Hall für die Erlaubnis, aus seiner weltberühmten Enzyklopädie über die Kabbala, das hermetische Wissen der Freimaurer und die Symbole und Philosophie der Rosenkreuzer »The Secret Teachings of All Ages« ebenfalls Zitate entnehmen zu dürfen.

Ferner danke ich Robert Nelson, der mit seiner Theorie über das Aufstauen des Nils als mögliche Lösung der Frage der Pyramidenerrichtung in Kapitel 4 zu diesem Buch beitrug, dem Institut für Pyramidologie des jüngst verstorbenen Adam Rutherford, dessen Definition von Pyramidologie ich in Kapitel 8 zitieren durfte, Robert J. Ellwanger, dem früheren Präsidenten des Instituts für Religionswissenschaften an der St. Joseph's High

School Brooklyn, New York, für seine Erläuterungen, von denen ich einiges in Kapitel 9 angeführt habe.

Nicht vergessen sei mein Dank an Rev. William Stemper von der Hl. Dreikönigskirche in New York City und an Margaret Vincent, die an der St. Joseph's High School, Brooklyn, New York, unterrichtet, für ihre konstruktive Kritik und Unterstützung hinsichtlich des religiösen Fragenkomplexes in Kapitel 9. Dr. Ray Brown gestattete mir, über die Auffindung des Pyramidenkristalls zu berichten (Kapitel 10), wofür ich ihm danke.

Und schließlich möchte ich mich bei Peggie Donnigi, Mary Freda und Carole Kane herzlich bedanken, die mir bei der Vorbereitung und Abfassung des Manuskripts für dieses Buch eine unschätzbare Hilfe waren.

Meine Dankbarkeit und Wertschätzung erstreckt sich auch auf die unzähligen Bücher, Veröffentlichungen, Organisationen und Persönlichkeiten, die direkt oder indirekt ihren Beitrag zu diesem Buch geleistet haben.

Vorwort

In den siebziger Jahren flammte das Interesse an den Pyramiden – genauer gesagt an den ägyptischen Pyramiden – erneut auf. Ausgelöst wurde dieser neue Zyklus der Einflußnahme der alten Kulturen durch Howard Carters Entdeckung der Grabstätte des Kindkönigs Tutanchamun im Jahr 1922. Mythen und Legenden rankten sich um die Schätze und Person des Pharaonenknaben. Dichtung und Wahrheit vermischten sich zu einem faszinierenden Bild über das alte Ägypten, und nun, 75 Jahre später, erregt und bewegt der Schatz des Tutanchamun von neuem auf seinem Triumphzug durch die Museen der USA die Gemüter der Besucher. Aber nur wenige Leute sind sich darüber im klaren, daß Tutanchamun in der Zeit der 18. Dynastie herrschte, also bereits gegen Ende der großen ägyptischen Ära, ja, viele glauben sogar, er wäre in einer Pyramide bestattet worden – was natürlich nicht stimmt.

In der klassischen Ägyptologie wird der Beginn der ägyptischen Kultur ungefähr mit 4500 v. Chr. angegeben. Über die Datierung und Reihenfolge der Dynastien herrschen große Meinungsverschiedenheiten, worüber in Kapitel 5 berichtet wird.

In der 1. Dynastie, etwa um 3100 v. Chr., kommt es zur Vereinigung von Ober- und Unterägypten, und dies gilt auch als Geburtsstunde des Pyramidenzeitalters. Die 4. Dynastie markiert den Höhepunkt dieses Zeitalters, welches mit der 6. Dynastie zu Ende geht. Zu einer neuerlichen Blütezeit kommt es in der 12. Dynastie, in der auch das Interesse am Pyramidenbau wieder erwacht und bis zum Einfall der Perser 500 v. Chr. anhält.

Die Mayas, Peruaner, Chinesen und andere alte Kulturvölker errichteten gleichfalls pyramidenorientierte Kulturen rund um die ganze Welt. Warum? Welchen Zweck befolgten sie mit der Wahl dieser Bauweise zur dominierenden Form ihrer Zeit? Gab es eine Hauptkultur, die die anderen – so weit verstreuten – Kulturen in den technischen Fertigkeiten unterrichtete, die zur Bewältigung solcher Herkulesaufgaben notwendig sind? Oder hing der weltweite Einfluß mit einer Wanderung der ägyptischen Pyramidenbauer zusammen?

Wie immer die Antwort auch lauten mag, die Alten – noch vor allen bekannten Kulturen – standen im Zenit des Wissens und der Fähigkeit zur Prophetie, abgesehen von ihrem Wissen auf dem Gebiet der Mathematik, Astronomie und Medizin und ihrer Fähigkeit, riesige Bauwerke zu errichten. Alles, was sie lernten, kulminierte auf dem Gebiet der Voraussage von wiederkehrenden Ereignissen innerhalb der zyklischen Ordnung der Natur, die sich ihren Weg durch die Geschichte jeder Kultur sucht.

Das Wort »Prophet« leitet sich vom griechischen Wort für »Übersetzer« oder »Sprecher im Namen der Gottheit« ab. Für uns ist ein Prophet der, der den Willen Gottes verkündet und Ereignisse im Rahmen einer religiösen Ordnung interpretiert.

Aber das Wort »Prophezeiung« hat im wissenschaftlichen Sinn noch eine andere Bedeutung. Das Wachstum der Wissenschaft vollzieht sich auf drei Stufen der Reife. Auf der ersten, der Beobachtungsstufe, werden die Vorgänge gesammelt und festgehalten. Auf der zweiten Stufe werden sie geordnet, und es wird versucht, allgemeingültige Gesetze daraus abzuleiten. Auf der dritten, der Stufe der Prophezeiung, kommt es nun zur Anwendung dieser Gesetze, so daß Ereignisse, die eintreffen oder wiederkehren werden, mit großer Genauigkeit vorausgesagt werden können.

Es ist keineswegs überraschend, daß die zeitgenössische Wissenschaft sich nicht aus dem Schatten unseres alten Erbes gelöst hat, denn sie befindet sich noch immer auf Stufe zwei, dem Klassifizieren der gesammelten Daten. Zum Beispiel ist es trotz ausgeklügeltem Computer- und Satelliteneinsatz den Meteorologen bis heute nicht gelungen, sich so weit zu verbessern, daß man von einer Voraussage und nicht vom Erraten des Wetters sprechen könnte.

Die Astronomie ist die einzige Wissenschaft, die die letzte Stufe völlig erreicht hat, doch selbst dies können unsere Wissenschaftler nicht auf ihr alleiniges Konto verbuchen. Sie befinden sich auf gleicher Stufe mit den Alten, denn bereits 1722 v. Chr. waren chinesische und chaldäische Astronomen in der Lage, eine Sonnenfinsternis mit unfehlbarer Genauigkeit vorauszusagen.

Es gibt genügend Beweise, daß die Grundlagen unseres Wissens in jedem Zweig von Wissenschaft und Kunst aus der alten Schule der Mystiker, Meister und Weisen stammen. Vieles, was für Aberglaube vergangener Kulturen gehalten wurde, erweist sich nun als Herz einer uralten, geheimen, verschlüsselten Wissenschaft, in der so manche »moderne« Entdeckung ihre Wurzeln hat. Nicht zuletzt aus diesem Grund ist die Menschheit unablässig bemüht, die Bruchstücke des Wissens aus den alten erloschenen Kulturen zu entziffern, um etwas über das Leben selbst zu lernen, von dem – wie wir widerstrebend zugeben müssen – die Alten mehr wußten als wir.

Die Große Pyramide von Giseh stellt zusammen mit den anderen Pyramiden auf der ganzen Welt ein solches Bruchstück des alten Geheimwissens dar, doch auf so einzigartige Weise verschlüsselt, daß wir trotz aller Bemühungen noch immer nicht den richtigen Schlüssel gefunden haben.

Aber wonach suchen wir denn eigentlich? Nach der Kunst, die Zyklen der Natur vorauszusagen, die die Alten so meisterlich beherrschten! Den alten Meistern war bekannt, daß die Kunst der Prophezeiung, das absolute Wissen vom Leben, es ermöglichte, auf jedem Gebiet, sei es Wissenschaft, Religion oder Kunst, den höchsten Grad an Vollkommenheit zu erreichen.

Es existieren genügend Beweise, daß die alten Meister des Wissens die dritte Stufe nicht nur in einem, sondern möglicherweise in allen Wissenszweigen erreicht hatten. Die großen Werke der Meister haben auch in unseren Tagen noch nichts von ihrem Glanz eingebüßt. Ihre mühelose Beherrschung der Prophetie bildete den Nährboden für die nachfolgenden Kulturen, ob es sich nun um Ägypter, Perser, Griechen, Römer, Mayas, Peruaner oder Tibeter handelte, um nur einige davon zu nennen. Jede der blühenden Kulturen fußte auf Wissen, Religion und Kunst ihrer Vorgängerin, und alle erkannten sie die Pyramide als das große Mysterium an.

Die Prophezeiungen der alten Meister sind in der Pyramidenform verschlüsselt, ähnlich wie in einem Kombinationsschloß, wo die richtige Nummernfolge gewählt werden muß, ehe sich das Schloß öffnet. Und seit dem geheimnisvollen Verschwinden der Meister ist dies zur Aufgabe der Menschheit geworden – die unermüdliche Suche nach der Kombination, die den Pyramidenkode entschlüsselt.

Doch angenommen, die Prophezeiungen erweisen sich als stichhaltig, wenn sie erst einmal zur Gänze entschlüsselt sind, dann wird es nicht möglich sein, das gesamte Wissen der Öffentlichkeit zugänglich zu machen, denn die breite Masse wird weder in der Lage sein, es zu verstehen, geschweige denn, mit den ungeheuren Kräften umzugehen. So lautet die Grundaussage der Geheimgesellschaften auf der ganzen Welt, die behaupten, im Besitz gewisser Lehren der alten Meister zu sein. Und es gibt keinen Grund für eine gegenteilige Annahme, denn sie zu beweisen, hieße ja, das alte Wissen einer unreifen Menschheit auszuhändigen, was nur zu Mißbrauch führen würde.

Erforschen wir gemeinsam jene geheimnisvolle Form, die auf der ganzen Welt anzutreffen ist – die Pyramide! Das Wort selbst ist eine Definition! Sie symbolisiert den Aufstieg des Lebens von seiner niedrigsten Form bis zur Krone der Schöpfung, dem Menschen, der die Natur beherrscht und sich der abstraktesten Symbole bedient, um seine Prophezeiungen festzuhalten. Dann wird das in Stein gehauene Vermächtnis des Wissens wieder zu sprechen beginnen und das kosmische Monument den Plan des Universums enthüllen – mit Hilfe der *Pyramidenprophezeiungen!*

»Es gibt einen Unglauben, der aus Unwissen wächst, und einen Zweifel, der aus der Vernunft geboren wird. Die Völker, die der Vergangenheit am nächsten stehen, gehören nicht unbedingt zu jenen, die am besten über die Vergangenheit Bescheid wissen.«

IGNATIUS DONNELLY (1831–1901)
AUS ATLANTIS: THE ANTEDILUVIAN WORLD (1882)

I

Einleitung

Die erste Aufstellung der Sieben Weltwunder wird von den Gelehrten dem griechischen Schriftsteller Antipatros ungefähr 100 v. Chr. zugeschrieben. Seine Liste ist uns am vertrautesten:

1. Die Große Pyramide von Giseh
2. Die hängenden Gärten der Königin Semiramis in Babylon
3. Die Zeusstatue des Phidias in Olympia
4. Der Tempel der Artemis zu Ephesus
5. Das Grabmal des Königs Mausolos (das »Mausoleum«) von Halikarnassos
6. Der Koloß von Rhodos
7. Der Leuchtturm auf der Insel Pharos vor Alexandria

Spätere Schreiber fügten zu dieser Liste weitere Bauwerke hinzu: den Jupitertempel in Rom, die Mauern von Babylon, den Turm zu Babel, die Mauern von Jericho usw. Hätten sie Kenntnis gehabt von den riesigen buddhistischen Stupas auf Ceylon, dem gewaltigen Damm in Arabien und der Chinesischen Mauer, dann wäre die Liste wahrscheinlich noch länger geworden.

Die Große Pyramide von Giseh wird auch ganz einfach nur »die Große Pyramide« oder die Cheops-Pyramide genannt. Cheops ist die griechische Form von Khufu, des Namens jenes Pharaos, der der Sohn Seneferus war und dessen Nachfolger auf dem Thron. Hinsichtlich ihrer Größe und ihrer qualitativen Ausführung ist diese Große Pyramide der Höhepunkt der ganzen Pyramidenbauepoche. Zahlreiche Versuche sind gemacht worden, die Größe dieser Pyramide zu schildern und sie mit anderen berühmten Bauwerken zu vergleichen.

Man nimmt an, daß sie ursprünglich 146,7 Meter hoch war, aber die zerstörenden und erodierenden Einflüsse der vielen Jahrhunderte haben bewirkt, daß sie jetzt nur noch eine Höhe von 137 Meter hat. Die Seitenlängen an der Basis betragen ungefähr 230 Meter. Die vier dreieckigen Seitenflächen bilden einen Böschungswinkel von 51 Grad zur Grundfläche, und der gesamte Bau war ursprünglich genau in der Nord-Süd-Linie ausgerichtet.

Um die Pyramiden rankt sich viel Mysteriöses, angefangen bei den Rätseln, die die Erbauer der kolossalen Pyramiden in Ägypten, Peru und den Ländern der Mayas betreffen, bis hin zu den erstaunlichen und unerklärlichen Kräften, die anscheinend der Pyramidenform innewohnen. Und was Sinn und Zweck der Pyramiden betrifft, so gehen die Meinungen weit auseinander, wie die vielen Theorien zu diesem Thema beweisen.

Bernice B. Cousins hat eine Übersicht der in der Pyramide verkörperten metaphysischen Konzepte aufgestellt, deren Grundlage die okkulten und esoterischen Traditionen des Westens bilden.

Bernice B. Cousins

Die metaphysischen Grundlagen der Großen Pyramide

Für das westliche Denken stellte das fruchtbare Nilland schon immer eine Quelle der Mysterien dar, die seine Phantasie beflügelte. Während der gesamten abendländischen Geschichte spielte das alte Ägypten eine wichtige Rolle als Lehrer, es sorgte für Inspiration und Unterhaltung, und die Sphinx bewachte die Geheimnisse der Großen Pyramide.

Bereits im 5. Jahrhundert vor Christus verfaßte der griechische Philosoph und Dramatiker Sophokles das Schauspiel über den König Ödipus, der »das Rätsel der Sphinx« löste und dadurch den Thron des Königs, den er zuvor erschlagen hatte (Ödipus' Vater), gewann. In der Folge vermählte er sich mit der königlichen Witwe (seiner Mutter).

Im Jahre 1608 diente der Nil Shakespeare als Kulisse für seine berühmte Tragödie »Antonius und Cleopatra«, und 1871 bildete das majestätische Ägypten den Hintergrund für Verdis Oper »Aida«. Das Libretto für Verdis Musik wurde von einem französischen Ägyptologen und Kurator in Ägypten geschrieben.

Viele von uns schwelgten in ihrer Jugend in den Bildern und Vorstellungen, die von diesem geheimnisvollen Land hervorgerufen wurden und mit denen Drehbuchautoren und Regisseure die Leinwand füllten. Doch blieb es nicht allein bei der künstlerischen Inspiration, eine Unmenge von Gelehrten und interessierten Persönlichkeiten schlug die Pyramide in ihren Bann, wie aus der Durchforschung der Literatur über die Erforschung der Pyramide hervorgeht.

Die wahrscheinlich größte Expedition, die das Problem »Pyramide« in Angriff nehmen sollte, wurde 1798 von Napoleon gestartet, im Zuge seines Feldzuges zur Eroberung Ägyptens. Mathematiker, Architekten, Ingenieure, Feldmesser, Künstler und Gelehrte begleiteten Napoleon bei seinem vielseitigen Vorhaben.

Eine Menge Bücher sind seither geschrieben worden, die sich mit den so perfekt bearbeiteten und aufeinandergeschichteten Steinen des gesamten Giseh-Komplexes befassen. Jeder Autor und Forscher offeriert uns seine Theorie über das Wie und Warum dieser Struktur. Doch bis zum heutigen Tag bleiben die Fragen bestehen, weitere Theorien und Thesen werden uns angeboten, und das von unseren Vorfahren geschaffene Mysterium wird auch noch künftige Generationen zum geistigen Zweikampf herausfordern.

Eine Durchsicht der bestehenden Literatur liefert etliche Theorien über die Große Pyramide, die sich in einige wenige allgemeine Kategorien unterteilen lassen.

Da sind einmal all jene, die glauben, die Große Pyramide stelle in verschlüsselter Form die Geschichte der menschlichen Rasse auf der Erde dar, aus diesem Kode gehe aber nicht nur die Vergangenheit, sondern auch die Zukunft hervor. Die Anhänger dieser Theorie finden Unterstützung für ihre Annahmen in den Aufzeichnungen über die zahlreichen Vermessungen – jeder Winkel, jeder Block, Schicht für Schicht, jeder Riß, jede Spalte und jedes Sandkorn wurden hierfür in Betracht gezogen.

Dann gibt es jene, die glauben, daß die Große Pyramide dazu bestimmt war, die sterbliche Hülle und die Habseligkeiten des Pharao aufzunehmen, und somit berge sie die Reichtümer und Schätze, die sich im königlichen Haushalt angesammelt hatten. Die am meisten verbreitete Theorie zu diesem Thema besagt, es handle sich bei dem Bauwerk um die Grabstätte eines gewissen Cheops (oder Khufu) etwa 3350 v. Chr., daher wird die Große Pyramide auch Cheops-Pyramide genannt. In den Deckenblöcken der Königskammer wurden Inschriften entdeckt, die zu dieser Bezeichnung führten. Die Hieroglyphen der betreffenden

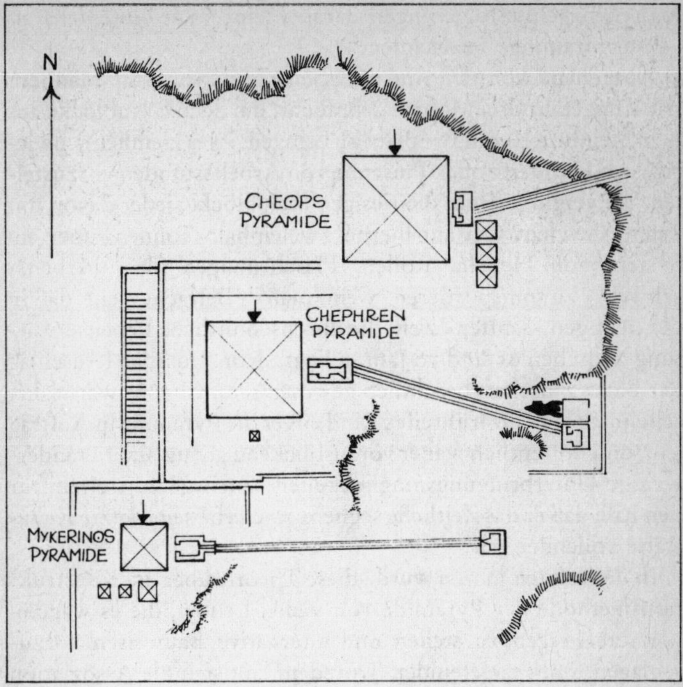

Lageplan des Plateaus von Giseh

Kartusche wurden als »Khufu« (griechisch: Cheops) gedeutet und das Bauwerk daher ihm zugeschrieben. Obwohl keinerlei Überreste in der »Grabkammer« je gefunden wurden, wird behauptet, das Bauwerk sei von dem Priester, Arzt und Ingenieur Imhotep entworfen worden, um den Leichnam des toten Pharao Khufu/Cheops zu beherbergen.

Über den tatsächlichen Bauvorgang ist wenig bekannt, obwohl traditionelle Denkweisen hier noch immer vorherrschen. Es ist schwierig, die Annahme zu erschüttern, die Große Pyramide sei von einem Heer von Sklavenarbeitern im Verlauf von 20 oder mehr Jahren erbaut worden. Die Debatten, ob es sich dabei um ausgebildete oder ungelernte Arbeitskräfte handelte, und die logischen Schlußfolgerungen daraus, kann man bestenfalls als »Gehirntraining« bezeichnen.

Ausgehend von der Annahme, ein Team von acht Männern hätte ungefähr drei Monate gebraucht, um zehn Steinblöcke aus dem Steinbruch zum Bauplatz zu bringen, ist es ziemlich schwierig, sich Hunderte oder Tausende von Arbeitsstunden vorzustellen, die vergingen, um die riesigen Steinblöcke, jeder davon mit einem Gewicht von annähernd zweieinhalb Tonnen, über ein System von Hebeln, Rollen, Flaschenzügen plus »Arbeitsschweiß« zu transportieren. Wenn man in Betracht zieht, daß in der heutigen »sanften« Zeit, die durchschnittliche Lebenserwartung zwischen 65 und 70 Jahren liegt, dann muß der Umschlag der Baumannschaft beachtlich gewesen sein. Cheops war wahrscheinlich ein sehr frühreifes Kind, als er die Pyramide in Auftrag gab, und hoffentlich war er vorausblickend genug, um für anderweitige Unterbringungsmöglichkeiten Vorsorge zu treffen, für den Fall, daß er das Zeitliche segnete, noch ehe seine letzte Ruhestätte vollendet war.

In den letzten Jahren wurde diese Theorie über die Konstruktionsmethode der Pyramide von vielen Leuten, die es wagten, vorlaute Fragen zu stellen und alternative Bauweisen vorzuschlagen, stark angefeindet. Trotzdem läßt sich die Assoziation von Pyramide und Grabmal nicht ausmerzen, ebensowenig wie der im westlichen Denken fixierte Zusammenhang zwischen Ägypten und Tod. Das ist ein interessantes Phänomen, das man jedoch nur begreift, wenn man sich außerhalb von Schulwissen und traditioneller Ägyptologie umsieht.

Eine andere weit verbreitete Theorie sieht in der Pyramide ein Observatorium. Aus diesem Grund werden die meisten der auf der ganzen Welt errichteten pyramidenförmigen Bauwerke in diese Klasse eingereiht, auch der babylonische Ziggurat. Die königliche astronomische Gesellschaft durfte also die steile, gestufte Böschung erklimmen, um auf einer ziemlich kleinen ebenen Fläche auszuruhen und um von dort dann den Himmel zu beobachten, Berechnungen anzustellen oder was immer auch die königlichen Astronomen tun mochten.

Natürlich erklärte dies auch die fehlende Pyramidenspitze. Bei vorhandener Spitze wäre kein Platz mehr für Beobachtungen vorhanden gewesen.

Die Ausrichtung der Pyramidengänge zu dem einen oder anderen Stern wird gleichfalls zur Untermauerung der »Observatoriumstheorie« herangezogen. Viel geschrieben wurde über die Ausrichtung der Pyramide nach dem Polarstern, nach Alcyone im Sternbild der Plejaden und auch nach Alpha Draconis und Alpha Centauri. In dieser Theorie wird zwar ganz offensichtlich Gegebenheiten Rechnung getragen, doch die Motivation wird vernachlässigt. Wie bei der Grabmalthese wird auch hier ein bedeutsamer Zusammenhang nur außerhalb der allgemeingültigen Betrachtungsweisen klar.

In anderen Theorien gilt die Pyramide als geographischer oder astronomischer Orientierungspunkt, besser gesagt, als künstlich geschaffener Hügel oder riesiger Wegweiser, der den Karawanen oder Reisenden, die auf dem Weg zum Meer oder zu fernen Städten die Wüste durchquerten, half, sich nicht zu verirren. All diese Spekulationen sind nicht ohne Verdienst, denn in jeder ist ein Körnchen Wahrheit enthalten. Dennoch muß man sie alle in Zusammenhang mit dem kulturellen Hintergrund ihrer Vertreter sehen.

Die ersten Forscher stammten zum Großteil aus Europa und waren bestrebt, ihre bereits vorgeformten Ideen bestätigt zu finden. Stark von der Theologie beeinflußte Persönlichkeiten sahen die Pyramide unter diesem Gesichtspunkt und fanden genug Material zur Unterstützung ihrer Ideologien. Naturwissenschaftlich geprägte Personen benutzten das gefundene Material zur Unterstützung ihrer Thesen. Auf diese Weise lieferten sie eine perfekte These und Antithese und überließen es den heutigen Forschern, die Unterschiede aufzuzeigen.

Was ist eigentlich los mit diesem Land am Nil, Theben, Karnak, Memphis, Dendera, Luxor, Abu Simbel, dem Tal der Könige und insbesondere der Sphinx und der Großen Pyramide, daß es ihnen gelingt, uns in eine Detektivgeschichte zu verwikkeln, die schon mehr als 4000 Jahre dauert? Vielleicht sollten wir uns Madame Blavatskys Gedankengängen anschließen, wenn sie in ihrer »Geheimlehre« Thackeray zitiert:

»Was Teil unserer Seele ist, ist ewig.«

Sind wir tatsächlich ein Teil der Pyramide? Ist die Pyramide ein Teil von uns?

Die Schriftsteller aus dem Kreis der esoterischen Schulen scheinen dieser Meinung zu sein. Tatsächlich hatten die großen Geister unter den abendländischen Metaphysikern auch einiges zum Thema der Großen Pyramide und der Kultur, die sich um sie herum entwickelte, zu sagen. Eine vergleichende Studie der Werke von Persönlichkeiten wie Blavatsky, Bailey, Steiner, Churchward, Michell und Cayce auf esoterischem Gebiet, Ptolemy, Budge, Velikovsky und Donnelly auf naturwissenschaftlichem Gebiet sowie der verschiedenen religiösen Schriften der Hebräer, Christen, Aramäer und Mormonen macht es uns möglich, einige interessante Querverbindungen zwischen den zuvor erwähnten verschiedenen Theorien herzustellen.

Wachstum und Entwicklung des Universums, unseres Planeten und der Menschheit folgen dem gleichen Muster, das auch dem Wachstum und der Entwicklung des einzelnen zugrunde liegt. Jedes große Zeitalter mitsamt den Kulturen, die es begleiten, hat sein eigenes theosophisches Konzept, das es herauskristallisieren und zur Blüte bringen muß. In seinem Buch »Ägyptische Mythen und Mysterien« spricht Rudolf Steiner von der »Mission« der verschiedenen großen Zeitalter und großen Kulturen.

Laut Steiner und anderen esoterischen Schriftstellern ging dem ägyptischen Zeitalter das lemurische und atlantische Zeitalter voraus. Darauf folgte die griechisch-römische Epoche. Die postatlantischen Kulturen können als gradueller Verdichtungsprozeß gesehen werden, der vom Licht des Geistes ins Dunkel der Materie führt. Dieser Prozeß erreichte in der griechisch-römischen Epoche den Höhepunkt. Wir befinden uns gegenwärtig in einer Übergangsperiode vom griechisch-römischen Zeitalter zum »New Age«, welches manchmal auch als »Wassermannzeitalter« bezeichnet wird. In dieser Zeit verschmelzen die Erfahrungen aus den postatlantischen griechisch-römischen Zeitaltern, beziehungsweise werden durch das erweiterte Bewußtsein der Menschheit aufgehoben. Geist und Materie vereinigen sich.

Die Mission des ägyptischen Zeitalters bestand im Klären, Festigen und Beschreiben des physischen Aspektes der menschlichen Entwicklung. Zu diesem Zweck wurde größter Wert auf die Entwicklung von Astronomie, Mathematik, Technik, Medizin und der Künste gelegt. Die solide dreidimensionale Form wurde ebensosehr betont wie das Umsetzen von Ideen in eine physikalische Form und die Entwicklung des physischen Körpers. Die ägyptische Theologie und Philosophie befaßten sich mit Techniken zur Entwicklung des vollkommenen Menschen, der spirituell, mental und physisch ausgeglichen war. Steiner hebt hervor, daß die Betonung von Tod und Leben nach dem Tod nur dazu diene, das Augenmerk mehr auf den physischen Körper als auf den Geist zu lenken. Der Geist, der unsterblich sei, brauche die Identifikation mit dem physischen Körper, selbst nachdem er diese Form verlassen habe.

Der wiederkehrende Zyklus des Lebens war während der frühen Stadien der Mission bekannt. Der Geist inkarnierte auf der irdischen Ebene, der physische Körper wuchs, entwickelte sich und gab schließlich seine Funktion wieder auf. Und der Geist kehrte nach seinem Transit durch eine physische Form ins Land der »Götter« zurück. Dieser Zyklus wiederholte sich wieder und wieder. Die »Mission« der ägyptischen Ära durchdrang die gesamte kulturelle Entwicklung, von den Anfängen bis zum Niedergang in den späteren Dynastien, und ihre Spuren sind in den Trümmern dieser Kultur noch immer erkennbar. Irgendwo auf diesem langen Weg ging das Gleichgewicht verloren, und mit dem Verstreichen der Zeit auch das Verstehen der »Mission«. Die Rituale und Praktiken entarteten und wurden bedeutungslos.

Dieses Phänomen tritt in vielen Gesellschaften auf und beruht auf der Tatsache, daß der Grad der Einweihung in die jeder Handlung zugrundeliegende Wahrheit vom sozialen Status jedes einzelnen abhängig ist. Die breite Masse darf zwar den Ritualen beiwohnen, kennt aber kaum die dahinterliegende Bedeutung. Selbst heute noch ist das starre Festhalten am Gesetz oftmals wichtiger als die Absicht, die dahintersteht.

Das Testament der »Mission« des Ägyptischen Zeitalters

wurde in dem jetzt als »Ägyptisches Totenbuch« bekannten Werk festgehalten. Edgar Cayce, das berühmte amerikanische Medium, lieferte umfangreiche Kommentare zu den lemurischen, atlantischen und ägyptischen Zeitaltern. Diese Kommentare sind in den sogenannten »Readings« enthalten, die Cayce während seiner selbst herbeigeführten hypnotischen Trance gab.

Nach dem Glauben der Ägypter stellte jedes menschliche Wesen eine komplexe Ganzheit mit vielen Aspekten oder Prinzipien dar. Der erste Aspekt war Khat, der physische Körper als ein Ganzes. Der zweite war Ab, das Herz, *die* Quelle des Lebens, das Bewußtsein. Das dritte Prinzip war Ka, ein »Double«, ein »ätherischer« Doppelgänger, der den Körper des Verstorbenen verließ, während er im Grab ruhte. Das Ka war imstande, in eine Statue des Verstorbenen zu schlüpfen, konnte sich aber auch am Leben mit den Göttern erfreuen.

Das vierte Prinzip war Ba, die »Herz-Seele«. Ba konnte sowohl eine physische als auch eine nichtphysische Gestalt annehmen. Es galt als unsterblich und konnte den physischen Körper nach eigenem Gutdünken aufsuchen oder verlassen. Das fünfte Prinzip, Khaibit, stand mit Ba in Verbindung. Khaibit, der »Schatten«, besaß wie Ba einen eigenen Willen und auch eine vom physischen Körper unabhängige eigene Bewegungsfreiheit.

Das sechste Prinzip war Sekhen, die Lebenskraft. Man glaubte, daß Sekhen zusammen mit Khu im Himmel lebe. Das siebte Prinzip war Khu, die Geist-Seele, der unsterbliche Teil des Menschen. Sobald der Körper starb, begab sich Khu in den Himmel. Das achte Prinzip war Sahu. Sahu wurde als »ewiger unverwesbarer Geist-Körper« bezeichnet, der die kosmischen Eigenschaften des Individuums in sich verkörperte. Das neunte und letzte Prinzip war Ren. Ren war der Name des Individuums. Der Name existierte im Himmel. Das Individuum existierte nur, solange sein Name fortbestand. Dieselbe Auffassung über die Bedeutung des Namens spiegelt sich im Johannesevangelium: »Im Anfang war das Wort, und das Wort war bei Gott, und das Wort war Gott.«

Die neun Aspekte oder Prinzipien der Persönlichkeit waren miteinander verbunden, und das Wohlbefinden jedes einzelnen beeinflußte auch die anderen. Unser gegenwärtiges Konzept über die menschliche Persönlichkeit ist um vieles einfacher. Wir unterscheiden bloß zwischen dem physischen Körper, dem Verstand und Gemüt und der Geist-Seele. Die esoterischen Lehren fügen noch den Ätherkörper und den Astralkörper hinzu. Vielleicht werden wir mit der Zeit auch die anderen Prinzipien wiederentdecken.

Die esoterischen Schriftsteller scheinen sich darüber einig zu sein, daß der Hauptgrund für den Entwurf und die Errichtung der Großen Pyramide weniger in der Absicht, ein Grabmal für den Pharao zu schaffen, lag, sondern in dem Bestreben, die dem Totenbuch zugrundeliegenden Gedanken in eine feste, dreidimensionale Form zu bringen. Gleichzeitig sollte das Bauwerk ein Ort sein, wo jene Personen, die dafür verantwortlich waren, dieses Gedankengut rein und lebendig zu erhalten, ausgebildet, geprüft und eingeweiht wurden. Da wir es also mit einem Bauwerk zu tun haben, das die »primären Gesetze« verkörpert, ist es nicht schwer zu verstehen, warum all die Forscher, die im Laufe der Jahre über die Große Pyramide geschrieben haben, zu verschiedenen Schlußfolgerungen kamen.

Die in der Großen Pyramide verkörperten astronomischen oder astrologischen Konzepte kommen bezeichnenderweise beim Datieren des Bauwerks zum Vorschein. Das allgemein angenommene Errichtungsdatum fällt in die 4. Dynastie, in die Regierungszeit von Cheops/Khufu. Diese Zuordnung erfolgte aufgrund der Entdeckung einer Reihe von Steinbruchmarkierungen, die Kartuschen mit Hieroglyphen tragen, die als Namenszug von Khufu, König von Ober- und Unterägypten, gelten.

Khufus Kartusche

Die Bilderschrift der Ägypter kann auf verschiedene Weise interpretiert werden. Das Symbol kann die phonetische Wiedergabe eines Namens darstellen oder auch die Idee, die hinter dem Glyphenlaut steht.

Binse und Biene gelten als Symbol der Vereinigten Königreiche von Ober- und Unterägypten. Die Königreiche sind die beiden politischen Körperschaften, die als oberes und unteres Niltal bekannt waren.

Aber die Symbole können auch das obere und untere Königreich des Lebens darstellen – Geist und Materie. Es heißt, die Pyramide liege genau am Schnittpunkt der beiden Königreiche von Ober- und Unterägypten. Das Symbol für Khu kann sowohl als Anfangsbuchstabe von Khufus Namen gelesen werden, aber auch als das Geist-Seele-Prinzip Khu. Die übrigen Glyphen in der Kartusche können auf die gleiche Weise interpretiert werden.

Die Steinbruchmarkierungen müssen daher nicht unbedingt das Zeichen einer Persönlichkeit bekannt als Khufu/Cheops sein, sondern eher ein Hinweis auf das Bauwerk selbst oder auf die Stelle innerhalb des Bauwerks, die das Khu-Prinzip der Geist-Seele, welche auf der irdischen Ebene geboren wird und wieder in die Geistwelt eintritt, verkörpert. Die Kartuschen wurden an den Deckenblöcken oberhalb der Königskammer entdeckt. In den esoterischen Schriften wird die Königskammer sowohl als Grab als auch als Schoß bezeichnet.

Zeitbestimmungen im Altertum sind eine schwierige und wechselvolle Aufgabe. Astronomische Daten können dabei helfen, vorausgesetzt, daß für den in Frage kommenden Ort welche vorhanden sind. Dies war der Fall bei Eridu, einer babylonischen Stadt, von der berichtet wurde, sie sei der Sitz für den Handel mit Südarabien und Indien. Eridu liegt jetzt landeinwärts, also kaum geeignet als Ort für einen geschäftigen Seehafen.

Ein großes astronomisches Werk, »The Observation of Bel«, brachte Klärung über die wechselnden Positionen des Frühlingsäquinoktiums. Als der Akkadische Kalender erstellt wurde, stand die Sonne zum Zeitpunkt des Frühlingsäquinoktiums im Sternbild des Stieres, und nicht im Widder oder in den Fischen, wie es jetzt der Fall ist. Diese Information ermöglichte es, den

Standort der Stadt genau zu bestimmen, da ungefähr 6000 Jahre verstrichen waren, so daß die Stadt durch die Ablagerungen aus dem Persischen Golf versandet und landeinwärts gerückt war.

Laut H. P. Blavatsky »hatten ägyptische Priester Herodot mitgeteilt«, daß es auf der Erde im Laufe der Zeit immer wieder zu dramatischen Veränderungen gekommen war.

Die Pole, »der terrestrische und der ekliptische hatten früher einmal übereingestimmt.« Madame Blavatsky behauptet, daß die Richtigkeit dieser Information von Mackey in »The Mythological Astronomy of the Ancients Demonstrated« nachgewiesen wurde.

In dem Kapitel »Irrtümer der Ägyptologen« in Band II der »Geheimlehre« schreibt Madame Blavatsky über den Tierkreis von Dendera, wobei Mackey neuerlich zitiert wird: »Die Pole werden in den Tierkreisen (es ist die Rede von zwei Tierkreisen – Dendera und einem ungenannten) in beiden Positionen dargestellt, und in einer Position, die die Pole (Polachsen) im rechten Winkel zeigt (Dendera-Tierkreis). Es gibt Zeichen, die beweisen, daß sie nicht zum *letzten* Mal in dieser Position waren, wohl aber zum *ersten* Mal nach der Entstehung der Tierkreise. Der Nordpol liegt im Zeichen Steinbock, während der Südpol das Zeichen Krebs halbiert, dies beweist, daß es bei ihnen Winter war, wenn die Sonne im Krebs stand.«

Das ist nicht das einzige Mal, daß ein Polwechsel in den esoterischen Schriften erwähnt wird! Edgar Cayce hebt dieses Phänomen besonders hervor und sieht den Untergang von Atlantis und die anschließende Besiedlung des Nildeltas als Folge eines solchen Polwechsels und der daraus resultierenden Umwälzungen.

H. P. Blavatsky führt auch eine Bemerkung von J. Gardner Wilkenson an: »Sämtliche Fakten führen zu dem Schluß, daß die Ägypter bereits vor dem Zeitalter des Menes über eine hochstehende Kultur verfügten, ja vielleicht schon *bevor sie in das* Nilland *einwanderten.*«

Menes war der erste König der Vereinigten Königreiche von Ober- und Unterägypten und Herrscher der 1. Dynastie. Der Beginn seiner Herrschaft wird in etwa mit dem Jahr 4100 v. Chr., 750 Jahre vor der 4. Dynastie, festgesetzt.

Der Dendera-Tierkreis zeigt den Ablauf von drei Präzessionszyklen an. Ein solcher Zyklus, das sogenannte Platonische Jahr, dessen Länge durch die Präzession der Äquinoktien bestimmt wird, beträgt 25 694,8 Jahre ± 281,2 Jahre (C. Jayne »Encyclopedia of Astrology«). Andere Berechnungen ergeben: 25 868 Jahre (H. P. Blavatsky), 25 920 Jahre (Plato), 25 827,5 Jahre (laut Abmessungen der Großen Pyramide).

Folgen wir den weiteren Ausführungen von H. P. Blavatsky: »Wenn wir von der Annahme ausgehen, daß der enge lange absteigende Gang auf den Polarstern der Pyramidenbauer, nämlich Alpha Draconis, ausgerichtet war, so befand sich dieser sowohl 3350 v. Chr. als auch 2170 v. Chr. in der entsprechenden Position. Die Stellung von Alpha Draconis und Alcyone zueinander war eine ganz besondere, die sich innerhalb eines Platonischen Jahres nicht wiederholen würde.« Da jedoch der Dendera-Tierkreis eine Zeitspanne von drei Platonischen Jahren umfaßt, ist es möglich, zeitlich so weit zurückzugehen, »so daß die Beziehung von Alpha Draconis und Alcyone vor 78 000 Jahren ersichtlich wird.«

Sobald sich der Verstand von den Fesseln eines linearen Zeitbegriffs und dem damit verbundenen Vorwärtsschreiten der Evolution befreit hat, kann er diese ungleich früheren Zeitperioden akzeptieren. Wir neigen zu einer eher starren Perspektive, was die Wahrnehmung unseres derzeitigen Entwicklungsniveaus und der Welt, wie sie uns jetzt erscheint, betrifft, und sind bereit, die daraus resultierende willkürliche Festsetzung der Daten vor der griechisch-römischen Ära zu akzeptieren.

Warum wählten die Erbauer der Pyramiden ausgerechnet diese Sternkonstellation – absichtlich oder unabsichtlich – zum Fokuspunkt ihres Bauwerkes? Wenn wir die esoterischen Schriften, die sowohl die westlichen als auch die östlichen Traditionen mit einschließen, zu Rate ziehen, wird es uns gelingen, die Bedeutung dieser Sternkonstellation herauszufinden.

Alice Bailey gibt Alcyone in den Plejaden als Mittelpunkt der Umlaufbahn unserer Sonne an. In der okkulten und esoterischen Literatur werden die Plejaden/Atlantiden mit dem Schicksal der Völker in Verbindung gebracht, ebenso der Polarstern. Obwohl die himmlischen Plejaden wenig physische Ähnlichkeit mit den Sieben Schwestern aufweisen, haben wir allen Grund zu der Annahme, daß die kosmische Natur dieser Konstellation in der Tat die Essenz des Mythos darstellt, der sich mit diesen Damen befaßt.

Die Plejaden/Atlantiden waren die Töchter von Atlas und Atlantis und hießen Maja, Elektra, Taygeta, Asterope, Merope, Celaeno und Alcyone. Den Schwestern wurde nachgesagt, sie hätten Götter geheiratet und Söhne gezeugt, die zu berühmten Helden, Städtegründern und Stammvätern vieler Völker wurden.

Die Plejaden stellen die weibliche magnetische Schöpfernatur des Universums dar. Die Assoziation der westlichen Kultur mit Materialismus (Materie) ist daher kein Zufall, sondern eindeutig das Produkt der »Mission« des ägyptischen Zeitalters. Den Gegensatz hierzu bildet die Kultur Asiens mit ihrer Betonung des Geistes, die ihre Schöpfer, Gründer und Heilige von den Rishis ableitet.

Als männliche Gottheiten werden die sieben Rishis in Verbindung mit dem nördlichen Sternbild des Großen Bären, Ursa Major, gebracht. Es ist schätzungsweise 70000 Jahre her, seit die Erdachse auf die äußerste Schwanzspitze des Kleinen Bären – den Polarstern – zeigte.

In »Esoteric Astrology« spricht Bailey von der großen Energietriangulation in unserem Sonnensystem als der Beziehung zwischen den sieben Sternen des Großen Bären, den sieben Sternen der Plejaden – manchmal auch die Sieben Schwestern oder die Frauen der Rishis oder des Großen Bären genannt – und Sirius, dem Hundsstern. Die Energietriangulation manifestiert sich als Wille/Kraft, Liebe/Weisheit und aktive Intelligenz – drei Eigenschaften, die als Markenzeichen der Menschheit gelten.

Die Ausrichtung der Großen Pyramide sowohl nach Alcyone als auch nach dem Polarstern der himmlischen Sphäre ist bezeichnend, denn sie wird auf der Erde zum Fokuspunkt des elektrisch-männlichen Prinzips Geist und des magnetisch-weiblichen Prinzips Form. Diese Prinzipien bilden die Grundlage des Dezimalsystems – die Eins und die Null. Die Pyramide wurde nach den Maßen des Dezimalsystems errichtet, welches auch das astronomische und geometrische Gerüst der »Geheimsprache« bildet (H. P. Blavatsky, »Die Geheimlehre«).

Der geographische Standort war auf das sorgfältigste ausgesucht worden. Er bildete nicht nur den Schnittpunkt des oberen und des unteren Königreiches der physikalischen Welt und lag im Zentrum der Landmassen der Kontinente, sondern war auch bedeutsam wegen der Natur der geomagnetischen Kraftlinien, die die Erde überziehen.

Laut Michell (»View over Atlantis, City of Revelation«) neigt die Menschheit dazu, Bauwerke von großer spiritueller Bedeutung dort zu errichten, wo sich diese geomagnetischen Linien kreuzen.

Aus den Schriften der esoterischen Philosophen geht hervor, daß wir es bei der Großen Pyramide mit einer vollkommenen physikalischen Manifestation der Natur der Menschheit auf der Erde und ihrer ganz besonderen Beziehung zum Universum zu tun haben. Die Große Pyramide versinnbildlicht die Auswirkung von Energie auf Energieeinheiten.

Bernice B. Cousins hat uns die gegensätzlichen Standpunkte von exoterischem und esoterischem Wissen aufgezeigt. Die Aufgabe der heutigen Forscher besteht darin, das Wesentliche vom Unwesentlichen zu trennen, und wir, die wir uns mit der einfachen Erklärung unserer irdischen Existenz, geboren zu werden, ein gewisses Maß an Freud und Leid zu empfinden und zu sterben, nicht zufriedengeben, wollen uns ihnen anschließen.

Sind wir tatsächlich den Alten auf metaphysischem Gebiet durch eine regressive Evolution unterlegen, oder ist bloß unsere Erziehung daran schuld, daß wir blind wurden für die zyklische Ordnung der Natur, die unser Leben durchläuft?

Laßt uns die gegensätzlichen Aspekte einer gründlichen Prüfung unterziehen und vom Schlüssel zum Kode vordringen, den wir dann dazu benutzen können, unser Leben nicht nur jetzt, sondern auch in Zukunft sinnvoller zu gestalten.

2
Pyramideneinfluß ist überall spürbar

Lange bevor englische Gelehrte mit der Erforschung der Großen Pyramide des Cheops begannen, hatte das Rätsel der Pyramide bereits eine Unzahl von Studenten und Meistern der Metaphysik in seinen Bann gezogen. Eine ungeheure Anzahl von kabbalistischen und okkulten Symbolen wurde aus der Cheops-Pyramide abgeleitet oder ihr zugeschrieben. Jahrhundertealte Geheimgesellschaften wie die Rosenkreuzer oder die Freimaurer haben die Pyramide ihrem Mystizismus und ihren geheimen Ritualen einverleibt.

Alles, was von alten Schulen des Denkens und/oder Philosophien handelt, verweist auf die Möglichkeit, daß es einst einen großen Orden von Mystikern gab, der seit Tausenden von Jahren ein immenses Wissen auf dem Gebiet der Astronomie, Mathematik und Baukunst besaß und auch über die menschliche Natur im Zusammenhang mit der jeweiligen Entwicklungsperiode Bescheid wußte. Dieser geheime Orden von weisen Männern hielt seine Erkenntnisse nicht nur in dem Bauwerk, das als Cheops-Pyramide bezeichnet wird, fest, sondern auch in den Schlüsseltempeln aller großen Kulturen. Dies beweist auch die Tatsache, daß Pyramidenstrukturen auf der ganzen Welt zu finden sind und daß auch die Bauwerke anderer Zivilisationen, bei denen die Pyramidenform nicht vorkam, Zeugnis von der Kunst ihrer Baumeister ablegen.

Die Bedeutung des Wissens der Baukunst, die vor Tausenden von Jahren existierte, unter Rassen und Völkern, die anscheinend nur über Viehzucht und Ackerbau Bescheid wußten, ist überaus komplex. Es ist daher nicht verwunderlich, daß die Gelehrten der verschiedenen Geheimorden behaupten, daß die alten Meister ihr Wissen allen Zivilisationen der Erde brachten.

Die Steinmetzarbeit ist ein Handwerk, das Wissenschaftler und Laien einfach als gegeben hinnehmen, anstatt es zu respektieren für die Wissenschaft, die jahrhundertelang dahintersteckte. Heutzutage staunen wir über die Bauweise, wie die Pyramiden und andere megalithische Bauwerke errichtet wurden: eine Lage quaderförmiger Steine nach der anderen wurde aufeinandergeschichtet, um die gewünschte Höhe und Form des Gebäudes zu erreichen.

Viele Bauwerke der alten Kulturen existieren noch heute. Wir wissen nur wenig über diese Zivilisationen, die ebenso hervorragende Baumeister waren wie die Pyramidenkulturen. Ein Beispiel dafür liefert ein Bauwerk in Südamerika, das aus unregelmäßig geformten Steinen zusammengesetzt ist, die genau zusammenpassen. Viele dieser Steinblöcke sind zehn- bis zwanzigmal größer als die Steine der Großen Pyramide, und jeder wurde so eingefügt, daß ein fugenloser Zusammenhalt entstand.

Die große Mauer von Sacsahuaman, die in der Nähe der Stadt Cuzco in Peru liegt, soll von den Angehörigen der Tiahuanaco-Kultur erbaut worden sein. Sie ist 18,3 Meter hoch und 548 Meter lang. Einer der größten Steine in der Mauer soll, wie berichtet wird, über 3 Meter breit, über 5 Meter hoch und 2,8 Meter dick sein. Sein Gewicht dürfte mehr als 100 Tonnen betragen. Ein anderer Stein ist so wunderbar gearbeitet, daß er als »Stein der zwölf Engel« weltberühmt wurde.

Es wurde kein Mörtel verwendet, und die Steine greifen so präzis ineinander, daß kein Erdbeben diesem Gebilde etwas anhaben könnte.

Der Heilige Orden der Mystiker, der das Wissen der Baukunst bewahrte, enthüllte die Bedeutung der Tempel von Tiajuran und Tiahuanaco. Obwohl sich ihre Bauweise von allen anderen auf der Erde unterschied, waren die Völker dieser Kulturen nicht nur Viehzüchter und Ackerbauern, sondern auch hochkultivierte Wissenschaftler, die in Astronomie, Mathematik, Technik und anderen Wissenschaften bewandert waren.

Den Beweis für den Einfluß dieses Ordens oder dieser mystischen Bruderschaft liefern die vielen massiven Bauwerke, die auf der ganzen Welt zu finden sind. Es ist offensichtlich, daß uns die Alten durch ihre Bauweise auf eine ganz einfache Tatsache aufmerksam machen wollten – ihr Wissen ist unserer heutigen Technologie noch immer überlegen. Und weil ihre Fähigkeiten die unseren turmhoch überragen, stehen wir staunend und ehrfurchtsvoll vor den Erzeugnissen ihrer geistigen Kühnheit und schreiben diesen Meistern den Orden des Mystizismus zu. Das ist auch der Grund dafür, daß weise Männer durchwegs erkennen, daß das wahre Wissen der Meister nicht auf leicht zerstörbaren Manuskripten, sondern in symbolischer Form in dauerhaftem Fels aufgezeichnet wurde.

Der Symbolismus der Pyramide hatte während vieler Jahrhunderte das Denken der Gelehrten dermaßen geprägt, daß zu der Zeit, als sich der Kontinentalkongreß zur Schaffung des Großen Staatssiegels der Vereinigten Staaten entschloß, es bereits feststand, daß die Pyramide in den Entwurf des Siegels miteinbezogen werden würde. Alle drei in der Folge vom Kongreß zwischen 1776 und 1782 ernannten Komitees setzten sich aus Männern zusammen, die fast alle Mitglieder von Freimaurerlogen waren. Jeder von den Komitees unterbreitete Vorschlag für den Entwurf des Siegels zeigte freimaurerische Einflüsse in Form von Symbolen, wie zum Beispiel das Auge Gottes, ein Dreieck, einen Pharao, Moses, Wolken, Sterne, Sternbilder, einen Olivenzweig, den Phönix.

Das am 20. Juni 1782 vom Kongreß akzeptierte Staatssiegel trägt auf seiner Vorderseite den amerikanischen Adler (das Symbol des Phönix) mit ausgebreiteten Schwingen, der in seiner rechten Klaue einen Olivenzweig und in seiner linken ein Bündel von 13 Pfeilen hält. Auf der Schriftrolle in seinem Schnabel steht das Motto »E pluribus unum«, das 13 Buchstaben umfaßt. Sein Schwanz hat 13 Federn, über seinem Kopf stehen 13 Sterne, und das Emblem auf seiner Brust weist 13 Streifen auf. Der Hintergrund des Bildes ist blau.

Die Rückseite des Siegels wird von einer unvollendeten Pyramide beherrscht, über der das von einem Strahlenkranz umge-

Großes Staatssiegel der USA

bene Auge Gottes schwebt und den Schlußstein zu bilden scheint. Darüber steht das Motto »Annuit Coeptis«. Die Pyramide setzt sich aus 13 Steinlagen zusammen, deren unterste die römische Jahreszahl MDCCLXXVI (1776) trägt. Das Motto auf der Schriftrolle unterhalb der Pyramide lautet: »Novus ordo seclorum«.

Paul Foster Case behauptet in seinem Werk »Great Seal of the United States: Its History, Symbolism and Message for the New Age«, daß die Mehrzahl der Abgeordneten des Kontinentalkongresses von 1776 Mitglieder von Freimaurerlogen waren, doch wurden damals die Aufzeichnungen darüber nicht so sorgfältig gehandhabt, und es stellte sich heraus, daß nur sieben der Unterzeichner der Unabhängigkeitserklärung als Freimaurer galten.

Zum Beispiel war Benjamin Franklin, als er am Entwurf der Unabhängigkeitserklärung mitwirkte, Großmeister der Pennsylvania Loge der Freimaurer gewesen. George Washington und zwölf seiner Generäle waren Freimaurer. Als er das Amt des ersten Präsidenten der Vereinigten Staaten antrat, legte er vor einem Großmeister aus New York auf einer Bibel, die aus einer Freimaurerloge herbeigebracht wurde, den Amtseid ab.

Dic Freimaurcr, dic diesc Nation gründctcn, ließcn sich von vielen alten Schulen und Philosophen inspirieren, so zum Beispiel von den hebräischen und christlichen Schriften, den pythagoräischen Lehrsätzen, der alexandrinischen Schule, von Plato, den Kabbalisten und den Rosenkreuzern. Der kabbalistische Einfluß scheint in der Freimaurerloge besonders stark zu sein, was sich im Großen Siegel der Vereinigten Staaten sehr deutlich offenbart.

Die Zahl 13 nimmt in der Geschichte der Vereinigten Staaten eine vorherrschende Stellung ein. 13 Staaten bildeten die neue Nation, deren Kriegsmarine über 13 Schiffe verfügte. Die von den Konföderierten im Bürgerkrieg verwendete Fahne enthielt 13 Sterne. Auf die Rolle, welche die Zahl 13 im Großen Staatssiegel der Vereinigten Staaten spielt, wurde bereits hingewiesen.

Moderne Kabbalisten fügen dieser Liste der Zahl 13 noch zwei weitere interessante Tatsachen hinzu. Die erste betrifft den Ersten Weltkrieg. Am 13. Juni 1917 liefen 13 Schiffe nach Frankreich aus und benötigten 13 Tage für die Überfahrt. Nebenbei bemerkt enthält Präsident Woodrow Wilsons Name 13 Buchstaben.

Die zweite bezieht sich auf das Horoskop der Unabhängigkeitserklärung, in dem die Sonne auf 13 Grad im Krebs steht. Der Aszendent fällt auf 13 Grad des Tierkreiszeichens Skorpion, dem im alten Tarot der Rosenkreuzer und Freimaurer die Karte 13 zugeordnet wird.

Es gilt als erwiesene Tatsache, daß in den heiligen und esoterischen Schriften ein Zahlen-Buchstabenkode verwendet wurde, um das überlieferte Geheimwissen zu bewahren und es gleichzeitig vor dem Zugriff derer, die nicht den Schlüssel zu dem Kode besaßen, zu schützen. Das Buch Moses soll auf diese Weise geschrieben sein.

Da die Zahl 13 im Großen Staatssiegel der Vereinigten Staaten so auffällig häufig vorkommt, kann man nicht umhin, dieser Tatsache Beachtung zu schenken, die vielleicht den Schlüssel für das Schicksal der Vereinigten Staaten darstellt, das seinerseits wieder das Schicksal der restlichen Welt beeinflussen mag. Paul Foster Case glaubt, daß die Zahl 13 einen Zyklus von 13 Jahren symbolisiert, in Entsprechung zu den 13 Steinlagen der Pyramide auf der Rückseite des Siegels. Doch wenn man mit dem Jahr 1776 beginnt und 13 × 13 = 169 hinzufügt, kommt man nur bis zum Jahr 1945.

Obschon 1945 unbestritten ein wichtiges Jahr für die Vereinigten Staaten war, ist es offensichtlich, daß ihr Schicksal dieses

Datum weit überschritten hat, und es bleibt der Spekulation überlassen, wie viele Zyklen noch verstreichen müssen, ehe eine entscheidende Wandlung im Schicksal der Vereinigten Staaten eintritt.

Peggie Donnigi, ein Medium aus New York, stellt Überlegungen über das mögliche Schicksal der Vereinigten Staaten an, wenn diese den Zweiten Weltkrieg verloren hätten, der sich innerhalb des dreizehnten 13-Jahre-Zyklus ereignete: »Wir wären unter den Siegermächten aufgeteilt worden und hätten unsere Identität verloren.« Doch glaubt sie, daß sich die damalige Regierung der Bedeutung des dreizehnten Zyklus wohl bewußt war.

Für das Ende des siebzehnten Zyklus, der ausgehend von 1776 zwischen 1984 und 1997 liegt, sagt sie eine Krise mit verheerenden Auswirkungen auf das Schicksal der Vereinigten Staaten voraus. Auf 17 Zyklen kommt sie, weil diese Zahl in der Jahreszahl 1776 enthalten ist und weil die Zahl 13 siebzehnmal im Großen Staatssiegel der Vereinigten Staaten erscheint.

Bei näherer Befragung über die zu erwartende Krise, sagte Peggie Donnigi: »Wir werden das Ende unserer Nation – und möglicherweise des gesamten Planeten herbeiführen, wenn wir unser technisches Wissen nicht auf die richtige Weise nutzen, sondern unseren ökologischen Selbstmord durch den Mißbrauch auf dem Gebiet der Chemie fortsetzen.« Im Symbol des Phönix, in der Gestalt des Adlers sieht Peggie Donnigi die Gewähr, daß eine neue Nation sich aus der Asche der Chemikalien der Verderber erheben wird, die im Umgang mit ihrem alchimistischen Wissen bei weitem vorsichtiger sein wird.

Die Leistungen der Architekten und Baumeister der Pyramiden auf der ganzen Welt haben das philosophische Denken der Metaphysiker stark inspiriert. Diese Bauwerke wurden nicht nur zum Symbol der Ewigkeit selber, sondern stellten tatsächlich eine Bibel aus Stein dar.

Von Anfang an haben die Eingeweihten im Altertum die Pyramide als das vollkommene Symbol der Geheimlehre akzeptiert. Es wird berichtet, daß die Große Pyramide mit dem sagenhaften Olymp in Verbindung gebracht wird, und daß ihre unterirdischen Gänge den verschlungenen Wegen des Hades entsprechen.

Die Pyramide gilt auch als Symbol für den Heiligen Berg oder Sitz Gottes, der in der Mitte der Erde stehen soll.

Die Schüler der Geheimlehre glauben, daß die in die vier Himmelsrichtungen weisenden Seitenflächen der Großen Pyramide den Gegensatz zwischen Licht und Dunkel (Ost und West) und zwischen Hitze und Kälte (Süd und Nord) darstellen. Die Grundfläche der Pyramide versinnbildlicht die vier Elemente, aus denen der Mensch besteht: Luft, Wasser, Feuer, Erde. Die Seitenfläche der Pyramide, die ein Dreieck bildet, symbolisiert die Dreieinigkeit mit jedem Gegenstand in der Natur. Die zwölf Zeichen des Tierkreises sind in der Gesamtzahl der Linien und Flächen der Pyramide enthalten.

Die spirituellen Zentren des Menschen, das Herz, das Gehirn und die Geschlechtsorgane, werden durch die drei Hauptkammern der Pyramide dargestellt. Die Dreiecksform der Pyramide erinnert an die Haltung des Körpers während der Meditation, im Yoga oder anderen althergebrachten Übungen.

In den Mysterien, mit denen die Eingeweihten vertraut gemacht werden, wird behauptet, daß die Energie der Götter auf die Spitze der Pyramide herabsteige, an den Seiten der Pyramide herabfließe und sich somit das göttliche Wissen auf der ganzen Welt verbreite.

Laut Geheimlehre ist die Pyramide der erste und wahre Tempel der Mysterien – ein Bauwerk, das zu dem Zweck errichtet wurde, jene heiligen Wahrheiten aufzunehmen, die die Basis für alle Wissenschaften und Künste bilden. Die Pyramide ist das vollendete Symbol sowohl für den Mikrokosmos als auch für den Makrokosmos.

Das Pyramidenmysterium, das am meisten Kopfzerbrechen verursacht, ist der fehlende Schlußstein. Dieser Mangel tritt bei vielen Pyramiden auf der ganzen Welt auf.

In seinem Buch »The Giza Necropolis Decoded« beschreibt der Forscher und Autor Rocky Mac Collum den Standort des Schlußsteines, einer Geheimkammer und verschiedener Artefakte, die nach seiner Meinung den Nachweis der Existenz von Atlantis und Mu erbringen würden.

Die Botschaft, die Mac Collum aus der Giseh-Nekropole entschlüsselt hat, beruht auf dem Böschungswinkel der Pyramiden und auf dem Alten Gesetz der Drei.

Er hat herausgefunden, daß man beim Berechnen der Tangente des Böschungswinkels der Cheops-Pyramide einen Wert von 1,27230 erhält. Wenn man diesen Wert mit einer Konstanten multipliziert, erhält man die Zahl Pi = 3,1415926. Aus diesem Grund bezeichnet Mac Collum die Cheops-Pyramide als eine »Pi-Böschungs-Pyramide«.

Wenn man die gleichen mathematischen Überlegungen beim Böschungswinkel der Chephren-Pyramide anstellt, ergibt sich ein Wert von 1,33511 für die Tangente, wieder mit einer Konstanten multipliziert erhält man die natürliche Zahl E = 2,7182818. Dementsprechend wird die Chephren-Pyramide von Mac Collum als »Epsilon-Böschungs-Pyramide« bezeichnet.

Von den 16 ägyptischen Pyramiden, die McCollum erforschte, weisen nach seiner Berechnung sechs eine Pi-Böschung und fünf eine Epsilon-Böschung auf. Die fünf restlichen Pyramiden waren weder in die eine noch in die andere Kategorie einzureihen.

Mac Collum konstatiert: »Zur Bestimmung von Pi genügt es, einen großen Kreis zu ziehen, dann kann die Zahl fast direkt abgemessen werden. Dies ist bei Epsilon nicht der Fall. Die Zahl Epsilon kann nur aufgrund theoretischer Überlegungen kalkuliert werden, wobei einige Methoden ziemlich kompliziert und erst jüngsten Ursprungs sind.«

Woher hatten dann die Ägypter dieses Wissen? Mac Collum wirft diese Frage auf und stellt gleichzeitig fest, daß das bloße Wissen um die Existenz von Epsilon und die Berechnung seines Werts mit einer Genauigkeit von plus oder minus fünf Prozent »eine großartige Leistung« darstellte, wenn man bedenkt, daß den Menschen dieses Konzept vor 5000 Jahren bekannt war und sie es beim Bau einiger Pyramiden anwandten. Doch hat es den Anschein, als wären sie sich über den Wert von Pi sicherer gewesen als über den Wert von Epsilon.

Laut McCollum, ausgehend von seinen mathematischen Schlußfolgerungen, gibt es keinen Zweifel darüber, daß die Erbauer der Pyramiden die Werte von Pi und Epsilon brauchten. Er ist überzeugt, daß sie dem Buddhismus und Hinduismus nahestanden. Das entnimmt er einem alten ägyptischen Steinmetzsymbol und dem Symbol für Vishnu, den Erhalter. Die Inschrift innerhalb des Dreiecks scheint mit dem Symbol für Vishnu identisch zu sein, abgesehen von geringfügigen Abweichungen.

Das Symbol für Vishnu, den Erhalter

Seine Schlußfolgerung erscheint noch plausibler, wenn man einen Spiegel vor die Symbole hält und das Spiegelbild sie als Pi und Epsilon enthüllt. In Anwendung seiner interessanten Theorie, daß Pi und Epsilon auf rätselhafte Weise in den beiden »mystischen« Symbolen verschlüsselt sind, ist McCollum überzeugt, daß die Cheops-Pyramide, welche Pi darstellt, zuerst erbaut wurde und in der Folge dann die Chephren-Pyramide, um den Wert Epsilon auszudrücken. Diese Reihenfolge ergibt den Anfang einer Formel, die Pi und Epsilon enthält. Seiner Meinung nach mußten die beiden wichtigen numerischen Symbole im Böschungswinkel der Pyramiden verewigt werden, weil sich dieser selbst bei erheblicher Zerstörung der Pyramide noch immer ziemlich genau ermitteln läßt, während Höhe oder Größe des Bauwerks dann nur mehr schwer festzustellen sind.

Des weiteren stellt sich McCollum die Frage, ob die Erbauer der Pyramiden, da sie den Wert von Pi und Epsilon kannten, nicht auch die Absicht hatten, die Zahl 1, das arithmetische Symbol 0 und i – die imaginäre Zahl der Quadratwurzel aus -1 – in der Pyramide zu verkörpern?

McCollum konnte in Ägypten weder eine Pyramide mit einem Böschungswinkel von 45 Grad finden noch eine, bei der seine Berechnungen die Zahl 1 ergaben. Logischerweise suchte er nach einer Antwort in der dritten Pyramide des Giseh-Komplexes und fand heraus, daß die Mykerinos-Pyramide ganz ausgezeichnet diese Anforderungen erfüllte.

McCollum bezeichnete die Cheops-Pyramide als P1, die Chephren-Pyramide als P2 und die Mykerinos-Pyramide als P3. Seiner Meinung nach ist die letztere »... groß genug, um von Bedeutung zu sein und doch kleiner als ihre Nachbarn, um nicht mit ihnen, den Hütern der symbolischen Zahlen, zu konkurrieren.«

Wenn man die Grundfläche von P2 durch den Abstand der Grundfläche von P3 teilt, ist das Resultat 1,987. Daraus schließt McCollum, daß P3 die Zahl 1 darstellt, denn das Verhältnis zwischen den Pyramiden P3 und P2 beträgt 2 : 1.

Die Epsilon-Gleichung wurde von Leonhard Euler, einem Schweizer Mathematiker und Physiker, der im 16. Jahrhundert lebte, entdeckt. Sie enthält die Radiuszahl Pi (π), die natürliche Zahl Epsilon (ε), die imaginäre Zahl $i = \sqrt{-1}$, die Einheitszahl 1 und das arithmetische Symbol $O.E^{i\pi} + 1 = 0$.

Um zu beweisen, daß den Erbauern der Pyramiden die Epsilon-Gleichung bekannt war, mußte McCollum noch herausfinden, wo die imaginäre Zahl i und 0 in oder um den Giseh-Komplex dargestellt war. Es war ihm klar, daß es nicht möglich war, eine Pyramide mit einer Tangente von 0 zu errichten, denn diese müßte einen Böschungswinkel von 0 aufweisen, und die einzige geometrische Form, die diese Bedingung erfüllt, ist die Gerade.

Erst als McCollum eine zweidimensionale gerade Linie ausgedrückt in einer dreidimensionalen geraden Oberfläche (dem Plateau von Giseh) sah, erkannte er, daß die »0« tatsächlich im Pyramidenkomplex dargestellt war. Rein intuitiv beschloß er, daß dies die Fläche sein mußte, die von den Pyramidenbauern erwählt worden war, um das arithmetische Symbol 0 anzuzeigen. Laut McCollums Theorie mußte sich eine Epsilon Gleichung vom Giseh-Komplex ableiten lassen. Er behauptet, daß die Ägypter die mathematischen Gleichungen in schräger Anordnung schrieben. Aus der Vogelperspektive betrachtet, stellt der Giseh-Komplex entlang einer Nordost-Südwest-Achse die Epsilon-Gleichung dar, und erstaunlicherweise, in Übereinstim-

$$\epsilon^{\pi i} + 1 = 0$$

McCollums
Epsilon-Gleichung

mung mit der Regel für Exponenten in algebraischen Gleichungen, bildet die Sphinx selber die imaginäre Zahl i.

In McCollums eigenen Worten: »Überprüft die Sphinx! Sie ist hervorragend geeignet als (i) und befindet sich auch am richtigen Platz… Und was könnte ›imaginärer‹ sein, als eine Figur mit einem Löwenkörper und einem Menschenhaupt!«

Den Standort für die 0 bestimmt McCollum auf sehr interessante Weise mit Hilfe der von der Fibonacci-Reihe gebildeten »Goldenen Spirale«. Und dort, wo auf dem weiten Plateau von Giseh die 0 symbolisiert wird, befindet sich laut McCollum eine unterirdische, aus dem Felsen ausgehöhlte Kammer, die mit einem Steindeckel verschlossen und mit Sand bedeckt ist. Die Kammer soll neun bis zwölf Meter unter der Erde liegen und die Form eines Pyramidenstumpfes haben, dessen Grundfläche ein Quadrat mit einer Seitenlänge von 32 Metern ist. In der Mitte dieser Kammer steht eine Pyramide mit einer Höhe von 20 Ellen und einer Seitenlänge von 32 Ellen. Sie ist abgestumpft, und ihre Plattform mißt zwei Ellen im Quadrat und ist ein Spiegel aus Gold.

Neben dem »verlorenen Schlußstein« und anderen wunderbaren Gegenständen in der Kammer prophezeit McCollum auch das Vorhandensein von Tontafeln, auf denen die Geschichte der Atlanter und der Kinder von Mu, aus dem Land Lemuria, aufgeschrieben ist. Aufzeichnungen über die früheste ägyptische Geschichte würden ebenfalls gefunden werden.

Vom Boden der Kammer werden 13 Stufen zu dem Schlußstein hinaufführen. Auf jeder Stufe sollen wertvolle Informationen für die Menschheit eingemeißelt sein. Die Grundstufe oder Basis, auch »Stein der Weisen« genannt, wird viele Gleichungen und Lehrsätze der Physik und Metaphysik enthüllen, einschließlich der Integral- und Differentialrechnung und der Epsilon-Gleichung und einer Methode zur Berechnung der Anzahl der atomaren Elemente.

Auf der Westseite des Schlußsteines wird sich ein Eingang ins Innere befinden, das einmalige Kunstschätze und Juwelen beherbergen soll.

Diese bemerkenswerte mathematische »Expedition« zur theoretischen Ortung des fehlenden Schlußsteines und der verborgenen Kammer hat Rocky McCollum von seinen Annahmen dermaßen überzeugt, daß er die »Pyramide des Aquarius« gründete, um die für eine Reise nach Ägypten und die Ausgrabungen notwendigen Mittel aufzutreiben.

Kenneth Lloyd Larson zeigt in seinen beiden Büchern »Great Pyramid Designs, UFOs and Planet Earth« und »The Topstone« auf, daß die Große Pyramide, das Nildelta, Bethlehem und der Berg Sinai einen mathematischen, historischen und technologischen Komplex auf der Erdoberfläche bilden. Zum Zwecke der Darstellung gewisser biblischer Berichte und Ereignisse erweiterte er diesen Grundplan, so daß er mit einem anderen mathematischen Plan über den Westen Nordamerikas übereinstimmt.

Als Larson den Grundplan des Giseh-Komplexes über eine Karte des Westens der Vereinigten Staaten legte, erkannte er staunend die topographische Übereinstimmung zwischen Kairo und Salt Lake City, und er stellte sich die Frage, ob der Schlußstein der Pyramide tatsächlich in Ägypten in der Nähe des Standortes der Großen Pyramide vergraben sei, wie es von vielen Theoretikern behauptet wird.

Nach Larsons Theorie befindet sich der Schlußstein an einem Ort, der auf der Karte der Vereinigten Staaten den Namen »Levelland« trägt!

Diese Theorie hat auch ihre Verdienste und mag vielleicht ein Licht auf die Tatsache werfen, daß es laut Aussage der Kirche Jesus Christus der Heiligen der Letzten Tage (der Mormonen) einen Bericht über alte Kulturen auf dem amerikanischen Kontinent vor dem Jahr 421 v. Chr. geben soll. Die Mormonen glauben, daß diese frühen Kulturen mit dem jüdischen Volk von Jerusalem verwandt waren. Im Hinblick auf diese Möglichkeit erscheint es ziemlich plausibel, daß diese frühen Kulturen den fraglichen Schlußstein im Zuge ihrer Einwanderung auf den amerikanischen Kontinent mitbrachten und in dem von Larson genannten Gebiet versteckten.

Unterstützt wird Larsons Theorie nicht nur von den Aufzeichnungen der Mormonen, sondern auch von Edgar Cayce, dem berühmten amerikanischen Medium. In einem seiner »Readings« bestätigt er, daß entweder Utah oder Nevada von »den ersten Völkern« besiedelt wurden, obschon seine Zeitangaben mit denen der Mormonen nicht ganz übereinstimmen: »...in dem Land, das jetzt unter dem Namen Utah oder Nevada bekannt ist, als die ersten Völker sich nach Gruppen oder Familien aufteilten... Die Gemeinschaft entwickelte sich und gab vieles dem Volk, das in jenem Land ihre Nachfolge antreten sollte. Und in den Ruinen, die in den Bergen und Höhlen im nordwestlichen Teil von New Mexiko zu finden sind, sind noch einige der Zeichnungen zu sehen, die die Gemeinschaft vor zehn Millionen Jahren und mehr machte« (Reading 2665-2, 17. Juli 1925).

Wie in jüngster Zeit vermutet wird, unterlagen sowohl die Land- als auch die Wassermassen der Erde einigen gewaltigen Veränderungen und unterschieden sich von den jetzigen ganz erheblich. In einem anderen »Reading« berichtet Edgar Cayce:

»...denn es kam oftmals zu einem Wandel, seit der Mensch in diesem Zeitalter die Erde bewohnt. Viele Länder sind verschwunden, andere tauchten auf und verschwanden wieder während dieser Zeitspanne. Nur jene Gebiete, die jetzt als Sahara... und in der nordwestlichen Hemisphäre als Utah, Arizona, Mexiko bezeichnet werden...« (Reading 5748-1, 28. Mai 1925)

Die Verbindung der Sahararegion mit dem westlichen Teil der Vereinigten Staaten, die Edgar Cayce erwähnt, steht in Einklang mit der Mormonendoktrin von der frühen Einwanderung der afrikanischen Völker in die nordwestliche Hemisphäre. Diese transatlantische Wanderung könnte tatsächlich möglich gewesen sein, da Cayce erklärte, daß in den alten Zeiten die Wasser aus der Nilregion in den Atlantischen Ozean strömten, anstatt nordwärts zu fließen. Die Zeichnungen in Larsons Buch veranschaulichen, wie und warum der Planet Erde gemessen, gewogen und von seinem Schöpfer geplant wurde, wie in der Bibel (Jesaja 40,12, 40,22, 19,19, Hiob 38,4–7, Ps. 95,5, Genesis 1,1) geschrieben steht. Larson glaubt ferner, daß die Große Pyramide ein maßstabgetreues Modell des Planeten Erde darstelle, einen mathematisch und chronologisch abgefaßten »Bauplan«.

Einer der Autoren, der eine metaphysische Erklärung für die Unvollendetheit der Pyramide anbietet, ist Manly P. Hall, der in seinem Buch »The Secret Teachings of All Ages« schreibt:

»Die Größe des Schlußsteines der Großen Pyramide kann nicht genau bestimmt werden. Denn obwohl die meisten Forscher annehmen, daß er sich einst auf seinem Platz befand, gibt es jetzt keinerlei Anzeichen mehr dafür. Unter den Erbauern großer religiöser Gebäude scheint der merkwürdige Brauch zu herrschen, ihre Bauwerke unvollendet zu lassen, um damit anzudeuten, daß Gott allein vollendet ist. Der Schlußstein – falls es ihn gab – war selber eine Miniaturpyramide, deren Spitze wieder von einer kleineren Pyramide gekrönt wurde, und so weiter ad infinitum. Daher könnte man die Pyramide mit dem Universum vergleichen und den Schlußstein mit dem Menschen. Und wenn man diese Analogie weiterverfolgt, stellt der Verstand den Schlußstein des Menschen dar, der Geist den Schlußstein des Verstandes und Gott – die Essenz des Ganzen – den Schlußstein des Geistes. Gleich einem rohen und unbearbeiteten Block aus dem Steinbruch wird der Mensch genommen und durch die geheimen Mysterien in einen vollkommenen pyramidenförmigen Schlußstein umgewandelt. Der Tempel ist erst dann vollendet, wenn der Neophyt zum lebendigen Apex wird, zum Brennpunkt der göttlichen Energie.«

Hall wirft auch ein Licht auf den mystischen Verwendungszweck der Pyramide. Sie war das Haus der »zweiten Geburt« und der »Schoß der Mysterien«. Menschen durchschritten ihre Pforten und verließen sie als Götter. Er glaubt, daß »der Erleuchtete« oder »der Einweiher«, gekleidet in eine blaugoldene Robe, in seiner Hand den siebenfachen Schlüssel der Ewigkeit haltend, im Innern der Pyramide wohnte. Dieses unbekannte Wesen wird auch als »der Heilige« bezeichnet, »der Meister der Meister« und »der löwengesichtige Hierophant«, der niemals das Haus der Weisheit verließ. Kein Mensch bekam ihn je zu Gesicht, mit Ausnahme derer, die die Pforten der Vorbereitung und der Reinigung durchschritten, um wiedergeboren zu werden.

Der Neophyt wurde von diesem Meister in die Mysterien eingeweiht. Die Macht des Schutzgeistes wurde ihm offenbart und der Prozeß der Trennung des göttlichen Geistes vom Körper zusammen mit seinem göttlichen Namen. Die höchst geheime und unaussprechbare Bezeichnung der Obersten Gottheit ist das Wissen, durch das Mensch und Gott eins werden, durch das der Mensch erleuchtet wird.

Aber was auch andere Theoretiker über den Verbleib und den Aufbewahrungsort des fehlenden Schlußsteines und über andere verborgene Gänge und Kammern schreiben mögen, die Zeit wird wiederkommen, in der das geheime Wissen aller Zeitalter die beherrschende religiöse und philosophische Macht auf der Welt sein wird. Die Wiederentdeckung des geheimen Raumes in der Pyramide steht laut Prophezeiung kurz bevor.

Unsere moderne Welt mag viele Geheimnisse, die die alte Welt kannte, aufdecken, bis auf eines – das Geheimnis des Lebens und der Wahrheit. Viele Kulturen liegen unter dem Sand der Zeit begraben, die Pyramide bleibt als sichtbares Band zwischen ewiger Weisheit und der Welt bestehen. Sie erinnert uns daran, daß wir Gott untertan sind, und veranlaßt uns, nach der höheren Wahrheit zu suchen und unsere begrenzte materialistische Weltanschauung zugunsten höherer spiritueller und metaphysischer Werte zu überschreiten. Die Lehrer der Geheimlehre sind davon überzeugt, daß die Pyramide das Tor zur Ewigkeit darstellt.

Wenn der Mensch dereinst das Geheimnis des Tores zur Pyramide von neuem erlernt hat, dann wird er die Meister der Mysterien, die ihn schweigend erwarten, wieder treffen. Sie werden ihm helfen, das Leichentuch des Dogmas zu entfernen, und ihn in das Gewand der Wahrheit kleiden.

3
Zeit und Ort sind verschieden

Es scheint unglaublich, daß die Ägypter in einem Wüstengebiet, das scheinbar allem Leben abhold und denkbar ungeeignet für die Entwicklung einer Zivilisation ist, eine Metropole mit solch großartiger Architektur wie der Pyramide schufen. Diese bemerkenswerte Leistung wider alle logischen Voraussetzungen benutzte der Physiker Kurt Mendelssohn zur Erhärtung seiner Theorie, daß die »Pyramidenprojekte« als eine Art von »Zivildienst« entwickelt wurden, um die Arbeitslosigkeit zu stoppen und den Wohlstand in Ägypten zu fördern.

Mendelssohn geht davon aus, die altägyptische Regierung hätte es für notwendig erachtet, das Staatsbewußtsein ihrer Untertanen zu wecken. Sozioökonomische Aufgaben standen im Vordergrund, während die religiöse Bedeutung und die in den Pyramidenphilosophien verkörperten rituellen Traditionen zweitrangig waren.

Diese moderne Auffassung über eine alte, höchst fortgeschrittene Zivilisation läßt sich bestenfalls auf die viel späteren, den Niedergang Ägyptens begleitenden Pyramiden anwenden.

Eine ausschließlich auf sozioökonomischen Beweggründen basierende Geschichtstheorie läßt sich nicht einmal in der heutigen Zeit aufrechterhalten, geschweige denn in einer dermaßen von Religion und Philosophie inspirierten Kultur, die wir gerade erst zu verstehen beginnen. Eine solche Theorie ist mit Vorsicht zu genießen, denn sie läßt sich weder auf den Bau der Originalpyramide in Ägypten anwenden noch auf die andere Pyramiden errichtenden Kulturen, die in der Vergangenheit die ganze Welt überzogen.

Die Archäologen geben an, daß die Pyramidenkulturen von Mexiko und Südamerika wie die Ägypter als Nomadenstämme von einem kulturellen Nullpunkt ausgingen. Innerhalb der ihnen zur Verfügung stehenden Zeitspanne türmten sich ihre steinernen Städte, groß und herrlich, in der Landschaft auf. Innerhalb der Grenzen ihres Landes entwickelte jede Pyramidenkultur wunderschön gearbeitete Gebrauchsgegenstände, eine Hieroglyphenschrift, sämtliche Zweige von Wissenschaft, Philosophie und Theologie und einen sehr genauen Kalender, der ihr Leben regelte.

Aus einer fernen Vergangenheit brachten unbekannte Einflüsse, ähnlich wie bei den Ägyptern, auf geheimnisvolle Weise Pyramidenkulturen hervor – in geographischen Lagen, die nicht die besten waren, sondern eher als extrem zu bezeichnen sind, wie zum Beispiel Wüsten, dichter Dschungel, große Höhen. Dies mag darauf zurückzuführen sein, daß die Hauptpyramidenkomplexe innerhalb einer 30 Grad breiten Zone nördlich und südlich des Äquators rund um den Erdball errichtet wurden.

Nicht ohne den vielen Theorien, die versuchen, die Existenz der Pyramidenkulturen in dieser Zone mittels Einwanderung oder Kontinentaldrift zu begründen, gebührenden Respekt zu zollen, muß ein wichtiger Punkt in Betracht gezogen werden, nämlich die nahezu identische geometrische Form der Pyramiden, die bei sämtlichen Kulturen anzutreffen ist. Dies bedeutet, daß die Pyramide als Form einzigartig auf der ganzen Welt und nicht bloß bei einer bestimmten Kultur, und daß sie als Tradition auf ein zeitliches Ereignis zurückzuführen ist.

Die südamerikanische Pyramidenkultur scheint tatsächlich über Nacht erblüht zu sein, als nach einer »steinzeitlichen« Periode plötzlich fast gleichzeitig zwei neue Kulturen ungefähr um das Jahr 200 unserer Zeitrechnung auftauchten. Diese beiden Zivilisationen, die der Moches an der Nordküste von Peru und die von Tiahuanaco im südlichen Bergland, waren Nachkommen der Chavin-Kultur, die sich ebenso abrupt in ganz Peru ausgebreitet und mehrere tausend Jahre geblüht hatte.

Das Volk der Moche-Zivilisation errichtete viele massive und eindrucksvolle Tempel, von denen die berühmtesten die gigantischen Zwillingspyramiden von Moche sind, in der Nähe der heutigen Stadt Trujillo gelegen. Diese Doppelpyramiden sind bekannt unter der Bezeichnung »La Huaca del Sol« (Tempel der Sonne) und »La Huaca de la Luna« (Tempel des Mondes). Jede Pyramide besteht aus einer massiven, terrassenförmig angelegten Plattform aus Luftziegeln.

Der Tempel der Sonne ist das größte aller Bauwerke an der peruanischen Küste und trägt auf seiner Plattform eine weitere Stufenpyramide. Die Plattform liegt, fünf Terrassen hoch, in einer Höhe von knapp 19 Metern, ihre Grundfläche beträgt ca. 137 × 229 Meter. Oben auf der fünften Terrasse ist ein begehbarer Damm, etwa 6 Meter breit und 92 Meter lang, der bis ans Nordende der Pyramide führt. Eine 103 × 103 Meter große und ca. 23 Meter hohe Stufenpyramide überragt die Plattform an ihrem südlichen Ende. Es wird geschätzt, daß beim Bau des gesamten Sonnentempels mindestens 130 Millionen Luftziegel verbraucht worden sind.

Obwohl die Plattform des Tempels des Mondes an ihrer Basis beträchtlich kleiner ist als die des Tempels der Sonne – sie ist nur 60 × 80 Meter groß –, ist sie ungefähr drei Meter höher als der Sonnentempel. Auf der Plattform des Mondtempels sind noch einige Räume erhalten geblieben, deren Wände mit Farben und Fresken in typischer Moche-Manier bemalt sind.

Genau südlich von Lima/Peru steht eine andere Moche-Pyramide. Es ist der große Pyramidentempel von Pachacamac, der die im Lurintal liegende Stadt überragt. Der Pachacamac-Tempel bedeckt eine Fläche von rund 48 600 Quadratmetern und ist ca. 23 Meter hoch. In den Tagen der Inkas und davor war dieses Heiligtum so berühmt, daß es zur Zeit der spanischen Eroberer als das Mekka von Peru betrachtet wurde.

Von Mysterien umhüllt sind die Ruinen von Tiahuanaco, die letzten Überbleibsel einer Kultur, die vom Zeitpunkt ihrer Entstehung an mit der Moche-Kultur rivalisierte. Es gibt Leute, die behaupten, daß Tiahuanaco der Geburtsort der beiden Amerikas sei, möglicherweise sogar der Weltzivilisation überhaupt. Eine Theorie vermutet, daß Tiahuanaco ursprünglich eine Insel war, die erst einmal in den Pazifik versank und sich dann zusammen mit den Gebirgsketten der Anden zu ihrer gegenwärtigen Höhe erhob. Eine andere Hypothese vertritt die Ansicht, daß Tiahuanaco der Sitz eines mächtigen Reiches der Megalith-Kultur war und die ganze Erde beherrschte.

Tiahuanaco liegt in etwas über 3960 Meter Höhe, ca. 20 Kilometer südöstlich des Titicaca-Sees, des höchsten schiffbaren Sees der Erde. Mit seiner außerordentlich dünnen Atmosphäre, seinen Kältegraden und seiner nahezu baumlosen Umgebung kann Tiahuanaco wohl kaum den Anspruch erheben, als Geburtsstätte der irdischen Zivilisationen angesehen zu werden. Doch trotz der unwirtlichen Umgebung (die meisten Leute haben in dieser dünnen Atmosphäre Atemprobleme) – oder vielmehr gerade deshalb? – betrachten viele Mystiker in aller Welt Tiahuanaco als einen wahrhaft heiligen Ort.

Die Bauwerke von Tiahuanaco sind die besten und monumentalsten in der gesamten Andenregion. Es gibt vier große Gebäude und eine Anzahl kleinerer, die alle zusammen eine Fläche von annähernd 450 × 1000 Metern bedecken. Das größte Bauwerk in Tiahuanaco ist das Acapana, eine 15,3 Meter hohe Terrassenpyramide, die ursprünglich mit Steinen abgedeckt war. Die unregelmäßige Grundfläche des Acapana mißt annähernd 64 Quadratmeter.

Das am meisten bekannte steinerne Gebilde von Tiahuanaco ist das berühmte Sonnentor. Es ist ein großes, aus einem einzigen Steinblock bestehendes Tor aus Andresit. Das Sonnentor ist ca. 3,10 Meter hoch, etwas über 3,8 Meter breit, wiegt schätzungsweise zehn bis 15 Tonnen und gilt als ein weiteres »Weltwunder«.

Ein anderer mysteriöser Ort ist Nazca an der Südküste von Peru. Es muß einmal ein dichtbevölkertes Gebiet gewesen sein. In dem Nazca-Bezirk befindet sich ein einzigartiges Gelände, das Estaqueria oder »Platz der Pfähle« genannt wird und am besten als ein »hölzernes Stonehenge« beschrieben werden kann.

Die Moche- und die Tiahuanaco-Kulturen sollen ihren Höhepunkt im 6. Jahrhundert unserer Zeitrechnung erreicht haben und sind dann so wie die ihnen vorangegangene Chavin-Kultur abrupt zugrunde gegangen. Dann trat in Peru wiederum eine lange Phase kultureller Stagnation ein, bis abermals eine neue Kultur in einem beinahe voll erblühten Zustand in Erscheinung trat, so als hätte sie sich vorher anderswo entwickelt und wäre, bereits in einem gewissen Reifezustand, nach Peru versetzt worden. Dieses neue Reich war das der Inkas.

Während einer Zeitspanne von wenig mehr als 300 Jahren – von ca. 1200 bis 1534 – haben 13 Kaiser das Herrschaftsgebiet ihrer Zivilisation immer mehr vergrößert. Das Reich erstreckte sich vom heutigen Zentralchile bis nach Nordecuador. Die Inkas bauten keine Pyramiden. Sie zogen es offenbar vor, die in jeder bedeutenden Inkastadt vorhandenen Pyramiden wieder instand zu setzen, wie sie auch Vergrößerungen der bestehenden Zentren vornahmen und sie den Erfordernissen ihrer religiösen Bräuche anpaßten.

Auch den Straßenbau beherrschten die Inkas meisterhaft. In der Gegend von Cuzco gibt es einen überwölbten Abzugskanal, dessen gewölbte Kragsteine, auf denen die Straße verläuft, den Kragsteinen in der Großen Galerie der Großen Pyramide von Giseh verblüffend ähneln. Ein anderes Beispiel für die Straßenbaukunst der Inkas ist die ursprünglich etwa 4000 Kilometer lange Küstenstraße, die sich von Tumbes in Peru bis nach Santiago in Chile erstreckte. Sie war ca. sieben Meter breit und von Mauern aus Luftziegeln gesäumt, um den Sand abzuhalten.

Nach dem Tode eines Inka-Kaisers wurden im ganzen Land genau vorgeschriebene Begräbniszeremonien abgehalten. Ähnlich wie bei den ägyptischen Pharaonen wurde der Körper eines Inka-Kaisers in seinem Palast mumifiziert. Die inneren Organe wurden entfernt und in Spezialbehältern extra aufbewahrt, während der Körper mit den feinsten Stoffen und Geweben umhüllt wurde. Der Mumie wurde sodann dieselbe Aufwartung gemacht wie zu Lebzeiten des Kaisers. Sie wurde nicht, wie es in Ägypten der Fall war, der Sicht der Lebenden entzogen und in ihrem Grab allein gelassen, sondern jeder der nachfolgenden Kaiser erwies seinen mumifizierten Vorgängern die gebührende Ehrenbezeugung.

Die einfachen Leute aus dem Volk der Inkas wurden wie die ägyptischen Bürger in einem bienenstockähnlichen Grab auf der

Erdoberfläche begraben. Der Körper wurde in Stoff oder Fell eingehüllt und in Embryostellung, mit bis zum Kinn angezogenen Knien, in dem Gehäuse plaziert. Für diese Grabstellen wurde Mauerwerk aus unbehauenen Steinen, Lehm und Erde benutzt, und die Leichen wurden ohne Zerlegung dem natürlichen Austrocknungsprozeß überlassen.

Es wird allgemein angenommen, daß bei der Eroberung des Inka-Reiches durch die Spanier viele Berichte und Hinweise auf die Zivilisationen der Vor-Inka-Zeit vernichtet wurden. Alle noch vorhandenen Unterlagen und Berichte über das Inka-Reich und die seine Entstehung betreffenden Sagen und Legenden beschränken sich auf das Material, das von den spanischen Historikern zur Zeit der Eroberung gesammelt wurde. Wenn es damals irgendwelche niedergeschriebenen Überlieferungen über die Chavin- und die anderen Prä-Inka-Zivilisationen gegeben haben sollte, sind diese jetzt für immer verloren. Alles, was uns verblieben ist, sind die großen Pyramiden, die Forscher immer wieder vor Rätsel stellenden Reste großer und glorreicher Zivilisationen, die unerklärlicherweise mitten in ihrer Blütezeit plötzlich verschwanden.

Soweit die Archäologen feststellen konnten, ist die Entwicklung der großen alten peruanischen Zivilisationen parallel verlaufen zu dem Wachstum erstaunlich ähnlicher Zivilisationen in jenem Teil Mittelamerikas, der heute als Mexiko bekannt ist. Obwohl im Vergleich zur ägyptischen Kultur verhältnismäßig wenig über diese Zivilisationen bekannt ist, sind zwei Tatsachen unbestreitbar: in beiden Kulturen wurden außerordentlich massive und komplizierte Pyramidenbauten errichtet, und beide Kulturen stützten sich bei der Planung und beim Bau ihrer architektonischen Schöpfungen in hohem Maße auf astronomische Berechnungen. Keine dieser Feststellungen kann als sehr überraschend bezeichnet werden, wohl aber der Glaube der Archäologen, daß beide Kulturen total voneinander isoliert gewesen seien. Ihrer Ansicht nach kann mit zufriedenstellender Sicherheit gesagt werden, daß keine der beiden Kulturen von der Existenz der anderen wußte. Diese Selbstsicherheit ist lachhaft angesichts der Probleme, denen sich heutige Archäologen gegenübersehen, wenn sie sich beim Erwerb vom Wissen über vergangene Kulturen oftmals auf winzige Spuren verlassen müssen. Unglücklicherweise werden viele alte Kulturen und Zivilisationen mit dem Prädikat der Nichtexistenz ausgezeichnet, weil es keinerlei Beweise für ihre Existenz gibt.

Aufgrund des aufgefundenen Beweismaterials läßt sich das prähistorische Ägypten bis auf 5000 v. Chr. zurückdatieren, das prähistorische Peru bis auf 9000 v. Chr., während die mittelamerikanische Kultur nur bis 2000 v. Chr. zurückverfolgt werden kann. Bekannt als Maya-Zivilisation hat sie aufgrund ihres hohen Entwicklungsstandes und ihrer Vielschichtigkeit die Phantasie der Entdecker und Gelehrten erregt. Mystiker haben die Theorie aufgestellt, daß die Mayas ursprünglich von den versunkenen Kontinenten Atlantis und Mu kamen. Weniger phantastisch ist die Ansicht der Archäologen und Geschichtsforscher, die die beiden Amerikas als Ursprungsregionen betrachten und dem Volk der Mayas zutrauen, sich von sich aus zu einem höheren Zivilisationsgrad emporgearbeitet zu haben.

Es wird heute angenommen, daß der früheste Vorläufer der Maya-Kultur die Olmeken waren, ein Volk, das in dem Gebiet lebte, das heute als das südliche Vera Cruz und Tabasco bezeichnet wird. Archäologische Ausgrabungen in dieser Gegend haben Steinköpfe und Steintafeln mit religiösen und kalendrischen Inschriften zutage gefördert.

Die Kunst der Olmeken ist bemerkenswert wegen ihrer Darstellungen und Nachbildungen seltsamer Wesenheiten, deren Gesichter entweder kindlich-primitiv wirken oder groteske, teils tigerähnliche Züge aufweisen. Ihr ausdrucksstarker Stil ist unverkennbar, so daß ihre Skulpturen nicht leicht mit denen anderer Kulturen zu verwechseln sind.

Die Olmeken waren ein talentiertes und geheimnisvolles Volk, das der Legende nach in der Richtung der aufgehenden Sonne gelebt haben soll. Ein in ihrer Bilderschrift häufig vorkommendes Symbol weist darauf hin, daß ihr Reichtum neben anderen Gütern aus Gummi bestand. Diese Hieroglyphe, die als Darstellung eines Gummibaums entziffert wurde, wird von den Archäologen als Symbol der Olmeken schlechthin verwendet.

Der Name »Olmeken« stammt von dem Wort »olli«, das »Gummi« bedeutet.

Die religiöse Hauptfigur der Olmeken war ein alter Mann, der gewöhnlich in sitzender Stellung mit gebeugtem Haupt dargestellt wurde. Auf Kopf und Schultern trägt er eine Schale, die vielleicht ein Gefäß zur Verbrennung von Weihrauch sein soll. Dieser Gott wurde auch von den nachfolgenden mittelamerikanischen Kulturen verehrt und angebetet. Die Azteken nannten ihn Huehueteotl, den alten Gott, oder Xiuhtecuhtli, den Herrn des Feuers. Da seine Verehrer in einem vulkanischen Gebiet lebten, waren diese Bezeichnungen den besonderen gegebenen Verhältnissen angepaßt. Es ist auch vermutet worden, daß diejenigen, die ihn »den alten Gott« nannten, ihn mit dem Alter der Berge identifizierten, in denen sie lebten.

Die mühsam rekonstruierte Kulturgeschichte der Olmeken hat ergeben, daß diese eine besondere Art von Körperkult betrieben – sie entfernten die Gesichtshaare, legten ihre Zähne mit Jade ein und hatten eine Vorliebe für abgeflachte Köpfe und Körpertätowierungen. Sie errichteten Tempelstädte, deren Zentrum die Stufenpyramide bildete. Es gibt sogar Hinweise dafür, daß die Olmeken ihre Häuser viele Male umgestalteten.

Der Beginn der Auflösung der Olmeken-Zivilisation setzte ein, als der Vulkan Xitli ausbrach. Augenscheinlich war dieses Ereignis die Ursache dafür, daß die Zivilisation ins Stocken geriet und schließlich ganz verschwand.

Die Olmeken-Kultur scheint parallel zu der Zapotek-Zivilisation im Bergland von Oxaca verlaufen zu sein, südwestlich des Olmeken-Gebietes gelegen. Ihr Kunststil und ihre sonstigen hinterlassenen Werke unterscheiden sich beträchtlich von denen der Olmeken. Ihre kalendrischen Berechnungen und Festlegungen erfolgten in ganz charakteristischer Weise im Rahmen eines Systems, in dem ein 52-Jahre-Zyklus die Hauptrolle spielte. Sie waren gleichfalls ein talentiertes und geheimnisvolles Volk mit einem Hang zur Technik. Neben dem Umbau und der Erweiterung von Gebäuden widmeten sich auch die Zapoteken der Errichtung von Tempelstädten und Pyramiden, worin sie ebenso erfahren waren wie ihre Zeitgenossen und Vorgänger.

Viele Kulturen hatten Anteil an der Geburt der Azteken-Zivilisation. Neben den Mayas, Olmeken und Zapoteken waren die wichtigsten die Mixteken, Huasteken, Tolteken, Chichimeken und die Totonac-Kultur.

Die Mixteken sind als begabte Märchenerzähler bekannt. Sie erzählten von den Olmeken, den »Riesen«, und von der Pyramide der Gefiederten Schlange, die sie für das größte Bauwerk der beiden Amerikas hielten. Ihr wichtigster Beitrag zur Erforschung der prähistorischen Kulturen sind gemalte Bilderbücher über die Entstehung und die Geschichte ihres Volkes. Das berühmteste darunter wird als Kodex Nuttal bezeichnet. Die bildhaften Darstellungen der Mixteken scheinen Ideen und Konzepte wiederzugeben, keineswegs aber die natürliche Welt abzubilden.

Beispiel für die Mixteken-Schrift aus dem Kodex Nuttal

Die Kultur der Mixteken soll sich über mehrere tausend Jahre erstreckt haben, doch war es wahrscheinlich die Kultur der Tolteken, die den größeren Einfluß auf die Kultur der Azteken ausübte. Die Tolteken, die anscheinend die besseren Landwirte waren, hatten sich ungefähr 600 v. Chr. zu einer unabhängigen Kultur entwickelt. Ihr Gebiet lag etwa 50 Kilometer nordöstlich von Mexiko City, an einem Ort, der Teotihuacan oder »Sitz der Götter« genannt wird und dessen Bauwerke einst an Größe und Herrlichkeit alle anderen Städte Mittelamerikas übertrafen.

Die Ruinen von Teotihuacan bedecken eine Fläche von

3,2 × 5,6 Kilometern. Die Architekten der Tolteken entwarfen und errichteten ihre Hauptstadt, indem sie südlich der mächtigen Mondpyramide einen Stadtbezirk nach dem anderen bauten. Eigentlich handelte es sich gar nicht um eine Pyramide, sondern um einen Pyramidenstumpf, dessen Oberfläche zur Errichtung eines Altars diente.

Die Plattform, auf der die Pyramide ruhte, war in geschickter Weise terrassenförmig angelegt. Von einem rechteckigen Vorhof aus führte eine breite Treppe zur Südseite der Plattform empor. Den »Platz des Mondes« flankierend gab es weitere Gebäude, deren Bereich sich mehrere hundert Meter nach Westen und Osten erstreckte, wobei zwei weitere kleinere Stadtteile zur Symmetrie der ganzen Anlage beitrugen. Zwei eindrucksvolle Reihen ziemlich großer Gebäude führten vom Mondplatz aus nach Süden.

Die »Pyramide der Sonne« überragt an Größe und Bedeutung alle anderen Bauwerke von Teotihuacan. Genau wie bei der Mondpyramide ist ihre Spitze abgestumpft. Sie mißt an ihrer Basis nahezu 215x215 Meter und erhebt sich in vier Terrassen bis zu einer Höhe von über 61 Metern. Die Oberfläche der Pyramide ist von ihren Erbauern terrassenförmig angelegt worden, um beim Betrachter den Eindruck einer noch größeren Massigkeit zu erwecken. Die Pyramide der Sonne soll hauptsächlich aus luftgetrockneten Ziegeln bestehen und mit Steinen und einer Gipsverkleidung abgedeckt sein. Die raffiniert berechneten Flächen zwischen den Terrassen sind so angeordnet, daß bei einem an der Basis stehenden Betrachter die Illusion unendlicher Höhe hervorgerufen wird.

Jenseits eines Flusses, der im Süden endet, liegt eine weitere prachtvolle Plattform, deren Außenwände mit behauenen Steinblöcken belegt sind. Der einstmals die Pyramide krönende Tempel ist heute verschwunden. Es scheint, als sei dieser Bau zu Ehren des Regengotts Tlaloc errichtet worden, obwohl man ihn den »Tempel Quetzalcoatls« nennt.

Die Tolteken-Stadt Teotihuacan war offensichtlich ganz bewußt dazu angelegt, die Illusion von Wucht und Würde hervorzurufen. Sie war so angelegt, daß Gebäudegruppen eine Nord-

Süd-Achse flankierten, ab und zu unterbrochen durch Stadtteile mit Häusern, die entlang einer Ost-West-Achse standen. Von welcher Seite und welchem Blickwinkel aus man sich Teotihuacan auch näherte, das Auge des Ankommenden wurde von irgendeinem imposanten und interessanten Punkt oder Bauwerk gebannt, ebenso vom Arrangement des Stadtbildes und seiner Wuchtigkeit. Der Verkleinerungseffekt bei größerer Entfernung wurde so vermieden. Innerhalb der Stadtgebiete isolierten die den Besucher umgebenden Mauern ihn von den übrigen Stadtteilen und betonten die Größe und Bedeutung der in den einzelnen Bezirken liegenden Nebentempel. Nicht einmal die Pyramidenkomplexe von Ägypten wurden so sorgfältig und auf Wirkung berechnet geplant, um die Seele des einzelnen Menschen zu beeindrucken und sie vor der Macht des heiligen Ortes erbeben zu lassen. Man kann sich des Gedankens nicht erwehren, daß, je größer der Tempel, um so mächtiger der Gott gewesen sein muß, für den er gebaut wurde.

Einige Zeit nach der Entstehung von Teotihuacan fand eine mysteriöse Erneuerungsaktion bzw. ein großer Umbau statt. Jedes Gebäude wurde renoviert oder umgebaut. Die Fassaden wurden neu abgedeckt, Räume wurden ausgefüllt, um Plattformen für neue Pyramiden zu schaffen. Nicht einmal die gigantischen Massen der Sonnen- und Mondpyramiden entgingen den Veränderungen, sie bekamen neue Treppen und Fassaden.

Seltsamerweise wurden am Quetzalcoatl-Tempel die größten Veränderungen vorgenommen. Obgleich die Erneuerung das gesamte Zentrum erfaßte, führt man sie nicht auf die Eroberung durch eine neue Kultur zurück, sondern nach Meinung der Experten tragen diese architektonischen Veränderungen alle Zeichen einer religiösen Reformation, die von dem alten Symbolismus nichts mehr wissen wollte und einen neuen Kult an dessen Stelle setzte.

Diese großartige Stadt wurde noch zwei weitere Male umgebaut. Die Umgestaltungen und teilweisen Erneuerungen hingen wahrscheinlich unter anderem auch mit den sich ändernden religiösen Zeremonien beim Beginn bzw. Ende eines 52-Jahre-Zyklus zusammen. Der dritte Umbau wurde in Eile und unter Beibehaltung des größten Teiles der Originalbauwerke durchgeführt, wobei neue Götter eingeführt und verehrt wurden und sich gleichzeitig das Ende von Teotihuacan als heilige Hauptstadt ankündigte.

Aus den seßhaften Tolteken wurde ein Wandervolk, das zwei weitere Kulturen begründete, die nach ihrem Sitz – Tula und Xochicalco – benannt werden. Tula wurde einst ins Reich der Mythologie verbannt, wird jedoch in der Zwischenzeit von den Archäologen anerkannt. Man fand dort eine Stufenpyramide und darauf die Ruinen eines Tempels mit dem Symbol Quetzalcoatls. Nach wie vor stellt sich die Frage, ob Tula das legendäre Tollan ist, von dem die Mythologie behauptet, es wäre einst so mächtig und groß wie Teotihuacan gewesen.

Xochicalco oder »Ort der Blumen« ist berühmt für seine Pyramide der Gefiederten Schlange und soll außerdem eine Stadt mit religiöser und administrativer Funktion für die Bewohner der Umgebung gewesen sein.

Obwohl diese beiden toltekischen Kulturen nur von kurzer Dauer waren, übten sie doch einen entscheidenden Einfluß auf das spätere Reich der Azteken mit seiner Tributpflicht aus.

Die Tolteken waren als hervorragende Baumeister bekannt. Sie bauten ihre massiven Pyramiden, Paläste und Wohnhäuser aus Steinen und Mörtel und benutzten bereits eine Art Dampfbad. Sie zählten ihre Jahre, wobei sie einen 52-Jahre-Zyklus zugrunde legten. Ein Kalenderjahr umfaßte 260 Tage. Ihr oberster Gott war Quetzalcoatl, eine mysteriöse Gestalt, die als Schlange dargestellt wurde.

Es wird vermutet, daß Quetzalcoatl einst gelebt hat, denn Berichte über sein schöpferisches Wirken gibt es sowohl bei den Tolteken als auch bei den Mixteken. 20 Jahre lang soll er der Herrscher der Tolteken gewesen sein, außerdem galt er auch als Priester. Seine Mutter wurde erst Jahre nach dem Tod seines Vaters schwanger, nachdem sie ein Stück Jade verschluckt hatte. Die Geschichte von Quetzalcoatl endet damit, daß er in einem Boot aufs offene Meer hinaussegelte, jedoch mit der Prophezeiung, am Tage seiner Geburt wiederzukehren.

Die geschichtlichen Überlieferungen und die gegenständlichen Reste der Kultur der Tolteken sind ebenso dürftig wie das, was über ihre soziologischen und religiösen Verhältnisse bekannt ist. Eine der Mythen, die von einem Ixtlilxochitl stammen, beginnt mit der Schöpfung der Welt und den vier Sonnen bzw. Zeitaltern, durch die und während der sich das Leben entwickelt und erhalten hat. Das erste Zeitalter war das der Wasser-Sonne und eine Schöpfung des höchsten Gottes Tloque Nahuaque. Nach 1716 Jahren oder dreiunddreißig 52-Jahre-Zyklen wurde alles Bestehende durch Blitze und Wasserfluten zerstört. Im zweiten Zeitalter, dem der Erden-Sonne, war die Welt von Riesen bevölkert, die sich Quinametzin nannten und die durch Erdbeben fast gänzlich vernichtet wurden. Die Wind-Sonne war die Sonne des dritten Zeitalters, in dem die Stämme der Olmeken auf der Erde lebten. Von diesen Olmeken wurden die noch aus dem zweiten Zeitalter übriggebliebenen Riesen ausgerottet, und sie gründeten Cholula und breiteten sich bis nach Tabasco aus. Ein mysteriöses Wesen, von einigen Quetzalcoatl, von anderen Huemac genannt, tauchte während dieser Zeitspanne auf und brachte dem Volk ethische Lehren und eine Zivilisation. Da aber die Menschen die von ihm erteilten Lehren nicht beachteten und beherzigten, zog sich Quetzalcoatl wieder nach Osten zurück, von wo er gekommen war. Bei seinem Weggang prophezeite er die Vernichtung der Welt durch gewaltige Winde und durch die Verwandlung der Menschen in Affen. All das, was die Geschichte erzählt, soll wirklich geschehen sein. Das vierte Zeitalter, unser gegenwärtiges, wird das der Feuer-Sonne genannt und soll durch eine allgemeine große Brandkatastrophe enden. Das ist der Bericht der Tolteken, wie er von Ixtlilxochitl überliefert worden ist.

Die Tolteken haben ebenso wie die Bevölkerung anderer Zivilisationen Bauwerke errichtet, die dann von nachfolgenden Kulturen wieder verändert oder überbaut wurden, und deshalb ist es schwierig zu bestimmen, welche Pyramiden und welche Gebäude zu welcher Periode gehören. Es wird allgemein angenommen, daß die meisten der mexikanischen Pyramiden von den Teotihuacan-Leuten gebaut worden sind oder manche möglicherweise in den Zeiten noch früherer Zivilisationen.

Die letzte und größte der Maya-Zivilisationen war die der Azteken, die, wie die Archäologen glauben, von Cholula im Staat Puebla ausging. Dort gibt es, was die Kubikmeter betrifft, das größte Bauwerk der Welt.

Die Azteken-Zivilisation erreichte etwa um das Jahr 1400 unserer Zeitrechnung ihre höchste Blüte durch das Volk der Tenochcas, der im Gebiet von Mexiko City ansässigen Azteken. Aber die Tenochcas waren nicht die Gründer der Zivilisation und trugen auch außer der Einführung eines Opferritus nicht viel zur allgemeinen Entwicklung bei.

Gleich den Angehörigen aller großen alten Zivilisationen verfügten auch die Azteken über außerordentlich gute astronomische Kenntnisse. Die Entdeckung des großen Kalendersteins, von einem Azteken-Herrscher namens Axayacatl im Jahre 1479 geschaffen, überzeugte die Archäologen davon, daß die Azteken in bezug auf die Wissenschaften weiter waren als andere Zivilisationen.

Dieser Kalenderstein, dessen Inschriften auf einem außerordentlich komplizierten mathematisch-astronomischen System basieren, war unverständlich bis zur Entdeckung der Kalenderbeschreibungen, mit deren Hilfe nicht nur die Bedeutung des Steines, sondern auch die Azteken-Hieroglyphen entschlüsselt werden konnten. Der große Kalenderstein wiegt über 20 Tonnen, hat einen Durchmesser von ca. vier Metern und ist aus einem einzigen massiven Steinblock herausgehauen. In der Mitte der Vorderseite des Steines ist der Sonnengott Tonatiuh abgebildet, flankiert von vier ornamentalen Umfassungen, in denen die vier vergangenen Weltzeitalter dargestellt sind.

Das Mittelstück repräsentiert somit unsere gegenwärtige Ära, umgeben von den Namen der 20 Tage des Azteken-Monats. Diese vier Rahmen sind wiederum umgeben von einer Leiste voller Glyphen, die auf die Begriffe »Jade« und »Türkis« hinweisen und den Himmel symbolisieren. Dieses Glyphenband ist umrahmt von den Sternzeichen, die durchdrungen werden von den Strahlen der Sonne und ebenfalls eine symbolische Bedeutung haben dürften. Zwei große feurige Schlangen, die den Lauf der Jahreszeiten symbolisieren, umgeben den äußeren Rand des Steines und treffen sich Auge in Auge an der Basis des Blockes.

Der große Kalenderstein

Man sollte meinen, daß der Kalenderstein für die Anthropologen und Geschichtsforscher eine große Hilfe bei der Rekonstruktion der historischen Abläufe im Gebiet von Mittelamerika sein könnte. Es gibt aber zahlreiche unterschiedliche Meinungen darüber, wie die Angaben auf dem Stein mit der christlichen Zeitrechnung in Übereinstimmung zu bringen sind.

Allerlei Berechnungen sind angestellt worden, um den Azteken-Kalender mit der christlichen Zeitrechnung in Einklang zu bringen, doch jedesmal stellte sich eine etwa 260 Jahre umfassende Differenz zwischen den Azteken-Daten und der christlichen Chronologie heraus. Dieser Unterschied hat natürlich viele einander widersprechende Interpretationen in den Zeitbestimmungen der mittelamerikanischen Geschichtsabläufe zur Folge gehabt. Es herrschen ähnliche Meinungsverschiedenheiten wie bei den Ägyptologen bezüglich der Chronologie der Dynastien.

Chronologisch gesehen entstanden die Pyramiden der westlichen Pyramidenzivilisation über 2000 Jahre später als die ägyptischen Pyramiden. Dadurch verliert natürlich die Einwanderungstheorie an Glaubwürdigkeit, die das Entstehen der westlichen Pyramidenzivilisation auf ägyptischen Einfluß zurückzuführen versucht. Hätte eine solche Einwanderung stattgefunden, dann mutet es doch recht merkwürdig an, daß die Ägypter die Süd- und Mittelamerikaner in der Errichtung von pyramidenförmigen Bauwerken unterwiesen, einer Form, die sie vor mehr als 2000 Jahren bereits aufgegeben hatten! Wären die diversen Pyramidenkulturen lediglich durch etliche Jahre und nicht durch viele Jahrhunderte getrennt, erschiene diese Theorie plausibler.

Vom gegensätzlichen Standpunkt aus gesehen gewinnt natürlich die Einwanderungstheorie an Glaubwürdigkeit, sollten sich bei der Datierung der westlichen Kulturen grobe Fehler eingeschlichen haben. Dies trifft auch auf die »Kontinentaldrifttheorie« zu, die ebenfalls keine Erklärung dafür parat hat, warum es bis zur Umsetzung einer aus der gleichen Quelle stammenden Idee 2000 Jahre brauchen sollte.

Doch abgesehen von der Annehmbarkeit der einzelnen Theorien und der Genauigkeit der Datierungen, drängt sich hier wieder der Gedanke auf, daß die Pyramidenform durch eine höher entwickelte Rasse auf der ganzen Welt verbreitet wurde, um ein bestimmtes Zeitgeschehen festzuhalten und möglicherweise auch, um zukünftige Ereignisse vorauszusagen.

Merkwürdigerweise waren die Angehörigen der sogenannten prähistorischen Kulturen Feueranbeter, während die Völker der Pyramidenzivilisation die Sonne verehrten. Natürlich kann man dem entgegenhalten, daß zwischen Feuer und Sonne eine logische Verbindung besteht, aber trotzdem erscheint es seltsam, daß plötzlich alle gleichzeitig von der Feueranbetung zur Sonnenanbetung überwechselten.

In den Mythen sämtlicher Kulturen tauchen immer wieder Erzählungen von »Riesen« und einer Rasse von »Söhnen der Sonne« auf, die beide die Menschen in den Künsten unterwiesen und großartige bauliche Leistungen hervorbrachten. Nach einer bestimmten Zeit »verschwanden« sie wieder, nicht jedoch ohne die Versicherung, daß sie wiederkommen würden.

Der Ausdruck »Riesen« dürfte sich weniger auf ihre Körpergröße als auf die geistigen Fähigkeiten dieser Rasse beziehen, und »Söhne der Sonne« wurden sie wahrscheinlich deshalb genannt, weil sie aus dem Osten, der Richtung der aufgehenden Sonne, zu kommen schienen. Offensichtlich handelte es sich um ein und dieselbe Rasse, und der Unterschied ist einzig und allein auf die bei den einzelnen Kulturen verschiedene Interpretationsweise zurückzuführen.

Metaphysisch gesprochen gibt es also zwei Ebenen des Menschentums: ältere, erfahrene Seelen und jüngere Seelen vom Typ des Neophyten. Der Meisterebene obliegt die Verantwortung für das Wachstum und die Entwicklung der Neophytenebene. Charakteristisch für die Meister ist ihre »Noblesse oblige-Haltung«, das heißt sie nehmen quasi den Status von »Schutzengeln« ein, die das Leben auf der Erde behüten und dadurch ihren Fortbestand sichern. Mit anderen Worten, sollten die Meister ihrer Pflicht nicht mehr nachkommen, wird das Leben auf der Erde und somit auch ihre eigene Existenz ein Ende haben.

Dieser spirituelle Gedankengang birgt die Hauptaussage der Pyramiden in sich. Das Dreieck, die Substanz der Pyramide, ist gleichzeitig der Schlüssel zur dreifaltigen Existenz des Menschen. Die Konfiguration Neophyt – Meister – Schöpfer, symbolisiert durch die drei Ecken des Dreiecks, liegt allen religiösen Doktrinen zugrunde und besagt, daß der die Priester- und Meisterschaft erlangende Neophyt die Fähigkeit erwirbt, mit dem Schöpfer in Verbindung zu treten.

Außerdem ist es durchaus denkbar, daß ein Neophyt durch die göttliche Gnade in den Stand der direkten Kommunikation mit dem Schöpfer versetzt und somit zum Meister wird. Die dreifaltige Existenz des Menschen bezieht sich nicht nur auf die spirituelle, sondern auch auf die physikalische Ebene, was durch ein zweites Dreieck symbolisiert wird. Zwei seiner Ecken sind mit Bruder und Bruder besetzt, die dritte Ecke mit dem »Initiierenden«, dem Einweihenden oder Erleuchteten. Als Bruder entwickelt man einen Sinn für »Noblesse oblige«, und wenn man sich dessen bewußt wird, wird man zum Erleuchteten, der seinerseits wieder seinem Bruder beisteht. Doch schon der einfache

Akt der Bruderliebe vermag in den Rang des Erleuchteten zu erheben.

Die Festigkeit der dreifaltigen menschlichen Existenz wird durch den geometrischen Körper der Pyramide dargestellt. Neophyt, Meister und Schöpfer bilden ein starkes Band, das unter Wechselwirkung steht. Architektonisch trifft dies auch auf die Pyramide zu, deren Form ihren Zusammenhalt garantiert. Keine Kraft vermag sie gewaltsam umzustürzen, das verhindert das feste Band zwischen ihren Steinen, nur eine totale Zerstörung kann sie beseitigen.

Im wesentlichen stellt die Körperlichkeit der Pyramide die transzendente Veranlagung des Menschen dar, und all die Rätsel, die scheinbar in den Maßen der Pyramide verborgen sind, werden zum Ausdruck für die Vielfalt der Natur. Auf diese Weise sagt die bei verschiedenen Kulturen eingeführte Pyramide tatsächlich jenen Zeitpunkt im Leben jedes einzelnen voraus, an dem seine transzendente Veranlagung es ihm ermöglicht, selbst den Zustand des »Noblesse oblige« zu erlangen.

4
Sterne und Steine – das Meisterstück der Architekten

Die vorhandenen Berichte werfen nur wenig Licht auf die Lebens- und Verhaltensweisen, auf die Sitten und Gebräuche der Pharaonen des Alten Königreiches, und es ist so gut wie nichts über die Methoden bekannt, nach denen die Pyramiden und die in ihrem Bereich liegenden Nebengebäude während der Pyramidenbauperiode errichtet wurden.

Die Archäologen können eigentlich nur gelehrte Vermutungen über die Baumethoden der Pyramidenbauer anstellen. Leider werden heutzutage diese Theorien als Tatsachen akzeptiert, obwohl es keinerlei sicheren, unwiderlegbaren Beweis dafür gibt, daß die aus der Periode des Alten Reiches stammenden und zum Teil noch älteren Bauten wirklich in der Art und Weise errichtet worden sind, wie es die Archäologen behaupten.

Es gibt Ägyptologen, die der Ansicht sind, daß die alten Ägypter die Pyramidenkomplexe deshalb am Westufer des Nils errichteten, weil sie wünschten, dem Sonnenuntergang so nah wie möglich zu sein. Da aber für sie der Sonnenuntergang das Sterben symbolisierte, erscheint uns diese Idee ziemlich weit hergeholt. Wenn sie die Positionen für ihre Pyramiden nach symbolischen Gesichtspunkten gewählt hätten, wäre es für sie sinnvoller gewesen, sie am Ostufer des Nils zu bauen (das die Geburt symbolisiert), wodurch die Pharaonen ihrer Wiedergeburt und auch der Geburt oder Wiedergeburt der Götter näher gewesen wären. Wir können nur den Schluß ziehen, daß die alten Ägypter die Standorte für die Pyramiden nicht nach symbolischen Gesichtspunkten wählten, sondern aus rein praktischen Erwägungen.

Die Erbauer der Großen Pyramide – der Cheops-Pyramide – müssen zu ihrer Zeit die besten Geologen der Welt gewesen sein, da sie durch ihr technisches Wissen zu der Feststellung in der Lage waren, daß ein riesiges Gelände auf der Westseite des Nils ein festes natürliches Felsfundament ohne Verwerfungen bildete. Hätte dies nicht gestimmt, dann wäre der ganze Komplex wahrscheinlich zusammengestürzt, möglicherweise schon während der Bauarbeiten.

Nachdem die Baustelle festgelegt worden war, hatten die Bauleiter dafür zu sorgen, daß viele tausend Quadratmeter Gelände von Sand und Steinen, die das solide Felsfundament bedeckten, befreit wurden. Der Felsgrund mußte sodann geebnet und geglättet werden. Die Nivellierung des Baugeländes war so genau, daß die Große Pyramide weniger als 1,3 Zentimeter von der Waagerechten abweicht. Eine Ungenauigkeit von 1,3 Zentimetern ist bei 233 Metern Länge völlig unbedeutend. Eine derart geringfügige Abweichung von der Waagerechten findet sich auch bei den meisten heute errichteten Gebäuden.

Der nächste Schritt war, die Fläche so genau zu vermessen, daß die Pyramidenbasis ein perfektes Quadrat bildete und daß jede Seite exakt nach einer Himmelsrichtung ausgerichtet war. Dazu genügte es, daß die Architekten und Baumeister die Lage einer Seite genau festlegten, daraus ergaben sich dann automatisch die drei anderen Seiten. Zu den zahlreichen Werkzeugen und Instrumenten, die damals noch unbekannt waren, dürfte auch der Kompaß gehört haben. Doch aus der etwas beschränkten Sicht der Ägyptologen hantierten die Erbauer der Pyramiden mit so archaischen Werkzeugen wie dem Senkblei und dem Dreiecklineal, waren aber dennoch in der Lage, die Pyramide mit einer Genauigkeit von etwa 45 Zentimetern auszurichten; und auch die Pyramidenbasis kann als nahezu perfektes Quadrat angesehen werden.

Während die Vorbereitungen für die Errichtung der Pyramide vonstatten gingen, wurde in den Steinbrüchen von Tura, das am Ostufer des Nils in den Muqattambergen liegt, daran gearbeitet, die für die Pyramiden erforderlichen Kalksteinblöcke herauszuhauen. Weiter nilaufwärts, nahe Assuan, lagen die Steinbrüche, die die für die Pyramiden benötigten Granitblöcke lieferten.

Die Methode, wie diese gewaltigen Steinblöcke aus dem Fels herausgehauen wurden, die zwischen zwei und 70 Tonnen wiegen, kann von den Archäologen ausschließlich von einigen der Werkzeuge abgeleitet bzw. vermutet werden, die von ihnen entdeckt wurden. Diese ägyptischen Archäologen behaupten, daß die Steinbrucharbeiter die riesigen Blöcke aus in den massiven Fels geschlagenen Tunneln herausmeißelten, Spaltkeile benutzten, gruben und hackten, sodann die Blöcke zurechthauten, polierten und schließlich nahezu perfekte Quader daraus formten. Dies alles sei, so sagen sie, unter Benutzung kupferner Werkzeuge geschehen, die von geschickten Schmieden gehärtet worden wären. Diese Annahme ist nur unter größtem Vorbehalt zu akzeptieren angesichts der Tatsache, daß es selbst heute noch schwierig ist, die Schärfe der feinsten und kostspieligsten Spezialschneidewerkzeuge nach ihrer Herstellung und Verwendung zu erhalten, auch wenn sie nur dazu bestimmt sind, viel weniger harte Dinge als Steine zu schneiden. Selbst die für die Ölbohrungen hergestellten Spezialbohrer aus qualitativ besten und dauerhaftesten Legierungen haben nur eine beschränkte Lebensdauer und müssen durch häufiges Nachschärfen gebrauchsfähig erhalten werden.

Seltsamerweise gibt es in den Steinbrüchen noch immer Blöcke, die zwar herausgehauen, aber nie geschliffen oder benutzt worden sind. Man hat festgestellt, daß sie alle aus einem bestimmten Stollen in der Steinbruchwand stammen, und es scheint, als wären sie wie Stöpsel aus den entsprechenden Löchern gezogen worden. Es ist zwar logisch vertretbar, sich vorzustellen, daß die Ägypter die Möglichkeit hatten, die beiden vertikalen und die beiden horizontalen Schnittflächen des Steinstöpsels herauszuarbeiten, aber wie der Schnitt an der Rückseite durchgeführt wurde, überfordert selbst die wildeste Vorstellungskraft. Die Archäologen und die Ägyptologen machen es sich in dieser Hinsicht leicht, indem sie ganz einfach erklären, daß man diese Frage erst dann wird beantworten können, wenn feststeht, wie die Ägypter tatsächlich den Stein bearbeiteten.

Sowohl die im Steinbruch verbliebenen Blöcke als auch die

Wände des Steinbruchs zeigen Spuren, die auf die Bearbeitung mit einer Säge hinweisen, und Vertiefungen, die aussehen, als wären sie mit einem Bohrer gemacht worden. Techniker, von denen diese Stellen begutachtet wurden, gaben ihrer Überzeugung Ausdruck, die Steinmetze hätten nicht nur über hochqualitatives Werkzeug verfügen, sondern dieses auch unter Anwendung von großem Druck einsetzen müssen, um derartige Vertiefungen zu erzielen. Es erscheint unglaublich genug, daß die Technologie in jener Zeit so weit fortgeschritten war, daß Kalkstein anscheinend mit spielerischer Leichtigkeit bearbeitet werden konnte. Doch daß dies auch auf Granit zutreffen soll, der um vieles härter und dementsprechend schwieriger zu bearbeiten ist als Kalkstein, ist einfach unfaßbar.

Die gängigste Theorie über die Steinbearbeitung stellt die Behauptung auf, daß Holzkeile in zuvor herausgemeißelte Löcher gesteckt und mit Wasser begossen wurden, damit sie sich ausdehnten. Diese Ausdehnung bewirkte einen Riß, der den Block vom Felsen abspaltete. Wie alle Theorien, so hat auch diese ihre Mängel und ist weit davon entfernt, die Methoden der Steinbearbeitung ausreichend zu erklären.

Wenn man sich durch sämtliche von den zeitgenössischen Experten aufgestellte Theorien durchgearbeitet hat, wird einem klar, daß niemand wirklich weiß, auf welche Weise die Steine bearbeitet wurden.

Eine Theorie, die genauso plausibel wie die bereits bestehenden ist, erregte meine Aufmerksamkeit. Sie geht von der Annahme aus, daß in den Steinbrüchen ein Gerät verwendet wurde, das mit Laserstrahlen arbeitete. Diese Theorie ist um so faszinierender, da die von einem Laserstrahl hervorgerufenen Spuren denen von einer Säge sehr ähnlich sind. Außerdem ist die Vermutung, daß es damals bereits Laserstrahlen oder andere elektronische Geräte gab, gar nicht so weit hergeholt, da die Möglichkeit besteht, daß es tatsächlich schon einmal eine äußerst fortgeschrittene Zivilisation auf der Erde gab.

Es gibt eine alte arabische Geschichte, die Hunderte von Generationen weitererzählt wurde. Sie berichtet von einem wunderbaren Stück Papier mit heiligen Inschriften. Es wurde auf einen zum Transport bereitstehenden schweren Steinblock gelegt, dann wurde mit einem Hammer daraufgeschlagen, und der Block verlor wie durch Zauber sein Gewicht, so daß er von wenigen Männern transportiert werden konnte.

In jedem Aberglauben und in jedem Märchen auf der ganzen Welt steckt ein Körnchen Wahrheit und mit großer Wahrscheinlichkeit auch in diesem, besonders wenn man folgendes in Betracht zieht:

Die heutige Technologie ist bestrebt, dem Bedürfnis nach komplizierten elektronischen Schaltungen in Mikroformat Rechnung zu tragen. Es gibt bereits Rechner in Taschengröße, und in der Weltraumtechnik werden sogar noch kleinere Geräte eingesetzt. Unter einem Mikroskop betrachtet, ähneln ihre Schaltungen Landkarten oder sorgsam ausgeführten, aber unleserlichen Schriften. Ich glaube, daß sich im Laufe der vielen Generationen beim Erzählen der Geschichte ein Übersetzungsfehler oder ein Mißverständnis eingeschlichen hat und nun von einem »Stück Papier mit heiligen Zeichen« die Rede war. Es könnte sich doch um ein elektronisches Schaltbrett, dünn wie eine Waffel, gehandelt haben, das auf den Stein gelegt und dann nicht mit einem »Hammer geschlagen«, sondern mit einer Batterie oder Energiezelle »berührt« und aktiviert wurde, was eine teilweise Aufhebung der Schwerkraft zur Folge hatte. Ein gewissermaßen »schwebender« Steinblock konnte dann leicht von einer kleinen Gruppe von Arbeitern fortbewegt, ja, falls nötig, sogar aufgehoben werden.

Es gibt noch eine Reihe anderer erwähnenswerter Theorien, die jedoch weniger glaubwürdig sind. Eine davon behauptet, daß die Steinblöcke eigentlich keine Steinblöcke gewesen seien und auch nicht aus dem Steinbruch gehauen wurden, sondern daß es eine Formel zur Verflüssigung von Stein gab. Dieser flüssige Stein wurde dann mittels Pipeline zum Bauplatz geleitet und an Ort und Stelle zur Pyramide geformt. Eine andere Theorie spricht von Entmaterialisierung der Steine im Steinbruch und Materialisierung an den richtigen Stellen der Pyramide.

Eine sehr interessante Erklärung über das Herausschneiden der Steinblöcke aus dem Steinbruch sowie über die weitere Bearbeitung und das Polieren derselben liefert eine Vogelart, die ihre Nester an völlig glatten Felswänden baut und den Fels dabei auf einfallsreiche Weise aushöhlt. Zu diesem Zweck sammeln die Vögel die Blätter einer bestimmten Pflanzenart und reiben sie gegen den Stein. Der Pflanzensaft weicht den Stein auf, so daß ihn die Vögel mühelos herauspicken können. Diese Prozedur wird so lange wiederholt, bis das Loch die gewünschte Größe hat.

Doch welche Theorien man auch anführen oder noch aufstellen mag, sie werden immer wieder in Frage gestellt werden, denn bis zum heutigen Tag wurde nichts gefunden, was uns Auskunft über die bei der Steinbearbeitung verwendeten Werkzeuge geben könnte. Sie scheinen allesamt auf mysteriöse Weise verschwunden zu sein – oder vielleicht wurden sie auch absichtlich beseitigt, als sie ihren Zweck erfüllt hatten. Es erscheint doch sehr merkwürdig, daß kein einziges Werkzeug je gefunden wurde, bei der riesigen Menge Pyramiden, die in Ägypten errichtet wurden, unter Verwendung von Millionen von Steinblöcken, zu deren Bearbeitung eine ungeheure Anzahl von Werkzeugen nötig war.

Eine durchaus ernstzunehmende Erklärung für die fehlenden Werkzeuge liefern die ägyptischen »Graffiti«, die sich auf den Mauern der ältesten Bauwerke befinden. Demnach scheint es im alten Ägypten ähnlich eifrige Touristen gegeben zu haben wie in unserer modernen Gesellschaft, die Wert darauf legten, sich auf ihrer Pilgerreise zu einer damals als heilig geltenden Stätte durch Anbringung ihres Namens zu verewigen. Es ist gut möglich, daß ihre Sammlergier die Touristen dazu verleitete, einige Gegenstände als Souvenir von ihrer Pilgerreise mit nach Hause zu nehmen. Des weiteren ist es möglich, daß das, was sie als Souvenirs mitgehen ließen, die Werkzeuge der Bauarbeiter waren, da sie sich nicht trauten, ein Stück aus dem Bauwerk selbst herauszubrechen. Das wäre in ihren Augen ein Sakrileg gewesen und hätte die Mißgunst der Götter heraufbeschworen und möglicherweise die weitere spirituelle Entwicklung verhindert. Aus diesem Grund wären dann heute in diesem Gebiet keine Werkzeuge mehr zu finden.

Andererseits erscheint es unwahrscheinlich, daß ein so gut geschultes Arbeitsteam, wie es beim Bau der Pyramiden im Einsatz war, nach Beendigung der Arbeit einfach sein Werkzeug herumliegen ließ. Das Werkzeug wurde sicherlich zum nächsten »Job« mitgenommen oder gut aufbewahrt für eine spätere Verwendung. Dies führt zu der Annahme, daß die wenigen einfachen Kupferwerkzeuge, die in einigen Steinbrüchen gefunden wurden, nichts mit den eigentlichen im Steinbruch benutzten Arbeitswerkzeugen zu tun haben können, sondern wahrscheinlich aus einem anderen Handwerkszweig stammen.

Die fiktiven Angaben, mit denen zu erklären versucht wird, wie die Steine herausgebrochen wurden, sind genauso zahlreich wie die Spekulationen über den Transport dieser Steine zum eigentlichen Bauplatz. Manche Leute halten zwar die letztere Leistung für weniger bemerkenswert, aber nichtsdestoweniger stellte sie wohl eine gewaltige Aufgabe dar, bei deren Bewältigung vielleicht noch mannigfaltigere Probleme gelöst werden mußten.

Einen Steinquader auf einer Sandoberfläche fortzubewegen ist in der Tat ein mühevolles Unterfangen. Großflächige Gegenstände finden auf Sand einen besseren Halt als solche mit kleiner Oberfläche. Deshalb wäre man bei der Benutzung von Fahrzeugen mit Rädern auf immense Schwierigkeiten gestoßen.

Es ist möglich, daß Fahrzeuge mit Rädern benutzt wurden, denn es gibt in Sakkara in einem Grab aus der 5. Dynastie eine Abbildung einer Sturmleiter auf Rädern, doch aus irgendeinem mysteriösen Grund gibt es keinen weiteren Hinweis, der in den nachfolgenden Dynastien auf den Gebrauch des Rades schließen ließe. Es scheint tatsächlich in Vergessenheit geraten zu sein.

Erst in der 18. Dynastie wird zum ersten Mal Bezug genommen auf den Transport großer, schwerer Gegenstände. Doch wird dabei ein Schlitten und kein Gefährt mit Rädern benutzt! Wandmalereien in Gräbern aus der Zeit der 18. Dynastie zeigen Männer beim Transport von Statuen und Steinblöcken, indem sie mit Seilen Schlitten über mit Holz ausgelegte Wege ziehen. Man nimmt an, daß zur Verminderung der Reibung Wasser oder Öl unter die Schlitten gegossen wurde.

Darstellung des Transports einer Statue

Die Auffindung dieses und ähnlicher Bilder war für die Ägyptologen eine große Erleichterung, gestattete sie ihnen doch, daraus zu schließen, wie die beim Bau der Großen Pyramide verwendeten Steinblöcke transportiert wurden. Die erwähnte Abbildung der Sturmleiter auf Rädern wird dabei so hartnäckig von ihnen ignoriert, daß man an ihrer Glaubwürdigkeit zu zweifeln beginnt. Es ist einfach unbegreiflich, wie man die Schlittentheorie für den Bau der Großen Pyramide heranziehen kann, wenn eindeutig belegt ist, daß das Rad in der 5. Dynastie existierte! Außerdem sind die mathematischen Eigenschaften der Zahl Pi in der Pyramidenform sehr dominant, und Pi kann nur aus einem Kreis berechnet werden. Dies läßt an eine viel frühere Existenz des Rades glauben. Für jene großen Geister, die für den Entwurf und den Bau der Großen Pyramide verantwortlich waren, dürfte es nicht schwer gewesen sein, ausgehend von den Eigenschaften des Kreises das Rad zu entwickeln.

Es muß schon eine sehr dramatische Veränderung stattgefunden haben, die bewirkte, daß das Rad wieder in Vergessenheit geriet. Dies ist vielleicht ein weiterer Beweis für die Theorie, daß eine sehr fortgeschrittene Zivilisation, die sich aus noch unbekannten Gründen eine begrenzte Zeit in Ägypten aufhielt, über das für die Errichtung der Pyramide notwendige technische Wissen verfügte. Da sie jedoch für die Bauarbeiten die einheimische Bevölkerung heranziehen mußte, war sie gezwungen, diese Menschen mit einer extrem fortgeschrittenen Technologie zu konfrontieren.

Eine große philosophische und moralische Verantwortung ruht auf den Schultern jeder technisch fortgeschrittenen Zivilisation, aufgrund des Einflusses, den sie auf weniger entwickelte Kulturen ausüben kann. Dies war sicherlich der Grund dafür, daß diese fortgeschrittene Zivilisation bemüht war, nichts zurückzulassen an Werkzeugen oder Gerätschaften, die zu dem Entwicklungsstand des Gastlandes in krassem Widerspruch standen. Die aus der 5. Dynastie stammende Raddarstellung mutet daher wie ein Schwanengesang des ägyptischen Volkes auf den immer schwächer werdenden Einfluß einer fremden Zivilisation an.

Wie dem auch sein mag, die Schlittentheorie findet auf jeden Fall größeren Anklang, wenn sie auch mehr Fragen aufwirft, als sie eigentlich beantworten sollte. Fürs erste mußte nämlich der sandige Wüstenboden eingeebnet und mit Holzstämmen bedeckt werden, um eine glatte Oberfläche zu schaffen, über die die Schlitten gezogen werden konnten. Es ist jedoch erwiesen, daß Holz in diesem Gebiet ziemlich rar war. Das einzige, was vorhanden war, waren Dattelpalmen, und es ist ziemlich unwahrscheinlich, daß die Ägypter diese zur Deckung ihres Nahrungsbedarfes unentbehrlichen Bäume fällten und zur Pflasterung von Straßen verwendeten.

Andererseits könnte das Holz auch eingeführt worden sein, wofür es jedoch erst 1000 Jahre später den ersten Hinweis gibt. Wenn Holz eingeführt wurde, taucht die Frage auf, welches und von wo?

Um die Dinge noch mehr zu komplizieren, die Baumstämme,

die als Straßenbelag und zum Bau der Schlitten verwendet wurden, mußten häufig ausgetauscht werden, da sie durch das enorme Gewicht stark beansprucht wurden, was wiederum eine sehr zeitaufwendige und kostspielige Prozedur war.

Wie schwierig jedoch die Beförderung der Steinblöcke zu Land auch gewesen sein mag, die zu Wasser dürfte die Schiffer vor noch größere Probleme gestellt haben. Das beginnt schon beim Entwurf der Boote oder Barken, die Lasten aufzunehmen gehabt hätten, deren Gewicht das Vorstellungsvermögen überschritt.

Die Blöcke oder Steinquader haben bekanntlich ein Durchschnittsgewicht von zweieinhalb Tonnen, doch erforderte der Bau einiger Nebengebäude des Pyramidenkomplexes Steinblöcke mit einem Gewicht von über 200 Tonnen. Um solche Blöcke transportieren zu können, hätten die Barken extrem groß und flach sein müssen, um nicht zu kentern. Es gibt jedoch keinerlei Funde oder Berichte von solchen Barken.

Von einem Steinbruch aus wäre es sogar offensichtlich notwendig gewesen, die Steine stromaufwärts zu verschiffen, während alle anderen die leichtere Aufgabe gehabt hätten, die Blöcke stromabwärts zu senden. Doch wurde dies von den Fachgelehrten geflissentlich übersehen, sie befaßten sich lieber mit der Entfernung, die die Steine über Land zurückzulegen hatten, um das Ufer zu erreichen. Da dies ihrer Meinung nach das größere Problem darstellte, suchten die Ägypter angeblich nach einem Weg, diese Distanz zu verringern. Was laut Experten nur zur Zeit der Nilüberschwemmung möglich war. Dann hätte sich den Schiffern die beste Gelegenheit geboten, sowohl an den Steinbruch als auch an den Bauplatz näher heranzukommen. Wahrscheinlich hätte dies jedoch ein zusätzliches Problem für die Bootsleute geschaffen: Wenn der Fluß über die Ufer trat, wurde die Strömung so reißend, daß sie ein Befahren des Nils fast unmöglich machte.

Robert Nelson aus New Jersey, ein Student der Metaphysik, hat die vernünftigste Erklärung anzubieten, die ich je gehört habe. Er behauptet, daß der Nil an einem Punkt unterhalb der Steinbrüche von Tura aufgestaut wurde, was bei Hochwasser die gleichmäßige Überflutung einer großen Fläche bewirkte. Sämtliche Schiffahrtsprobleme wären damit gelöst worden, und durch Kontrolle des Wasserstandes hätten die Barken so nahe wie nötig an den Bauplatz oder den Steinbruch herangebracht werden können. Nelson ist überzeugt, daß der Wasserspiegel dem Bauniveau der Pyramide angepaßt wurde, so daß die Blöcke von der Barke direkt an ihren Platz gleiten konnten. Diese wunderbar einfache Theorie macht sämtliche anderen Theorien über die Verwendung von Rampen, komplizierten Hebelsystemen und natürlich auch die Schlittentheorie überflüssig.

Ich bin sicher, daß namhafte Ägyptologen weiterhin zäh an der Rampen- und Schlittentheorie festhalten werden. Ihre Überzeugung basiert auf Grabmalereien aus der Zeit der 18. Dynastie, auf denen zu sehen ist, wie mittels einer Rampe die Aufrichtung von Säulen in einem Tempelhof bewerkstelligt wurde, und auf der Entdeckung von Resten solcher Rampen an verschiedenen Ausgrabungsstätten, auch in Giseh. Diese Rampen, von denen einige auch in der Nähe der Pyramiden gefunden wurden, hatten eine Schräge von ungefähr 15 Grad, was als durchaus brauchbarer Winkel für das Hinaufziehen der Blöcke angesehen wird.

Natürlich läßt sich über alle Theorien streiten, da keine einzige hieb- und stichfest ist und sich nicht auf Beweise stützen kann, die direkt aus der betreffenden Periode stammen. Mit anderen Worten: Die Bilder von der Erbauung und dem Transport von Statuen an den Wänden der aus der 18. Dynastie stammenden Grabkammern sind ebensowenig maßgebend und beweiskräftig für das wirkliche Geschehen in der 4. Dynastie, wie die makellosen Stahlfiguren an den Gebäuden des 20. Jahrhunderts zu den Schöpfungen des 12. Jahrhunderts in Beziehung gesetzt werden können.

Daß Rampen nahe den Pyramiden entdeckt worden sind, beweist keineswegs, daß sie zum Bau aller am Platz befindlichen Pyramiden benutzt worden sind. Es ist sehr gut möglich, daß die Rampen nur beim Bau der Pyramiden der späteren Dynastie gebraucht wurden oder nur bei der Entfernung der äußeren Abdeckungssteine Verwendung fanden, die für die Errichtung anderer Bauwerke bestimmt waren.

Es ist wichtig, sich daran zu erinnern, daß an vielen archäologischen Ausgrabungsstätten Relikte aus mehreren Jahrtausenden gefunden worden sind und es daher ziemlich unverantwortlich erscheint, mit eindeutiger Sicherheit eines der gefundenen Dinge einer bestimmten Zeit oder einer bestimmten Dynastie zuordnen zu wollen. Es liegt in der menschlichen Natur zu spekulieren, ob man ein bestimmtes Fundstück einer früheren Periode zuordnen kann oder nicht, aber es grenzt an Wahnsinn, der Überzeugung anheimzufallen, daß eine einmal aufgestellte Theorie, für die es absolut keine Beweise gibt, größere Gültigkeit habe als alle anderen.

Interessant ist die Feststellung, daß, obgleich die Archäologen offensichtlich dazu neigen, der 18. Dynastie die gleichen Bautechniken wie den ersten fünf Dynastien zuzuschreiben, die gleichen Autoritäten darauf hinweisen, daß die Pyramiden der späteren Pharaonen in bezug auf technisches und handwerkliches Können entschieden minderwertiger sind im Vergleich zu denen des Alten Reiches. Eigentlich recht merkwürdig, daß diesen Ägyptologen nicht der Widerspruch bewußt wird, der darin liegt, daß sie die gleichen Bautechniken für die so weit auseinanderliegenden Dynastien voraussetzen, obwohl sich ganz offensichtlich die Qualität ihrer Bauerzeugnisse so stark voneinander unterscheidet.

Die Tatsache, daß zur Zeit der natürlichen jährlichen Überschwemmung die Fluten des Nils bis zu 400 Meter an die Pyramiden von Giseh heranreichten, läßt Robert Nelsons Theorie in einem anderen Licht erscheinen und zeigt außerdem, daß die Pyramiden absichtlich auf dem höher gelegenen Westufer errichtet wurden, um zu vermeiden, daß sie bei Hochwasser überflutet wurden. Andererseits mußten sie nahe genug liegen, um die durch einen Damm »künstlich« herbeigeführte Überflutung nicht zu schwierig zu gestalten.

Über all diesen Theorien darf man jedoch nicht das Gesamtproblem und die gewaltige Leistung, die dahintersteht, aus den Augen verlieren. Dies zeigte sich besonders in den sechziger Jahren unseres Jahrhunderts, als der Assuanstaudamm seiner Fertigstellung entgegenging. Die vereinten Anstrengungen vieler Ingenieure aus aller Welt unter Verwendung ausgeklügelter Vorrichtungen waren erforderlich, um so viele Tempel, Paläste und Statuen wie möglich vor der Überflutung durch das Wasser des Stausees zu bewahren und diese kolossalen Meisterwerke der Nachwelt zu erhalten. Doch selbst unter Zuhilfenahme der modernsten technischen Ausrüstungen und unter Aufwendung allen Wissens und Könnens der besten und geschicktesten Ingenieure und Bausachverständigen war es unmöglich, viele der Monolithen zu bewegen, geschweige denn zu heben. Die Riesenblöcke mußten in kleinere Stücke zerteilt werden, damit sie abtransportiert und an anderer Stelle wieder zu dem ursprünglichen Gebilde zusammengesetzt werden konnten. Und weil die Fachleute unserer Tage nicht anders konnten, als die Steinblöcke zu zerschneiden, die von den alten Ägyptern als Ganzes transportiert und eingebaut worden waren, konnte nur ein sehr kleiner Teil der eigentlich erhaltenswürdigen Bauwerke vor der Überflutung durch das Stauwasser der Assuantalsperre bewahrt werden.

Es gibt noch eine ganze Reihe anderer ungelöster Mysterien, auf die man stößt, wenn man sich gründlicher mit der Konstruktion der Großen Pyramide beschäftigt. Eins dieser Rätsel betrifft das Material, das zur Abdeckung der Außenflächen der Pyramiden des Alten Reiches verwendet wurde. Die darüber bestehenden Meinungsverschiedenheiten sind entstanden aufgrund einer hieroglyphischen Zeichnung, die an den Wänden jeder Grabkammer in jeder im Alten Reich erbauten Pyramide gefunden wurde. Sie stellt eine weiße Pyramide dar mit einer schwarzen Basis, rötlich-braun gesprenkelten Seiten und einem blauen oder gelben oberen Schlußstein. Einige Ägyptologen meinen, diese Hieroglyphe bedeute, daß die Oberfläche der Pyramiden farbig bemalt wurde, um vielleicht nach der Anbringung des Außenbelages dem Ganzen ein gefälligeres Aussehen zu geben. Andere wiederum glauben, daß der weiße Teil der Hieroglyphe den von Natur aus weißen Tura-Kalkstein der äußeren Verschalung darstellen soll. Es gibt auch noch andere Spekulationen, die besagen, daß eine andere Art von Steinen, eine getüpfelte oder gesprenkelte, zur Verkleidung der Seitenfläche benutzt worden sei und daß nur die Basis und der Schlußstein angemalt waren.

Der einzige uns überlieferte Bericht über den Bau der Großen Pyramide findet sich in den Schriften des griechischen Historikers Herodot, der Ägypten im 5. Jahrhundert v. Chr. besuchte, also etwa zur Zeit der 21. Dynastie, nicht weniger als 2000 Jahre nach Fertigstellung des monumentalen Bauwerks. Nach Aussage dieses Historikers ist die Große Pyramide innerhalb von 20 Jahren von 400000 Arbeitern gebaut worden. Diese Arbeiter waren in vier Gruppen zu je 100000 Mann eingeteilt. Jede Gruppe arbeitete an der Baustelle vier Monate im Jahr. Wenn wir diese Zahlen als richtig annehmen – es gibt dafür keine andere Quelle als Herodot – müssen wir daraus den Schluß ziehen, daß die ägyptischen Beamten und Bauleiter sich schwierigen Problemen gegenüber sahen, nämlich denen der Versorgung dieser Menschenmassen mit Nahrung, Unterkunft, sanitären Einrichtungen usw. Selbst wenn es im ganzen nur 200000 Menschen gewesen sein sollten, von denen jeweils die Hälfte sechs Monate arbeitete, dürfte das Problem nicht viel geringer gewesen sein. Es gibt aber keinerlei Beweise für die Existenz derartiger Anlagen und Einrichtungen, die vorhanden gewesen sein müssen, um eine so große Zahl von Arbeitern unterzubringen und mit allem Lebenswichtigen zu versorgen. Bleibt nur die Annahme, daß die Bauarbeiter nicht direkt am Arbeitsplatz untergebracht waren, sondern täglich von ihren Wohnungen zur Arbeitsstelle kamen. Da für die Heranbringung der vielen Leute nur der Fußmarsch, der Wasserweg oder die Benutzung von Reittieren in Frage kam, kann der Antransport der Arbeiter kaum so schnell wie heute vor sich gegangen sein. Eine vernünftige Schätzung der Zeit, die ein Arbeiter benötigte, um von seiner Privatwohnung aus die Baustelle zu erreichen, dürfte so um die drei Stunden herum liegen, das ergäbe insgesamt sechs Marschstunden pro Tag. Wenn wir eine Arbeitszeit von zehn oder zwölf Stunden annehmen, hätten die Pyramidenarbeiter täglich nur acht Stunden übrig gehabt, um zu schlafen, sich die Mahlzeiten zuzubereiten und alles andere zum Leben Nötige zu tun, sich vor allem auch von der außerordentlich erschöpfenden Schwerarbeit zu erholen.

Es gibt unter den Autoritäten noch weitere Meinungsverschiedenheiten bezüglich der am Pyramidenbau beteiligten Arbeiter, es dreht sich um die Behauptung, daß die Arbeiter nach Fertigstellung der Pyramide umgebracht worden seien, so daß sie nicht in der Lage waren zu verraten, wo sich die Gänge befanden, die zur Grabkammer führten. Wenn das der Fall gewesen wäre, hätten Massengräber gefunden werden müssen. Bis jetzt ist aber nichts dergleichen gefunden worden. Natürlich wären auch noch andere Methoden, sich der Leichen zu entledigen, denkbar, zum Beispiel gigantische Scheiterhaufen. Aber weder irgendwelche Berichte noch sonstige Beweisstücke existieren, die eine solche Annahme bestätigen. Schon der gesunde Menschenverstand sagt einem, daß solche Massenhinrichtungen, gelinde gesagt, höchst unpraktisch und sinnlos gewesen wären, denn sie wären einer Vernichtung des größten Teiles der ägyptischen Bevölkerung gleichgekommen, ja sogar einem beträchtlichen Prozentsatz der damals lebenden Weltbevölkerung. Wenn die Pharaonen wirklich in dieser Weise Massenmorde begangen hätten, dann hätten sie mindestens 15 oder 20 Jahre warten müssen, bis die Zahl der Bevölkerung wieder so weit angestiegen war, daß es genug Leute gab, mit denen eine neue Pyramide gebaut werden konnte. Aber – wie die Archäologen selbst zugeben – sind mehrere Pyramiden nacheinander mit nur wenigen Jahren Abstand gebaut worden. Das alles ergibt ein interessantes Paradoxon: Leute, die erst vor kurzem hingerichtet wurden, können keine neuen Pyramiden bauen.

Auch Herodots nicht bewiesene Behauptung, daß der Bau der Großen Pyramide 20 Jahre gedauert habe, wurde von den Archäologen bereitwillig akzeptiert und sozusagen als Richtmaß für die Erbauung auch aller anderen Pyramiden genommen.

Japanische Wissenschaftler führten 1978 ein Experiment durch, um einige dieser Theorien zu testen. Sie beschlossen, eine etwa 20 Meter hohe Pyramide zu errichten und dabei dieselben Methoden wie ihre Vorgänger, die ägyptischen Pyramidenarchitekten, anzuwenden. Die ägyptische Regierung erteilte ihnen die Erlaubnis zur Errichtung einer Minipyramide südöstlich von der Mykerinos-Pyramide auf dem Plateau von Giseh. Es durften jedoch keine Steine aus dem Giseh-Komplex verwendet werden, und nach ihrer Fertigstellung mußte die Pyramide innerhalb weniger Tage wieder beseitigt und der ursprüngliche Zustand wiederhergestellt werden.

Nachdem sich die Wissenschaftler mit diesen Bedingungen einverstanden erklärt hatten, machten sie sich an die mühevolle Arbeit der Beschaffung der Steinblöcke. Die Blöcke wurden aus dem gleichen Steinbruch, der auch die Verkleidung der Cheops-Pyramide geliefert hatte und sich etwa 15 Kilometer entfernt am Ostufer des Nils befindet, gewonnen. Die etwa eine Tonne schweren Steinblöcke mit einer Barke über den Nil zu befördern, erwies sich jedoch als unmöglich. Erst mit Hilfe eines Dampfers gelang die Überfahrt. Die Beförderung zu Wasser war offensichtlich doch nicht so leicht, wie behauptet worden war! Dann versuchten Gruppen zu je 100 Arbeitern die Steine über den Sand zu ziehen – diese bewegten sich nicht einmal einen Zentimeter! Moderne Baufahrzeuge mußten angefordert werden, und als schließlich die Blöcke am Bauplatz angelangt waren, gelang es keiner Gruppe, ihren Stein höher als 30 Zentimeter zu heben. Also setzte man in der letzten Bauphase einen Kran und Hubschrauber ein, um die Blöcke an ihren Platz zu schaffen.

Trotz der Zuhilfenahme unserer modernen Technologie erwies sich die Minipyramide als ihren Vorgängerinnen in keiner Weise ebenbürtig. Nachdem man den ganzen Vorgang filmisch festgehalten hatte, wurde die Minipyramide wieder abgerissen. Eines hatte sich bei dem japanischen Experiment herausgestellt: Sämtliche traditionellerweise für den Bau der Pyramiden angenommenen Methoden erwiesen sich in hohem Maße als unzuverlässig. Doch die Ägyptologen sind noch immer nicht gewillt, von ihrer Doktrin abzuweichen.

Der Zweck, dem die Pyramiden zu dienen hatten, ist für die Ägyptologen nicht in derselben Weise problembeladen wie die Frage nach der Methode ihrer Erbauung. Sie sind davon überzeugt, daß die Pyramiden als Grabstätten dienten, in denen die Körper der verstorbenen Pharaonen beigesetzt wurden, obwohl in anderen Kulturen auf der Welt die Benutzung von Pyramiden als Tempelanlagen als sicher gilt und mehr als zwei Dutzend der in Ägypten errichteten Pyramiden weder Mumien noch andere Hinweise auf ihre Verwendung als Grabstätte enthielten.

Die Hauptpyramiden von Ägypten
(Nach I. E. S. Edwards: Die Pyramiden von Ägypten)

Dynastie	Pharao	Basis Abmessungen	Lage
3.	Djoser	127x111 Meter	Sakkara
3.	Sekhemkhet	122x122 Meter	Sakkara
3.	Khaba	86x 86 Meter	Zawiyet el-Arran
	Seneferu	147x147 Meter	Meidum
4.	Seneferu (Knickp.)	192x192 Meter	Dahshur
4.	Seneferu	223x223 Meter	Dahshur
4.	Cheops	234x234 Meter	Giseh
4.	Djedefre	99x 99 Meter	Abu Roash
4.	Chephren	220x220 Meter	Giseh
4.	Mykerinos	111x111 Meter	Giseh
4.	Userkaf	77x 77 Meter	Sakkara
5.	Sahure	80x 80 Meter	Abu Sir
5.	Neferirkare	112x112 Meter	Abu Sir
5.	Niuserre	85x 85 Meter	Abu Sir
5.	Isesi	82x 82 Meter	Sakkara
5.	Unas	68x 68 Meter	Sakkara
5.	Teti	65x 65 Meter	Sakkara
6.	Pepi I.	78x 78 Meter	Sakkara
6.	Merenre	82x 82 Meter	Sakkara
6.	Pepi II.	80x 80 Meter	Sakkara
6.	Ibi	32x 32 Meter	Sakkara
8.	Neb-hetep-Re	22x 22 Meter	Deir el-Bahri
11.	Mentuhotep	92x 92 Meter	Lisht
	Ammenemes I.		
12.	Sesostris I.	110x110 Meter	Lisht
12.	Ammenemes II.	82x 82 Meter	Dahshur
12.	Sesostris II.	108x108 Meter	Illahun
12.	Sesostris III.	109x109 Meter	Dahshur
12.	Ammenemes III.	106x106 Meter	Dahshur
12.	Ammenemes III.	104x104 Meter	Hawara
12.	Khendjer	53x 53 Meter	Sakkara

Die über die ganze Länge des Niltals verteilten ägyptischen Pyramiden weisen alle geschickt eingebaute Vorrichtungen auf, die nach Meinung der Ägyptologen dem Schutz der Mumien in ihren Grabkammern dienen sollten. Verborgene Eingänge und ein Netzwerk von Gängen waren dazu gedacht, die Grabräuber zu verwirren. Scheingräber sollten die Diebe in die falsche Richtung locken. Die Grabkammern verfügten über Falltüren, die von unglaublich großen und schweren Steinblöcken verschlossen wurden, auch gibt es welche, die überhaupt keine Türen, sondern nur ein Loch in der Decke haben, durch das der Sarkophag heruntergelassen wurde. Dieses Loch konnte dann mit einem großen Steinblock verschlossen werden. Oft handelte es sich dabei um Blöcke riesigen Ausmaßes, wie zum Beispiel in der Grabkammer der Pyramide von Ammenemes III. in Hawara, die mit einem Steinblock verschlossen ist, der über 45 Tonnen wiegt. Die Kammer selbst war nur durch einen steilen, vielfach gewundenen Gang zu erreichen, der überdies mit drei Falltüren, die mit riesigen Steinblöcken versperrt waren, gesichert war. Doch all diese Vorkehrungen waren vergeblich. Alle Pyramiden waren aufgebrochen und ihre Grabkammern ausgeraubt. Nicht eine einzige entging diesem Schicksal.

Als Howard Carter, finanziert von Lord Carnarvon, Tutanchamuns Grab ausfindig gemacht hatte, bemerkte er, daß das Siegel an der äußeren Tür erbrochen und dann wieder versiegelt worden war. Nachdem man diese Tür geöffnet hatte, stellte sich heraus, daß auch die nächste Tür – die eigentliche Eingangstür zum Grab – gewaltsam geöffnet und wieder versiegelt worden war. Er befürchtete, daß Grabräuber ihm zuvorgekommen seien und die Schätze bereits aus dem Grab genommen hätten. Beim Betreten des Grabes fand man eine große Unordnung vor und dachte, daß die Diebe kurz nach dem Begräbnis des jungen Pharao eingedrungen seien.

Howard Carter vermutete, die Diebe wären offensichtlich von den Wachen oder Priestern überrascht worden und geflohen, so daß sie nur wenige Dinge mitnehmen und nur geringen Schaden anrichten konnten. Doch wenn dies der Fall gewesen wäre, so hätte logischerweise die ursprüngliche Ordnung wiederhergestellt werden müssen, was aber nicht geschah. Mysteriöserweise wurden nur die Türen neuerlich versiegelt. Trotz dieser Umstände ist das Grab Tutanchamuns für die Ägyptologen von unschätzbarer Bedeutung, da es das einzige Grab eines Pharao ist, das praktisch in unversehrtem Zustand aufgefunden wurde.

Von den Archäologen wird angenommen, daß zur Zeit der Pharaonen der Großteil des Volkes sehr, sehr arm war, so daß der mit dem Pharao zu Grabe getragene Reichtum genug Anreiz zur Entwicklung eines neuen Berufes bot, eines hochspezialisierten Gewerbes mit der Bezeichnung Grabräuberei. Wahrscheinlich arbeiteten die Sarkophagerzeuger mit den Räubern zusammen. Wenn sie irgendwo eine Geheimtür einbauten, war es später für die Räuber ein leichtes, diese zu öffnen und die Mumie mitsamt den Kostbarkeiten herauszuziehen. Dann gab es den Grabversiegler, der in Gegenwart der Familie die letzte Tür versiegelte, die inneren Türen jedoch absichtlich unversiegelt und ungeschützt ließ, so daß die Grabräuber nach Überwindung der äußeren Tür ungehindert vordringen konnten. Natürlich konnten auch die Wächter mit im Bunde sein und gegen einen entsprechenden Anteil an der Beute die Plünderer einlassen. Selbst unter den Beamten und Priestern dürfte Korruption geherrscht haben, und zwar in Form von Bestechungen, die sie als Gegenleistung für den Schutz der Diebe in Empfang nahmen.

Anscheinend gab es auch Grabräuber, die das schlechte Gewissen plagte, denn es finden sich Anzeichen dafür, daß die Diebe nach dem Entfernen der Wertgegenstände versuchten, den Leichnam wieder einzuwickeln, so gut es eben in der Eile möglich war.

Die Vorstellung von einem Leben nach dem Tode manifestierte sich am deutlichsten in dem Versuch, den Körper durch eine ordnungsgemäß durchgeführte Mumifizierung zu bewahren. Bei der Mumifizierung handelte es sich um einen Einbalsamierungsprozeß, verbunden mit streng geheimen religiösen Riten. Im Gegensatz zu der recht weit verbreiteten Meinung waren die energetischen Kräfte der Pyramidenform den Ägyptern nicht bekannt und auch nicht verantwortlich für den Dehydrierungsprozeß des Leichnams. Tatsächlich wurde nie eine Mumie in einer Pyramide gefunden. Mumien wurden nur in unterirdischen Gräbern und in anderen Begräbnisstätten entdeckt.

Mit Ausnahme der in den Schriften Herodots vorkommenden Beschreibung gibt es keine Aufzeichnungen oder Berichte über die Vorgangsweise bei der Mumifizierung oder Einbalsamierung. Er berichtete, daß man bei der Mumifizierung von der Austrocknung des Körpers ausging. Das Gehirn wurde durch die Nase entfernt, und die lebenswichtigen Organe wie Magen, Leber, Lunge, Eingeweide und Nieren ebenfalls. Man wickelte sie in harzgetränkte Tücher und verstaute sie in den sogenannten Kanopenkrügen. Nachdem man die Deckel der Krüge mit Wachs versiegelt hatte, stellte man sie bis zum Tag des Begräbnisses beiseite. Die Deckel der Kanopenkrüge stellen die vier Söhne des Horus dar: Hapi, der den Kopf eines Pavians trägt, den schakalhäuptigen Puamute, Inseti mit dem Menschenkopf und den falkenköpfigen Quebusenue.

Der auf diese Weise vorbereitete Körper wurde dann in eine Natronlauge gelegt, die ihm die Feuchtigkeit entziehen sollte. Jahrhundertelang dachte niemand daran, dieses Verfahren in Frage zu stellen. Bis Alfred Lucas, ein englischer Wissenschaftler, einige Versuche mit Hühnern durchführte, da er die Dehydrierung eines Körpers in einer wäßrigen Lösung nicht für möglich hielt. Seine Experimente zeigten, daß die in Natronlauge gelegten Hühner keineswegs dehydriert wurden, sondern nur die in Natronkristalle eingebetteten. Auch eine Überprüfung der einschlägigen Textstellen bei Herodot durch Studenten des Altgriechischen gab Lucas recht.

Als Mitte der sechziger Jahre tragbare Röntgenapparate auf den Markt kamen, begann man die Mumien zu röntgen, um Amulette zu orten und die Beschaffenheit des Leichnams festzustellen. Dies bewahrte die Mumie vor der Zerstörung, weil es nicht mehr notwendig war, ihre Bandagen zu entfernen, um Auskunft über ihren Konservierungszustand zu erhalten.

Die Röntgenbilder enthüllten allerdings mehr als den Grad der Konservierung und die Anzahl der Amulette. Bei einem machte man eine überraschende Entdeckung, die bis heute unerklärbar ist. Diese Mumie war von unüblicher Größe, und es stellte sich heraus, daß es sich nicht um einen Leichnam, sondern um vier handelte: Die Mumie eines grobknochigen Mannes, an die zwei Säuglinge und ein Kind gebunden waren. Funde von Mumien von Neugeborenen samt Müttern, die wahrscheinlich bei der Geburt starben, sind nichts Ungewöhnliches, doch an die Deutung des obigen Fundes hat sich noch niemand herangewagt.

Über 400 Jahre lang, vom Beginn des 13. Jahrhunderts bis weit hinein ins 17. Jahrhundert, wurden Mumien aus Gewinnsucht zerstört und zu Pulver zerrieben, das in ganz Europa als Medizin verkauft wurde. Nicht nur von den Unwissenden und Abergläubischen wurde dieses Mittel hoch geschätzt, auch der große englische Philosoph Sir Francis Bacon, ein Zeitgenosse Shakespeares, empfahl seinen Gebrauch und nahm es selber ein. Ob auch Shakespeare es eingenommen hat, ist nicht bekannt, doch wird es in einigen seiner Stücke als Medizin erwähnt und ist Bestandteil der in »Macbeth« angerührten Hexenbrühe.

Die Maler der Renaissance mischten das Pulver ihren Farben bei, weil sie glaubten, dies würde das Springen der getrockneten Farben auf der Leinwand verhindern. Auch den Papiererzeugern fielen die Mumien zum Opfer. Aus Textilabfällen hergestelltes Papier, sogenanntes »Lumpenpapier«, ist von ausgezeichneter Qualität, und es herrschte daher große Nachfrage danach. Waren die langen Stoffbahnen, mit denen die Mumien umwickelt waren, nicht zu sehr mit Harz durchtränkt, konnten sie sehr wohl diesem Zweck zugeführt werden. Doch wurden diese harzgetränkten Lappen auch von den Armen Ägyptens gern als Brennmaterial verwendet.

Alexander, der zehnte Herzog von Hamilton, der am 18. August 1852 starb, hinterließ Anweisungen für die Mumifizierung seines Körpers. Im Sinne dieses Vorhabens hatte der Herzog bereits 30 Jahre vor seinem Tod einen alten Sarkophag erstanden und in sein Schloß bringen lassen. Auch ein großes Mausoleum, das der Aufnahme des Sarkophags dienen sollte, wurde auf seinem Besitz errichtet.

Es gab damals einen bekannten Londoner Arzt, Thomas J. Pettigrew, der Professor für Anatomie war und sich schon mehr als 20 Jahre lang mit Mumifizierungstechniken beschäftigte. Als der Herzog starb, wurde daher dieser Arzt herbeigerufen, um die Mumifizierung des Leichnams in die Wege zu leiten. Pettigrew tat sein Bestes, aber natürlich weiß niemand, was dabei herausgekommen ist, da niemand es bisher gewagt hat, die Ruhe Herzog Alexanders zu stören.

Als die Mumie von Amosis I. Sohn des Königs Seqenenre, untersucht wurde, stellten die Fachgelehrten staunend fest, daß das Gehirn nicht in der üblichen Art und Weise durch die Nase entfernt worden war, sondern durch die zerebrale Öffnung an der Schädelbasis, wo der Schädel auf der Wirbelsäule aufsitzt. Unter den Experten erhob sich die Frage, ob eine derartige Operation mit modernen chirurgischen Methoden durchzuführen sei, der Beweis, daß es einem ihrer Kollegen vor mehr als 30 Jahrhunderten gelungen war, lag vor ihnen. Doch war die Mumie von Amosis I. die einzige, die gefunden wurde, bei der das Gehirn auf diese Weise entfernt worden war, und bis zum heutigen Tag weiß niemand, warum diese ziemlich komplizierte Technik angewandt wurde.

Die Mumien von 30 Pharaonen, die zwischen der 17. und der 20. Dynastie, also über 300 Jahre lang, Ägypten beherrschten, wurden nicht in Einzelgräbern in den Felswänden von Theben gefunden, sondern in einem Massengrab. Unter ihnen auch die Mumien so berühmter Pharaonen wie Amenophis I. Tuthmosis II. und III. Seti I. und Ramses I. II. und III. Der französische Ägyptologe Gaston Maspero war im Jahr 1874 an der Freilegung dieses Massengrabes beteiligt.

Vor der Vereinigung von Ober- und Unterägypten waren die Begräbnisbräuche in den beiden Teilen des Landes völlig verschieden. Die Unterägypter begruben ihre Toten unter dem Fußboden eines der Räume ihres Wohnhauses, während die Oberägypter ihre Toten auf Friedhöfen, die am Rande der Wüste lagen, beisetzten. Die oberägyptischen Gräber waren üblicherweise mit Ziegeln ausgelegt, hatten hölzerne Dächer und waren nach außen gekennzeichnet durch aufgeschüttete Sandhügel. Dieser Umstand veranlaßte die Ägyptologen zu der Annahme, daß, nachdem die beiden Teile Ägyptens vereinigt worden waren, die Beisetzungsbräuche Oberägyptens allgemein übernommen wurden und daß folglich ein klar erkennbarer Übergang vorliegt bis zur Errichtung von richtigen großen Pyramidengrabstätten.

Rückblickend gesehen bleibt die Frage der Pyramidenerrichtung unbeantwortbar und mit ihr auch das Rätsel der großartigen baulichen Leistungen, während die Experten untereinander uneinig sind und jeder von ihnen versucht, seine eigene Theorie zur allein gültigen zu erheben. Im klaren Licht ihrer Erkenntnis erklären die Metaphysiker, daß die Große Pyramide von Giseh das älteste Bauwerk Ägyptens ist, eine Bibliothek in Stein, ein riesiger Tresor, ein Heiligtum und natürlich auch – wie unsere geduldigen Nachforschungen beweisen – ein Orakel.

In der Tat, je mehr man bemüht ist, auch nur einen Teil der scheinbar unendlichen Zahl der in der Großen Pyramide verkörperten Geheimnisse zu begreifen, desto mehr verdichtet sich das Rätsel. Es ist, als stünde man vor der Sphinx selbst und versuche, die Antwort auf eine Frage zu finden, für die es keine Antwort gibt. Die Große Pyramide läßt uns in die fernen Abgründe der Zeit blicken, sie spricht zu uns mit erstaunlicher Genauigkeit, und doch stehen wir verständnislos vor diesem Wunder der Jahrtausende und hören weder das Wispern aus der Vergangenheit noch die Klänge der Zukunft.

Die unzerstörbare Wahrheit, die sich hinter dem alten Kleid der Großen Pyramide verbirgt, ist die Tatsache, daß sie Vergangenheit, Gegenwart und Zukunft *ist*, und unter ihren vielen Weissagungen findet sich auch eine Aussage, die unüberhörbar ist, die von der Universalität des Menschen.

Die Geschichte der Großen Pyramide und ihre Beziehung zu Ägypten ist, wie wir sehen werden, ein genauso großes Mysterium wie das Leben nach dem Tod und die Kultur, die in seinem Schatten erblühte.

5
Gestern und Heute im Land am Nil

Ägypten gilt als die Wiege einer der ältesten und großartigsten Kulturen auf der ganzen Welt. Die landschaftliche Schönheit und die besonderen klimatischen Bedingungen trugen dazu bei, dem Land einen paradiesähnlichen Charakter zu verleihen. Die weiten Wüstengebiete, die das fruchtbare Niltal umschließen, förderten die frühe und rasche kulturelle Entwicklung seiner Bewohner. Von manchen mag die Wüste als Barriere gesehen werden, die die Ägypter von der Welt abschloß und umgekehrt, doch handelte es sich dabei keineswegs um ein absolutes Hindernis, sondern eher um einen Filter, der nur das durchließ, was die ägyptische Zivilisation bereicherte und sie in den Augen der Welt beneidenswert erscheinen ließ – und dies gilt nicht nur für damals, sondern auch für heute.

Die lebenspendende Kraft dieses Landes war und ist der Nil. Mit einer Länge von mehr als 6500 Kilometern gehört er zu den längsten Flüssen der Erde, und seine nördliche Strömungsrichtung macht ihn einzigartig. Er entspringt in den Sümpfen und Seen Äquatorialafrikas, und der fruchtbare Schlamm, den er aus den abessinischen Bergen mitbringt und der nach der Überschwemmung auf den Feldern zurückblieb, gab Ägypten seinen Namen »das schwarze Land«.

Das dünne Band fruchtbaren Bodens, das sich auf beiden Seiten des Nils von Assuan bis unterhalb von Kairo erstreckt, bedeckt eine verhältnismäßig kleine Fläche. Die Gesamtfläche Ägyptens beträgt etwa 1 000 000 Quadratkilometer, davon sind 34 000 Quadratkilometer bewohnbares Land, wovon jedoch 32 700 Quadratkilometer bebaut werden. Die Bevölkerungs-

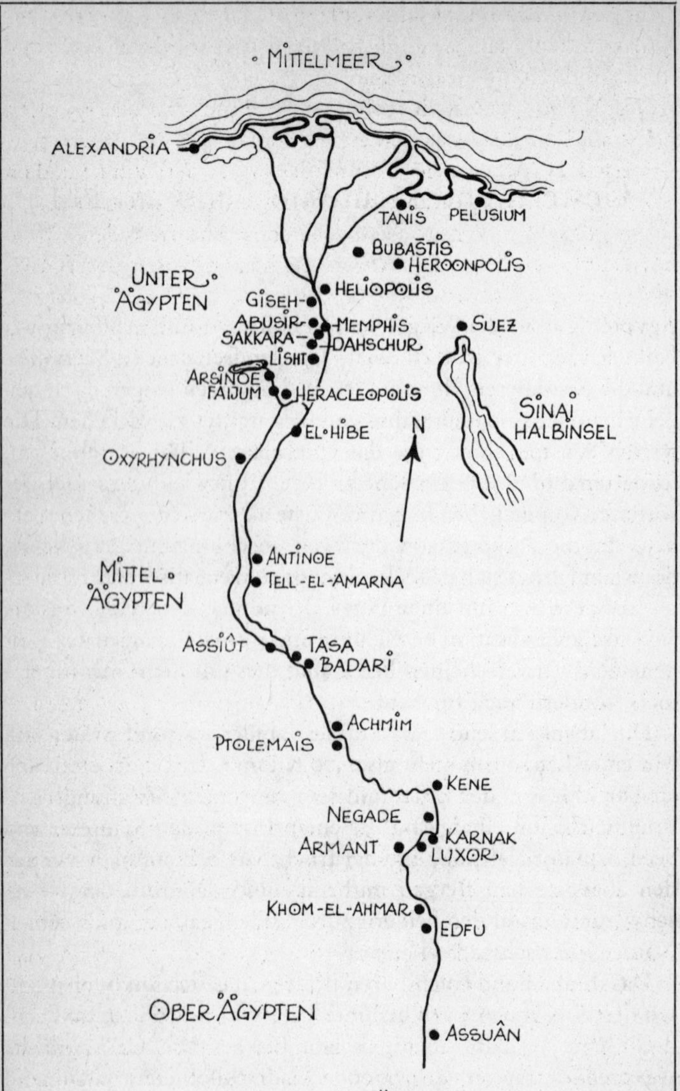

Karte vom alten Ägypten

dichte war daher immer schon sehr groß. Die Einwohnerzahl beläuft sich heute auf etwa 40 Millionen und soll in alten Zeiten etwa 7 Millionen betragen haben.

Der Nil sorgte jedoch nicht nur für Fruchtbarkeit, sondern stellte auch ein ausgezeichnetes Transportmittel dar. Interessanterweise bläst nahezu vier Fünftel des Jahres der Wind aus dem Norden, was die Schiffahrt stromaufwärts sehr erleichtert.

Das Niltal war nicht so leicht erreichbar wie die anderen Kulturen der alten Welt. Die Wüste zu beiden Seiten des Niltals schützte die ägyptische Kultur vor aggressiveren Rassen. Die Ägypter waren ihrem Wesen nach von jeher ein nicht aggressives Volk, doch gibt es auch Zeiten, in denen sie sich als Eroberer aufspielten.

Archäologische Ausgrabungen aus jüngster Zeit ließen das typische Bild vom Übergang einer Nomadengesellschaft zu einer seßhafteren Lebensform verbunden mit Ackerbau und Viehzucht entstehen. Obwohl die Funde äußerst dürftig sind, wurde das Bild bis in alle Einzelheiten ausgeschmückt, von der Aufzucht der Herden und Domestizierung verschiedener Haustiere bis zum Anbau von Weizen und Gerste.

Die heutigen Ägypter sind offensichtlich die Nachkommen einer schlanken, kleinwüchsigen Rasse, deren Kopfform dem »dolicephalischen Typus« entspricht. Die Angehörigen dieser ersten Kultur, die auch als Badâri-Kultur bezeichnet wird, weisen gewisse Merkmale der schwarzen Rasse auf, noch größere Ähnlichkeit aber mit den älteren Rassen aus Indien und Ceylon.

Die frühesten Funde aus der Badâri-Kultur ließen die Archäologen schlußfolgern, daß es sich um eine Gesellschaft mit dörflicher Struktur handelte, die den Anbau von Weizen und Gerste betrieb und zu deren domestizierten Haustieren auch bereits der Hund zählte. Auch der Anbau von Flachs und die Anfänge der Weberei zusammen mit der Herstellung von Bekleidung aus Leinen und Tierhäuten werden diesem Volk zugeschrieben. Die Badâri-Kultur brachte außerdem eine bemerkenswerte Keramik hervor, und ihre Angehörigen wurden daher als die »ersten zivilisierten Ägypter« bezeichnet. Natürlich stammt unser Wissen über sie aus ihren Gräbern. Sie pflegten ihre Toten in Embryostellung, mit angewinkelten Beinen, eingewickelt in Matten oder Ziegenhäute, auf mit Zweigen bedeckten Plattformen in ziemlich flachen Gräbern zu bestatten. Diese Gräber enthielten kleine Figuren aus Ton oder Elfenbein in weiblicher Gestalt, die entweder eine Göttin oder die Gemahlin des Verstorbenen darstellen sollten. Alles weist bereits auf einen gehobeneren Lebensstil hin. Sie benutzten Elfenbeinnadeln als Schließen für ihre Kleider. Armbänder, Halsketten und andere Schmuckstücke wurden aus Muscheln aus dem Roten Meer angefertigt, während Kupfer, Quarz und Steine als Perlen verwendet wurden. Elfenbeinkämme mit geschnitzten Verzierungen waren allgemein in Gebrauch, und auch das Schminken von Gesicht und Augen war üblich.

Eine ähnliche, wenn auch etwas rückständigere Kultur scheint sich zur gleichen Zeit in Fayum entwickelt zu haben, über die allerdings weit weniger bekannt ist. Aus ihrem Vorhandensein schließen die Archäologen jedoch auf ein allgemein anwachsendes Eindringen verschiedener Völkerschaften in das Niltal, und so wird diese Epoche von ihnen auch als erste vordynastische Epoche bezeichnet.

In diese Zeit fällt die Verschmelzung von Stämmen oder das Zusammenwachsen von Dörfern zu größeren politischen Verbänden, den Gauen. Doch gibt es noch keine Anzeichen für eine zentrale Führung, obwohl anscheinend von den einzelnen Gauen zur Kennzeichnung eigene Symbole benutzt wurden. Die Handwerkskunst stand in hoher Blüte, wie aus den mit Henkeln versehenen Gefäßen hervorgeht.

Die voranschreitende kulturelle Entwicklung läßt sich am Inhalt der Gräber ablesen. Figurine Darstellungen von Rindern und Wasserträgern werden von bemalten Vasen ergänzt, die den Übergang zur mittleren vordynastischen Periode bilden. Auch ein von den Archäologen in El Amrah ausgegrabenes Haus mit rechteckigem Grundriß und hölzernem Türrahmen wird dieser Periode zugeordnet. Auf den Vasen, die nun bereits aus hartem Stein gefertigt werden, finden sich auch Abbildungen von Booten, die mit den Emblemen der etablierten Gaue geschmückt sind.

Als bemerkenswertesten Fund aus dieser Epoche bezeichnen

die Archäologen jedoch ein ziemlich primitiv ausgemaltes Grab, das von ihnen als Vorbote der späteren Grabmalereien angesehen wird. Dieses Grab aus Hierakonpolis weist mit Lehm verputzte Wände auf, die mit gelber Ockerfarbe bemalt sind, die den Hintergrund für Darstellungen in weißer, schwarzer und roter Farbe bildet, die als Kriegsszenen und möglicherweise auch als zeremonielle Tänze gedeutet werden können. Diese Arbeiten lassen darauf schließen, daß die soziokulturelle Entwicklung einen Stand erreicht hatte, der das Auftreten eines Führers oder Staatsoberhauptes unumgänglich machte.

Aus archäologischer Sicht zeichnet sich hiermit bereits die Entwicklung zur späten vordynastischen Epoche ab, die als Übergangsphase gilt und die Vereinigung der Gaue zu einem Reich einleitet.

Aufgrund der spärlichen Funde in den aus der prähistorischen und der vordynastischen Zeit stammenden Gräbern wird auf die Eigenart und den Wissensstand der sich damals entwickelnden Zivilisationen geschlossen. Doch kommt es gelegentlich vor, daß die in eindeutig einer dieser beiden Perioden zugeordneten Gräbern getätigten Funde merkwürdigerweise überhaupt nicht in das von den Archäologen so sorgfältig errichtete Gerüst über den vermeintlichen Entwicklungsstand der betreffenden Kulturen passen. Dann erweisen sich die sogenannten »Tatsachen« einmal mehr als bloße Theorie. Ein Beispiel dafür ist die Entwicklung einer Führungsschicht, die erst mit Beginn der mittleren vordynastischen Periode angesetzt wird, obwohl Gräber, die aus der davorliegenden Epoche stammen, eindeutige Beweise für ausgeprägte Klassenunterschiede liefern, als Resultat einer bereits entwickelten Aristokratie.

Die Quantität und die Qualität der dem Toten ins Grab mitgegebenen Objekte entsprach seiner sozialen oder wirtschaftlichen Stellung. Es gibt Gräber, anhand derer sich eine differenzierte aristokratische Struktur nachweisen läßt. Manche Toten ruhen fast einen halben Meter über dem Boden des Grabes, umgeben von einer Art Zaun, auch diverse Einrichtungs- und Gebrauchsgegenstände fehlen nicht, schon Größe und Tiefe ihres Grabes allein signalisieren ihren Status.

Doch ob arm oder reich, auf eine standardmäßige rituelle Bestattung hatte jeder Anspruch. Der Leichnam wurde in Embryostellung, zumeist auf der linken Seite liegend, den Kopf nach Süden weisend und den Körper parallel zum Nil, beigesetzt. Faszinierend und ungewöhnlich ist die Tatsache, daß in den Mägen vieler Kinderleichen Mäusekörper gefunden wurden. Daß sie absichtlich eingenommen wurden, beweist der Umstand ihrer sorgfältigen Häutung und wird von alten pharmazeutischen Aufzeichnungen bestätigt, in denen Mäuse als Medizin für vom Tode bedrohte Kinder verordnet werden.

In einem erwiesenermaßen unangetasteten Grab fanden sich Skelette, deren Knochen aus völlig unbekannten Gründen nicht der natürlichen Lage entsprachen. Man nimmt an, daß diese Leichen nach dem Tode zerstückelt wurden – vielleicht aus religiösen Gründen. Diese Annahme wird durch Funde in frühen dynastischen Gräbern erhärtet, in denen in Leinen gewickelte Leichenteile lagen. Da Gräber, die auf Praktiken dieser Art schließen lassen, jedoch sehr selten sind, dürfte es sich um religiöse Rituale, die nur von einem Stamm ausgeübt wurden, handeln. Andererseits sind mysteriöserweise Frakturen des linken Unterarmes – besonders bei Frauen – in Gräbern aus der vordynastischen Zeit ziemlich häufig.

Bei Sichtung der mageren Ausbeute aus längst vergangenen Zeiten müssen wir dennoch überrascht feststellen, wie hoch das erreichte kulturelle Niveau bereits war. Auch die Schatten der Zeit können den beachtlichen Grad an wissenschaftlichem Fortschritt nicht verhüllen. Die vordynastische Zeit birgt noch viele Geheimnisse, zu denen wir heute keinen Zugang mehr haben. Zu den zu einem äußerst frühen Zeitpunkt der menschlichen Geschichte entwickelten Techniken zählen das Brennen und Glasieren von Keramik, Färberei, Bergbau, das Schmelzen und Schmieden verschiedener Metalle zu Werkzeugen und Waffen, das Maurer- und Steinmetzhandwerk, Weberei, Herstellung und Benutzung von kosmetischen und pharmazeutischen Produkten, und nicht zu vergessen, sämtliche hierzu erforderlichen Geräte und Werkzeuge mußten erst entworfen und angefertigt werden. Es waren diese und andere Geheimnisse, die Ägypten in das dynastische Zeitalter katapultierten und ihm den höchsten Rang unter den Kulturen, die als Wiege der Menschheit gelten, einräumten.

Vor allem was das Rätsel des Ursprungs der ägyptischen Kultur betrifft, ist noch lange keine Lösung in Sicht. Ein noch größeres Rätsel aber stellen die Geschichte und die zeitliche Bestimmung der ersten Dynastien dar, darunter auch die der Pyramidenbauer.

Die frühesten dynastischen Aufzeichnungen zeugen vom Vorhandensein eines voll entwickelten hieroglyphischen Schriftsystems. Dieses schriftliche Kommunikationssystem war schon in der 1. Dynastie so weit fortgeschritten, daß sich eine modifizierte Form davon zu entwickeln begann. Es ist nicht erstaunlich, daß sich unter den vielen geistigen Errungenschaften der frühen dynastischen Epoche auch ein Kalender befand.

Manche Ägyptologen geben das Jahr 4241 v. Chr. für die Einführung eines 360 Tage umfassenden Kalenders an, aufgeteilt in zwölf Monate zu je 30 Tagen, und am Ende ergänzt durch fünf Tage, deren Fehlen den Ägyptern sehr wohl bewußt war. Ob sie auch alle vier Jahre einen sechsten Tag anhängten, ist leider nicht bekannt. Es herrschen noch immer große Meinungsverschiedenheiten unter den Ägyptologen, was die Entwicklung des ägyptischen Kalenders betrifft, und der Streit darüber wird wohl nie ein Ende nehmen. Doch die unabänderliche Tatsache bleibt bestehen, wenn sie von den Gelehrten auch noch so hartnäckig ignoriert wird: Die Astronomie ist ein weiteres Geheimnis, das den Alten vertraut war und das sie beherrschten.

Doch nicht nur über die Ursprünge der ägyptischen Wissenschaften sind sich die Gelehrten uneinig, sondern auch in sämtlichen Fragen betreffend die ägyptische Geschichte und ihre Chronologie. Die Meinungen über die chronologische Reihenfolge der Pharaonen und ihre jeweilige Regierungsdauer gehen weit auseinander.

Im Grunde genommen geht es darum herauszufinden, welches von den vorhandenen Dokumenten verwendet werden sollte, um das leidige Problem der Datierung ein für allemal aus der Welt zu schaffen. Die klassische, von der Mehrheit der

Ägyptologen anerkannte – darum nicht minder fragwürdige – Quelle zur »Geschichte Ägyptens« ist Manethos gleichnamiges Werk, das jedoch verlorengegangen ist. Manetho, der im 3. Jahrhundert v. Chr. in Unterägypten lebte, soll Priester gewesen sein. Seine »Geschichte Ägyptens« enthielt offensichtlich auch eine Pharaonenliste. Diese Liste zusammen mit kurzen Auszügen aus dem verlorengegangenen Text wird erstmalig bei einem Historiker namens Julius Africanus im 3. Jahrhundert *nach* Christus erwähnt. In dieser Königsliste werden die Pharaonen in 31 Dynastien oder Häuser unterteilt. Es hat sich eingebürgert, diese umfangreiche Königsliste, die drei Jahrtausende umfaßt, in eine Anzahl von Abschnitten zu untergliedern – in historische Perioden. Diese neun Hauptperioden der Herrscherdynastien lassen sich annähernd wie folgt datieren:

Die Dynastieperioden
(nach I. E. S. Edwards: Die Pyramiden von Ägypten)

3100–2686 v. Chr.	Früheste Dynastieperiode	1. und 2. Dynastie
2686–2181 v. Chr.	Altes Reich	3. bis 6. Dynastie
2181–2133 v. Chr.	Erste Zwischenperiode	7. bis 10. Dynastie
2133–1786 v. Chr.	Mittleres Reich	11. bis 12. Dynastie
1786–1567 v. Chr.	Zweite Zwischenperiode	13. bis 17. Dynastie
1567–1080 v. Chr.	Neues Reich	18. bis 20. Dynastie
1080– 664 v. Chr.	Spätes Neues Reich	21. bis 25. Dynastie
664– 525 v. Chr.	Saite-Periode	26. Dynastie
525– 332 v. Chr.	Spätperiode	27. bis 31. Dynastie

Zwei weitere Quellen bilden die sogenannte Abydos-Liste und die Sakkara-Liste. Erstere ist eine Königsliste, die an einer Wand des von Seti I. aus der 19. Dynastie errichteten Tempels in Abydos gefunden wurde. Sie nennt sämtliche von den Archiven Oberägyptens anerkannten Könige, wobei jeder Pharao unter dem Namen, mit dem er bei jener Behörde bekannt war, erscheint. Die zweite ist eine Liste der Könige Unterägyptens, die von Historikern aus Memphis verfaßt wurde. Sie wurde in einem

Grab in Sakkara entdeckt, das während der Regierungszeit von Ramses II. in der 19. Dynastie angelegt wurde.

Dann gibt es noch den Turin-Papyrus, eine einfache Aufzählung von Königen, die in der 17. Dynastie geschrieben worden sein soll, und schließlich den sogenannten »Palermo-Stein«. Es handelt sich dabei um ein Fragment einer viel größeren Steintafel unbekannten Ursprungs, von der noch mehrere Teile existieren sollen, auf dem die Annalen der ersten fünf Dynastien verzeichnet sind.

Arthur Weigall hat in seinem zweibändigen Werk »Geschichte der Pharaonen« den Versuch unternommen, die auf dem Fragment der Steintafel aufscheinenden Annalen zu rekonstruieren. Leider hat seine mühevolle Arbeit in der Fachwelt nicht den verdienten Widerhall gefunden. Auch James Baikie präsentiert in seinem umfangreichen Werk »Geschichte Ägyptens« eine chronologisch geordnete Aufstellung der ägyptischen Könige und Dynastien.

Wenn man sich die Mühe macht, die verschiedenen Listen zu vergleichen, werden die zeitlichen Diskrepanzen augenscheinlich. Beim Bau der Cheops-Pyramide, der in die Zeit der 4. Dynastie fällt, ergibt sich somit eine Differenz von etwas mehr als 2000 Jahren.

Kein Wunder, daß sich durch diese Unstimmigkeiten unter den Ägyptologen mehr und mehr Studenten veranlaßt sehen, auf anderen Gebieten nach annehmbaren Antworten zu suchen, und mit Recht! Wer will es ihnen verdenken, wenn sie Zuflucht zu metaphysischen Schulen nehmen, um universales Wissen zu erlangen.

6
Von Pharaonen, Göttern und Fellachen

Manetho läßt seine Königsliste (siehe Kapitel 5) mit einem Pharao beginnen, den er Menes nennt. Der griechische Geschichtsschreiber Herodot berichtet, daß Menes Ägypten eine neue Hauptstadt namens Memphis gab. Menes selbst soll aus der ägyptischen Stadt Thinis stammen, doch gibt es nur sehr spärliche Hinweise dafür, wie auch an seiner Person selbst Zweifel bestehen. Manche Historiker glauben, daß er in Wirklichkeit König Narmer war, der in einem vereinigten Ägypten alles in Gang setzte. Es ist möglich, daß »Men« der Familienname von Narmer war, der sich zu dem Titel Meni, Mena oder Menes entwickelte, was soviel wie der »Gefestigte« bedeutet. Memphis ist eine griechische Spielart von Men-nefer, »die Wohlgefestigte«.

Wie schon im vorhergehenden Kapitel besprochen, ist es sicher, daß es bereits vor der Zeit von Menes Königreiche gab. Eine Dynastie von Königen herrschte über Unterägypten, das sich von den Ufern des Mittelmeeres bis zum Beginn des Nildeltas erstreckte. Ungefähr 60 Könige sollen in Unterägypten vor der Vereinigung geherrscht haben. Es gibt keine anderen Aufzeichnungen über diese Könige, als daß sie in verschiedenen Namenslisten von Königen erscheinen, die Tausende von Jahren später auf Papyrus oder Stein angefertigt wurden. Vermutlich stammen sie nicht unbedingt aus derselben Familie oder Dynastie. Obwohl sich die Hieroglyphenschrift gerade erst zu entwickeln begann, gab es in Unterägypten bereits zwei große Städte, Buto oder Beutho und Sae oder Sais, was der Regierungssitz gewesen sein dürfte.

Das unterägyptische Königreich wurde auch »Nordland« oder »Papyrusland« genannt und trug als Wappenpflanze die Papyrusstaude. Die prä- und frühdynastischen Könige Unterägyptens hatten den Beinamen Fürst Biene und trugen die berühmte rote Krone. Die königliche Farbe war Rot, und die Schatzkammer wurde das »Rote Haus« genannt. Die Schutzgöttin der Deltastadt Sais hieß Neith, das Gauzeichen von Sais war ein Schild mit zwei gekreuzten Pfeilen. Die Stadt Buto hatte als Schutzgöttin Utho oder Uto, deren Symbol die Kobra war. Sie wurde später zur Schutzgöttin der gesamten Deltaregion und die Kobra zum Symbol der Königswürde.

Die Bildung des oberägyptischen Königreiches wird Jahrhunderte später nach der Entstehung Unterägyptens angesetzt. Seine Herrscher, ungefähr 30 an der Zahl, hießen »Insi«, »Suten« oder »Seten«, was soviel wie »Fürst Binse« bedeutet. Sie trugen die bekannte weiße Krone. Die königliche Farbe war Weiß, und die königliche Schatzkammer wurde interessanterweise das »Weiße Haus« genannt. Die Wappenpflanze des Südens war eine Art blühende Binse, auch als Lilie zu bezeichnen, seine Einwohner waren vor allem viehzüchtende Nomaden. Die Hauptstadt Oberägyptens war Het-Insi oder Eheninsi, was ganz einfach »Haus des Insi« heißt.

Manetho behauptet, daß es vor Menes zwei Dynastien gab. Die erste nannte er »die Dynastie der Götter«, die zweite »die Dynastie der toten Halbgötter«. Der Bienenkönig aus dem Delta und der Binsenkönig aus Oberägypten gehören zu Manethos 2. Dynastie. Die beiden unabhängig voneinander gegründeten Kö-

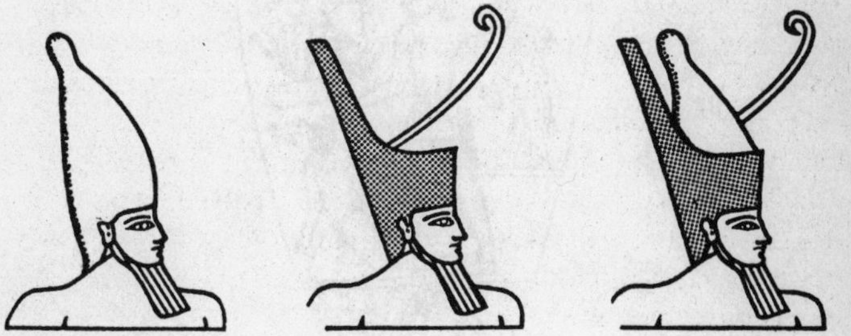

Die Weiße Krone Oberägyptens — Die Rote Krone Unterägyptens — Die Doppelkrone des geeinten Reiches

nigreiche und ihre Könige bildeten die Basis für das von Menes geschaffene Reich, das aus der Vereinigung der beiden Länder hervorging. Als »Herr der beiden Länder« trug er neben seiner eigenen oberägyptischen Krone in weißer Farbe auch die rote Krone Unterägyptens und bei manchen Gelegenheiten die Doppelkrone als Symbol des geeinten Reiches. Er führte auch den Titel Insi-Bya – »Binse und Biene«.

Doch auch hier gibt es Unstimmigkeiten unter den Ägyptologen, denn während die einen Menes und Narmer für ein und dieselbe Person halten, glauben die anderen, daß Menes der Sohn von Narmer war. Zu diesem Schluß kommen die Historiker aufgrund der in Nekhen ausgegrabenen großen Narmer-Schminkpalette, die eine Abbildung von Narmer zeigen soll, auf der er nicht nur die Weiße, sondern auch die Rote Krone trägt. Auf dieser Palette basiert die Theorie, daß Narmer durch Erbfolge König von Thinis war und auch von Nekhen, einer Stadt, die seine Vorfahren gründeten. Entweder durch Heirat oder durch Erbschaft erwarb er den Titel Fürst Binse als Symbol für die Herrschaft über Oberägypten. Hinzu kam durch Eroberung das unterägyptische Königreich der Biene, so daß sein Sohn – dieser Theorie zufolge Menes – ein vereinigtes Ägypten erbte.

Die Narmer-Palette

Sein Geburtsrecht machte Menes zum Falkenkönig und ließ ihn den Namen Ohe, »der Kämpfer«, annehmen, daher scheint er auch als »Ohe Meni« oder »Aha Mena« auf. Doch ist er eher wegen seines verwaltungstechnischen Geschickes als wegen seiner Fähigkeiten als Eroberer bekannt. Von den Unterägyptern wurde er als König nicht anerkannt, da er nicht von ihrer Linie abstammte, dies geht daraus hervor, daß ihm der königliche Titel »Fürst Biene« nicht verliehen wurde, sondern daß er in Unterägypten einfach als »der Falke« bekannt war.

Menes heiratete eine unterägyptische Prinzessin, Neit-he-tep oder Neithotep, und wurde somit auch zum Herrscher von Unterägypten. Er nahm dann einen neuen Titel an: »Herrscher des Geiers und der Kobra«. Doch obwohl er nun dem Gesetz nach rechtmäßiger Herrscher von Ober- und Unterägypten war, wurde er nach wie vor als »der Falke« bezeichnet und niemals als Fürst Binse und Biene.

Der Ausdruck »Pharao« wird erst auf Menes und seine Nachfolger angewendet, vor der Vereinigung Ägyptens wurden die Herrscher ganz einfach als Könige bezeichnet. Das Wort »Pharao« ist eine hebräische Abwandlung des ägyptischen Wortes »Peroe«, was »das Große Haus« bedeutet. Menes wird die Einführung göttlicher Verehrung und eines eleganten und verschwenderischen Lebensstils zugeschrieben. Nach seinem Tod wurde er entweder in Abydos oder in Nakada begraben. Für einen Herrscher war es üblich, zwei Begräbnisstätten zu haben, das Grab war für seinen Leichnam und das Kenotaph für seinen Ka oder Doppelgänger.

Den Nachfolgern von Menes in der 1. Dynastie wird die Entwicklung der Mastaba nachgesagt, dabei handelt es sich um einen Überbau des Grabes aus sonnengetrockneten Lehmziegeln. Da Gräber als der Ort galten, wo der Tote verweilte, war jede Mastaba eine genaue Kopie eines Hauses oder Palastes. Eine aus der Regierungszeit von Menes stammende Mastaba bedeckt eine flache rechteckige Aushebung, die in fünf Kammern aufgeteilt ist. Die Archäologen nehmen an, daß die mittlere Kammer den Leichnam beherbergte und die Nebenkammern die Habe des Toten. Das Innere der Mastaba selbst wies 27 Zellen auf, und ihre

Außenwände neigten sich einwärts, der abgestumpften Spitze zu. Da die Ägypter glaubten, daß der Geist des Toten sich ungehindert von jeder materiellen Barriere frei bewegen könne, gab es zwischen den Räumen keine Verbindungsgänge.

In der 2. Dynastie zeigten sich die Auswirkungen des in der 1. Dynastie forcierten Zusammenschlusses der beiden Königreiche. Aber nicht nur Bürgerkriege, sondern auch Naturkatastrophen verheerten das Land während dieser dunklen Periode, über die nur sehr wenig bekannt ist. Zwei Hauptkulte bildeten sich heraus – die Sonnenanbeter und die Nilanbeter, zwischen denen ein ständiger Machtkampf herrschte. Der Gott des Nils wurde Osiris und der Sonnengott Ra genannt. Die Anhänger dieser beiden Hauptgötter, die das Leben und Gedankengut Ägyptens beherrschten, waren infolge des Zusammenschlusses in erbitterte Kämpfe verwickelt worden bei dem Versuch, ihre Religion zur Hauptreligion des geeinten Reiches zu machen.

Die mannigfaltigen Angaben über Legenden und den Ursprung von Osiris sind allesamt ziemlich unbefriedigend und vage. Es wird allgemein angenommen, daß er ein König war, der in Erfül-

Der Sonnengott Ra

Der Nilgott Osiris

lung einer alten Tradition sich zum Wohl seines Königreiches selbst zum Opfer darbrachte oder geopfert wurde.

Die spärlichen Berichte aus der ägyptischen Religionsgeschichte lassen darauf schließen, daß Osiris ein Fruchtbarkeitsgott war, der sich dann zum Nilgott wandelte und schließlich als Gott der Auferstehung und der Unsterblichkeit galt.

Einer ägyptischen Legende zufolge ist Osiris der Erstgeborene von fünf Kindern der Göttin Nut und des Gottes Seb, dem späteren König der Ägypter. Sein Bruder Set, der Drittgeborene, war eifersüchtig auf Osiris' Rang und beschloß, ihn zu töten. Durch eine List gelang es Set, Osiris in eine Kiste zu locken, die in den Nil geworfen wurde. Die Kiste mit dem Leichnam des ertrunkenen Osiris wurde ins Meer geschwemmt. Osiris' Schwester und Gemahlin Isis, das viertgeborene Kind, fand den Leichnam von Osiris und brachte ihn zurück nach Ägypten. Sie versteckte ihn, doch als ihre Wachsamkeit einmal erlahmte, stöberte Set, der auf der Jagd war, ihn auf.

Set, der über Isis' magische Kräfte bei der Wiedererweckung von Toten Bescheid wußte, stahl den Leichnam, zerstückelte ihn und versteckte die einzelnen Teile im ganzen Land, um die Erweckung zu verhindern. Isis suchte nach den Teilen, und es gelang ihr, den Körper von Osiris wieder zusammenzusetzen. Ihre Wiederbelebungsversuche waren zwar nur teilweise erfolgreich, doch wurden sie belohnt, und sie empfing ein Kind – Horus. Geschichtlich gesehen wurde Osiris somit zur ersten Mumie.

Horus trat das Erbe seines Vaters auf Erden an. Osiris, als der nun tote König, herrschte über das Reich der Toten als Herr des Jenseits. Deshalb wünschten alle Ägypter, nach ihrem Tod zu Osiris zu werden. Obwohl Osiris zum Nationalgott des Lebens nach dem Tod aufstieg, erreichte er nicht den Status eines universellen Gottes, da sich sein Aufgabengebiet auf die Befriedigung der Bedürfnisse nach dem Tod beschränkte. Der Sonnengott Ra hingegen war für das Diesseits zuständig und wurde als Gott der Lebenden betrachtet. Beider Stellung und Pflichten sind eindeutig, und es geht auch ganz klar hervor, daß die in diesem Zusammenhang durchgeführten Zeremonien schon zur Zeit der 5. Dynastie uralt waren.

Die Göttin Nut,
Osiris' Mutter (1)

Der Gott Seb,
Osiris' Vater (2)

Der Gott Set,
Osiris' Bruder (3)

Die Göttin Isis,
Osiris' Schwester
und Gemahlin (4)

Der Gott Horus,
Osiris' Sohn (5)

1

2

Die Legenden und die religiöse Geschichte Ägyptens lassen darauf schließen, daß der Sonnenkult die ursprüngliche Religion war. Als erste Stadt, in der dieser Kult beheimatet war, gilt An oder In, in der Bibel On genannt, von den Griechen wiederum als Heliopolis oder »Stadt der Sonne« bezeichnet.

Die Einwohner von On verehrten den Sonnengott Ra, von dem man annimmt, daß er sich von einer asiatischen Gottheit ableitet. Das Symbol für Ra oder Re war eine kleine Pyramide oder ein Pyramidion, aller Wahrscheinlichkeit nach ein konisch geformter Stein, der »Ben« oder »Benben« genannt wurde und auf einem Sockel in einem Tempelhof stand. Gleichzeitig symbolisierte er den ersten Berg oder das erste Festland, das bei der Schöpfung des Universums aus den Urfluten auftauchte. In späterer Zeit entwickelte sich daraus der Obelisk, der zu den ältesten für Gott errichteten Monumenten gehört. Aus dem Sonnenkult bildete sich eine mächtige Priesterschaft heran, die sich in den Dienst von neun Gottheiten gestellt haben soll, die später als die großen Enneaden von Heliopolis bezeichnet wurden.

Die politischen und ökonomischen Wirren innerhalb der 2. Dynastie lassen eine gesicherte Erbfolge ausschließen, statt dessen bestiegen Könige den Thron, deren jeweilige Fraktion gerade

3

4

5

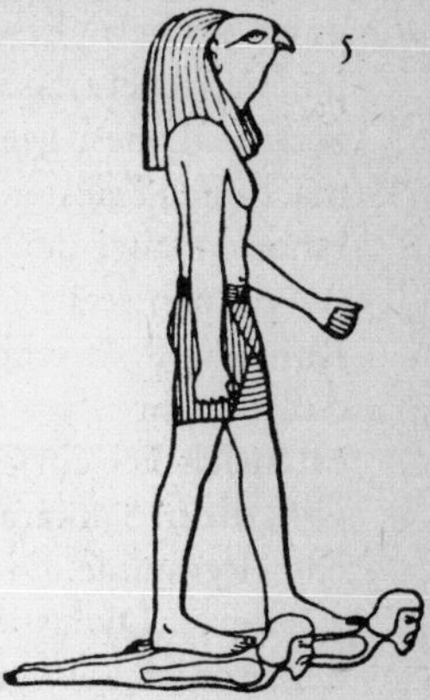

an der Macht war. Von den insgesamt neun Monarchen während dieser Epoche zählten vier zu den Sonnenanbetern, die ihren Anspruch auf den Thron mit ihrer Abstammung von dem Sonnengott Ra begründeten, während die fünf anderen sich auf ihre königliche Herkunft beriefen.

Interessant ist auch die Feststellung, daß, wie bei den Mixteken, deren Überlieferung von Riesen berichtet, Manetho ebenfalls einen Pharao erwähnt, der in der 2. Dynastie herrschte und von riesenhaftem Wuchs war. Doch gibt es außer bei Manetho keinerlei Beweise für die Existenz dieses Pharao.

Der zweite Monarch aus dieser Dynastie, Kekeu, wird auch unter dem Namen Nebra angeführt; und dies ist das erste Mal, daß in ägyptischen Chroniken der Name eines Pharao erscheint, der den Namen des Sonnengottes Ra beinhaltet. Dies deutet darauf hin, daß die Religion nunmehr eine Vormachtstellung erreicht hatte und auch die Herrscher unter dem Einfluß der Priester von Ra standen.

Der berühmteste Pharao aus dieser Epoche ist Chasechemui, der entweder an den Anfang der 3. Dynastie gestellt wird oder als letzter Herrscher der 2. Dynastie gilt. Pharao Chasechemui ist uns bekannt, weil zwei Statuetten von ihm erhalten geblieben sind und der Nachwelt von ihm Kunde brachten. Seine Heirat mit Königin Ni-Maat-Hap oder Hapenmaat führte zur Vereinigung des königlichen Hauses mit dem Haus der Sonnenanbeter und befriedete das Land. Er hinterließ nicht nur ein praktisch unzertrennliches, geeintes Ägypten, das unter dem Einfluß einer mächtigen Priesterschaft stand, sondern soll auch die großen Pyramidenbauer der 3. Dynastie inspiriert haben.

Von den sechs Pharaonen aus der 3. Dynastie sind einige zu Ruhm und Ansehen gelangt, ganz einfach durch die Tatsache, daß man ihre Pyramidengräber entdeckte. Stufenpyramiden sind offensichtlich ein Charakteristikum der 3. Dynastie, und eine davon, die in Sakkara liegt, gilt allgemein als Vorstufe zur eigentlichen Pyramide. Diese Stufenpyramide wird dem zweiten Pharao aus der 3. Dynastie zugeschrieben, der unter mehreren Namen bekannt ist, sein gebräuchlichster lautet Djoser oder Zoser.

Djosers Ruhm ist nicht zuletzt auf die Leistungen seines Hohenpriesters Imhotep zurückzuführen, der unter den Ägyptern zur Legende wurde. Man betrachtete ihn nicht nur als einen Architekten, sondern zugleich als den Vater der Medizin, als einen vollendeten Astronomen und Magier.

Die Djoser-Pyramide ist ein massives Bauwerk, das sich in sechs Stufen zu einer Höhe von über 60 Meter erhebt und dessen Grundfläche rund 125 x 110 Meter beträgt. Gleich den Maya-Py-

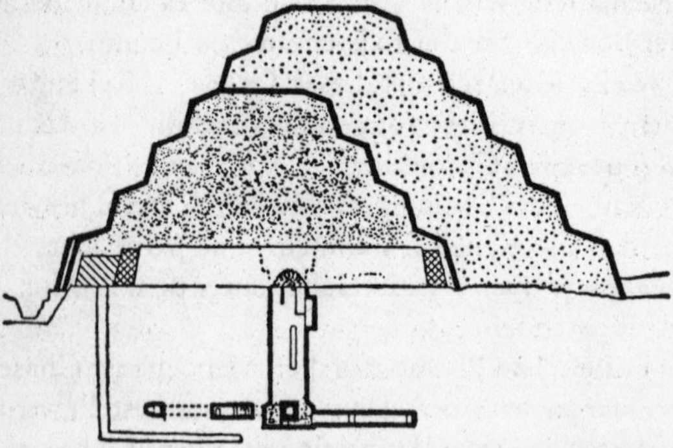

Plan der Stufenpyramide

ramiden ist auch die Djoser-Pyramide mehreren Veränderungen unterzogen worden. Die eigentliche Grundstruktur der Pyramide ist ein fester quadratischer Bau mit einem steinernen Kernstück, das außen mit behauenen Kalksteinen abgedeckt ist. Dieser erste Mittelbau scheint eine Mastaba von 8 Metern Höhe und ungefähr 63 x 63 Metern Fläche gewesen zu sein, ausgerichtet nach den vier Himmelsrichtungen. Es fällt schwer zu glauben, daß der Grad der architektonischen Perfektion, den die Djoser-Pyramide zeigt, ohne einen lange vorausgegangenen Entwicklungsprozeß erreicht werden konnte. Es ist aber keinerlei Beweis für die Verwendung von Steinen im gleichen Ausmaß in früheren Bauten zu erbringen. Da jedoch für den Bau der Stufenpyramide nur kleine Blöcke benutzt wurden im Gegensatz zu den riesigen Steinquadern bei späteren Bauten, wird angenommen, daß die Technik der Steingewinnung, der Handhabung und des Transports derart großer Stücke damals noch nicht gemeistert werden konnte, bis auf eine Ausnahme: Die Grabkammer in dieser Pyramide war mit einem großen Granitblock verschlossen, der 1,80 Meter lang war und über drei Tonnen wog.

Zu den weiteren Pyramiden der 3. Dynastie zählen die beiden Vierstufenpyramiden von Nagada und El-Kula, die Pyramide von Zawiyet el-Aryan, die eigentlich keine echte Stufenpyramide, sondern eher eine Art Schichtpyramide ist, und eine erst in den fünfziger Jahren ausgegrabene Pyramide, die Sekhemkhet zugeschrieben wird. Sekhemkhet gilt als unmittelbarer Nachfolger Djosers, und zwar aufgrund der Tatsache, daß Imhoteps Name in roter Farbe auf der Umfassungsmauer der Pyramide erscheint. Diese Inschrift besagt nicht unbedingt, daß Imhotep für die Planung und den Bau dieser Pyramide die Verantwortung trug, sie könnte auch bloß zur Erinnerung an ihn geschrieben worden sein, zu einer Zeit, als sein Name schon zur Legende geworden war.

Bei der Entdeckung dieser »neuen« Pyramide deutete nichts darauf hin, daß hier Grabräuber am Werk gewesen wären, und die Erwartungen der Ägyptologen waren entsprechend hoch. Als sie in die Grabkammer eindrangen, fanden sie einen verschlossenen und versiegelten Sarkophag vor, auf dem ein Kranz

Aufriß der Sekhemkhet-Pyramide

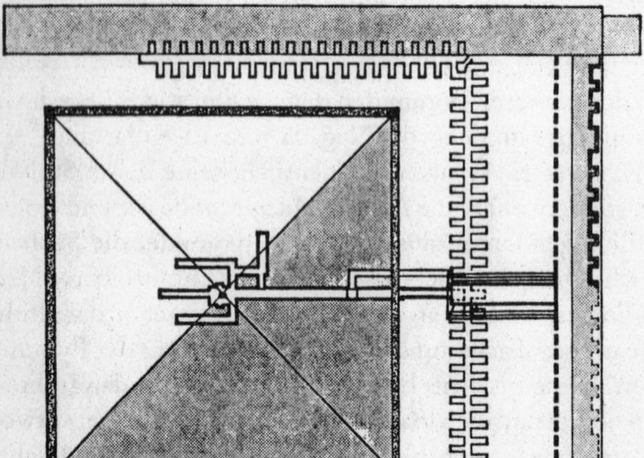

Grundriß der Sekhemkhet-Pyramide

lag. Dieser Sarkophag, aus einem einzigen Alabasterblock herausgehauen, war sehr ungewöhnlich. Anstelle eines durchgehenden geschlossenen Deckels hatte das eine Ende des Sarkophags eine verschiebbare Platte, die durch ein Seil über eine Art Rollen- oder Flaschenzugsystem betätigt werden konnte. Die noch vorhandene Verputzmasse, mit der diese bewegliche Fläche bedeckt war und die sie in den Gleitrillen festhielt, ließ erkennen, daß sich hier seit der Zeit der Beisetzung und dem zeremoniellen Verschluß der Kammer an dem Sarkophag niemand zu schaffen gemacht hatte. Als der Sarkophag dann schließlich geöffnet wurde, war er – leer! Es war einfach unfaßbar! Die Pyramide wies alle Anzeichen einer Begräbnisstätte auf, und es gab auch nicht den kleinsten Hinweis, der auf Grabräuberei hätte schließen lassen.

Die fehlende Mumie stellte die Archäologen vor ein Rätsel. Die einzige annehmbare Erklärung ist die, daß es sich um ein Kenotaph oder Leergrab handelte, bestimmt für die symbolische Bestattung des Ka. Man vermutet, daß die Begräbniszeremonie für den Ka genauso abgehalten wurde, als wäre es der wirkliche Leichnam. Aus diesem Grund ist auch eine Unterscheidung zwischen der eigentlichen Begräbnisstätte und einem Scheingrab nicht möglich.

Djosers Pyramide enthielt einen ähnlichen Alabastersarkophag, doch mit dem üblichen Deckel. Interessanterweise fand man auch einen zweiten Sarkophag, der im rechten Winkel zum ersten aufgestellt war. Während der erste Sarkophag leer war, enthielt der zweite Reste von einem Holzsarg, und mitten darunter befand sich das Skelett eines Kindes.

Während der ganzen langen und schwierigen Ausgrabungsarbeiten an den Pyramiden aus der 3. Dynastie wurde niemals eine Mumie oder ein Leichnam eines Pharao gefunden. Dies führte bei einigen Ägyptologen zu der Vermutung, daß die Pyramide nur die Aufgabe hatte, den Ka des Königs zu beherbergen, und daß der echte Leichnam anderswo begraben war – und wahrscheinlich noch immer ist. Diese Annahme wird durch die Tatsache unterstützt, daß die Pharaonen mehrere Gräber besaßen, die räumlich voneinander entfernt waren.

Tatsächlich ist über die religiösen Bräuche so wenig bekannt, daß man alle Annahmen als plausibel gelten lassen oder anfechten kann. Aber nicht nur der religiöse Aspekt, auch die Identität der Pharaonen liegt während der frühen dynastischen Epochen mehr oder minder im Dunkel. Die Schwierigkeiten, ein klares Bild von dieser Zeit zu zeichnen, nehmen auch in der 4. Dynastie nicht ab. Auch hier herrscht Unklarheit darüber, ob man den Pharao Seneferu oder Snofru als ersten Pharao der 4. Dynastie oder als letzten der 3. Dynastie einordnen soll. Bemerkenswerterweise werden diesem Herrscher von den Ägyptologen drei Pyramiden zugeschrieben: Die Pyramide von Meidum, die »Bent-« oder »Knickpyramide« und die nördliche Steinpyramide oder Pyramide von Dahshur. Jede dieser drei Pyramiden hat ihre besonderen Eigenheiten, was die Theorie erhärtet, daß der Fortschritt im Pyramidenbau auch einen philosophisch-politischen Wandel widerspiegle.

Den Archäologen zufolge begann sich am Wendepunkt von der 3. zur 4. Dynastie eine bedeutsame Veränderung bei der Konstruktion der Stufenpyramide abzuzeichnen. Die Stufen wurden aufgefüllt, wodurch sich vier glatte Flächen ergaben, so daß zum ersten Mal die klassische »echte« Pyramide in Erscheinung trat. Dieser Übergang stellte sich bei der Erforschung der stark beschädigten Pyramide von Meidum heraus.

In seinem gegenwärtigen Zustand ähnelt das Bauwerk eher einem hohen eckigen Turm als einer Pyramide. Man vermutet, daß die Meidum-Pyramide, die ungefähr 30 Meilen südlich von Memphis liegt, nach dem Vorbild der Djoser-Pyramide gebaut und während ihrer Erbauung mehreren Umwandlungen unterzogen wurde. Die Ägyptologen kamen zu dem Schluß, daß diese Pyramide zuerst mit zwei, dann mit drei und schließlich mit vier Stufen gebaut worden ist. Später dann wurde die Form noch einmal verändert: es erfolgte eine Vergrößerung zu einer siebenstufigen Pyramide, die aber auch nicht bestehen blieb, sondern der eine Erweiterung auf acht Stufen folgte. Der Neigungswinkel der Stufen betrug 75 Grad, und die endgültige Pyramidengrundfläche mag annähernd 144 x 144 Meter betragen haben. Über die genaue Höhe, die die Pyramide einstmals gehabt hat, ist man sich nicht klar. Offenbar war der siebenstufige Entwurf als endgül-

Plan der Meidum-Pyramide

tige Ausführung vorgesehen, dem sich aber dann doch noch ein weiterer Umbau auf acht Stufen anschloß. Schließlich wurden später aus noch unbekannten Gründen die Stufenabsätze mit Steinen aus der Umgebung ausgefüllt und der ganze Bau mit glatten Deckplatten aus Tura-Kalkstein überzogen. Dadurch wurde die Stufenpyramide in eine geometrisch korrekte Pyramide verwandelt.

Einige Hinweise sind gefunden worden, in denen auf mehrere Pyramiden Seneferus Bezug genommen wird. Die Wahrscheinlichkeit ist groß, daß nicht nur die Pyramide von Meidum für den Pharao Seneferu oder Snofru gebaut wurde, sondern auch zwei andere Pyramiden 45 Kilometer nördlich von Meidum in Dahshur. Eine davon ist als »Knickpyramide« bekannt geworden und wird auch als gefälschte, rhomboidale oder abgestumpfte Pyramide bezeichnet. Es sieht aus, als sei sie ursprünglich als geometrisch korrekte Pyramide geplant gewesen, doch änderten ihre Erbauer etwa in halber Höhe der Pyramide den Böschungswinkel von rund 54 Grad 31 Minuten auf 43 Grad 21 Minuten, wahrscheinlich um den Bau zu beschleunigen.

Eine bessere Begründung für den verminderten Böschungs-

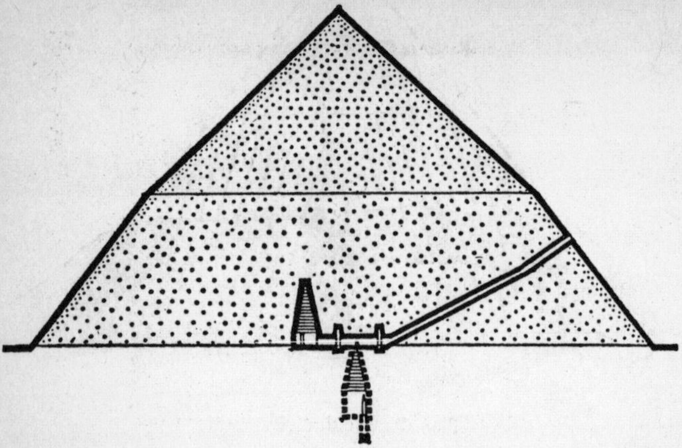

Schnitt durch die Knickpyramide in Richtung Ost-West

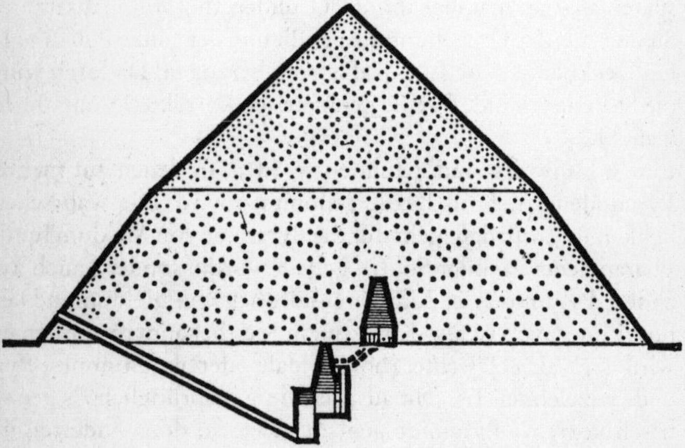

Längsschnitt durch die Knickpyramide in Richtung Nord-Süd

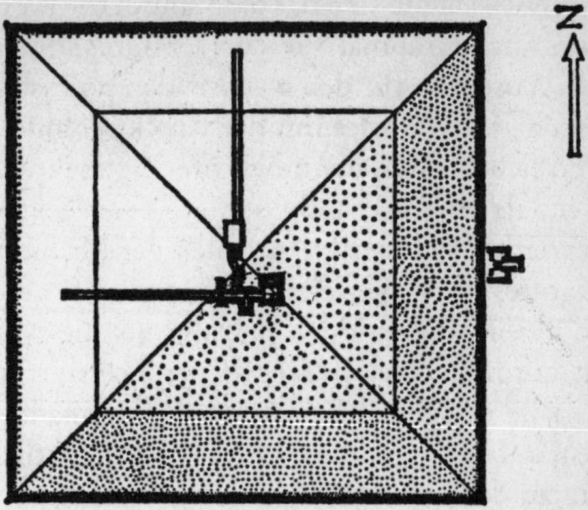

Plan der Knickpyramide

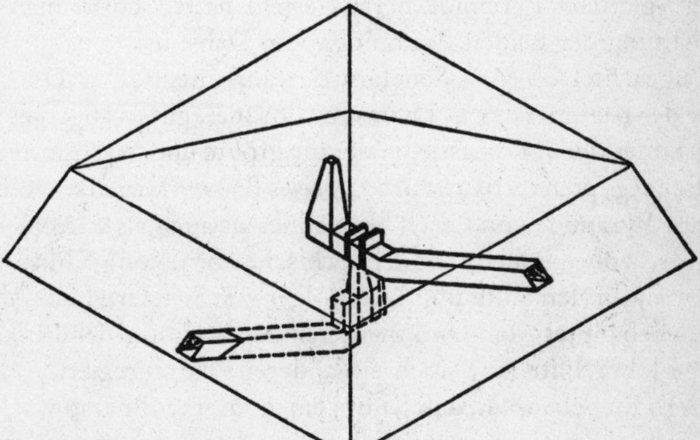

Isometrische Darstellung der Knickpyramide

winkel liefert die ägyptische Religionsphilosophie, die der Pyramidenform eine besondere Bedeutung zuschreibt. Wie bereits erwähnt, entwickelte sich das als Symbol für Ra verwendete Pyramidion zum Grabmal für den Pharao. Dieser Vorgang war ebenfalls Ausdruck für den wachsenden politischen Einfluß der Priesterschaft und dürfte mit der Knickpyramide seinen Höhepunkt erreicht haben, denn bei ihrer Betrachtung hat man den Eindruck, als sei das Pyramidion auf einen Sockel gesetzt worden als weithin sichtbarer Ausdruck der Macht der Priester des Sonnengottes Ra. Eine weitere Bestätigung für diese Theorie liefert die zweite Pyramide von Dahshur, die wegen ihrer Lage auch als nördliche Steinpyramide von Dahshur bezeichnet wird und beinahe denselben Böschungswinkel, nämlich 43 Grad 36 Minuten, aufweist wie die obere Hälfte der Knickpyramide, als wäre sie zu deren Betonung errichtet worden.

Ausgehend vom Machtzuwachs der Sonnenpriesterschaft läßt sich die Möglichkeit nicht ausschließen, daß diese im Sinn hatte, ihr Symbol zu »modernisieren« und die Pyramide von Meidum als Modell dafür benutzte. In diesem Fall mußte sie wahrscheinlich um eine achte Stufe erhöht werden. Als sich die Machbarkeit einer »glatten« Pyramide herausgestellt hatte, schritt man zur Errichtung der beiden Pyramiden von Dahshur.

Ungeachtet ob man Seneferu der auslaufenden 3. Dynastie oder der beginnenden 4. Dynastie zuordnet, gilt er allgemein als Begründer der 4. Dynastie, in der die größte und prächtigste Pyramide Ägyptens erbaut wurde. Dieses Bauwerk wird sowohl als Große Pyramide von Giseh bezeichnet als auch als Cheops-Pyramide, wobei »Cheops« die griechische Form von »Khufu« ist, den man für den Sohn und Nachfolger von Seneferu hält. Allerdings behauptet Manetho, zwischen Seneferu und Khufu hätte einige Jahrzehnte lang noch ein anderer Pharao regiert.

Herodot behauptet, daß Khufu ein grausamer Pharao war, der die Tempel der Götter schließen ließ und es für ungesetzlich erklärte, sie zu verehren. Seine Untertanen sollten ihre Zeit in den Dienst des Pharao stellen. Auch Manetho berichtet von Khufus anmaßendem Betragen den Göttern gegenüber, und doch soll er ein heiliges Buch geschrieben haben, das aber verlorenging und

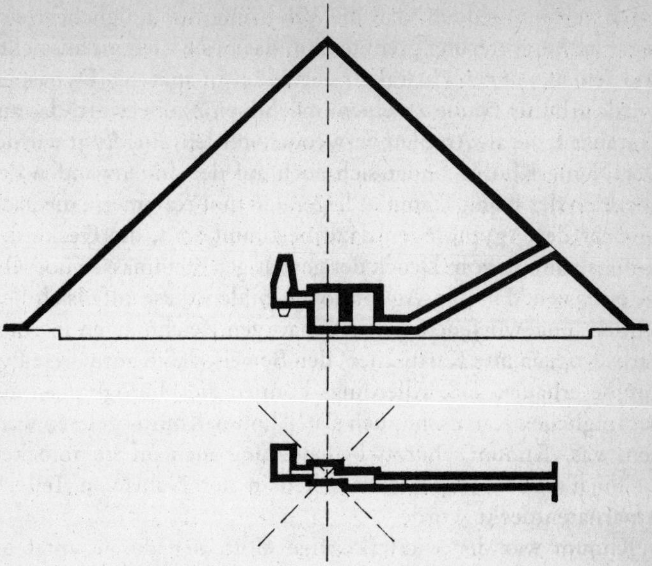

Plan der nördlichen Steinpyramide von Dahshur

das bei den Ägyptern als sehr bedeutsames Werk galt. Diese widersprüchliche Beurteilung verhinderte indes nicht, daß Khufu auch nach seinem Tod noch viele Generationen lang verehrt wurde, ja, daß sogar 2000 Jahre später, in der 26. Dynastie, der Kult um Khufu erneut aufflammte.

Von den Ägyptologen wird er als tatkräftiger mächtiger Herrscher dargestellt, der seinen Ruhm auch für die Nachwelt zu erhalten verstand durch die Errichtung eines Bauwerkes, das an Größe von keiner anderen Pyramide Ägyptens übertroffen wird. Mehrere Monumente, die über ganz Ägypten verstreut sind, zeugen von seiner Baulust, und auch mehrere Gräber werden ihm und seiner Familie, seinen Priestern und Beamten zugeschrieben, allerdings werfen die darin befindlichen Inschriften kein Licht auf seine Persönlichkeit und seinen Charakter noch auf besondere Ereignisse während seiner Regierungszeit.

Ich vermute jedoch, daß die Verehrung, die möglicherweise sogar an Vergötterung grenzte, ihm das beste Zeugnis ausstellte und seinen wahren Charakter enthüllte. In späteren Dynastien wurde Khufus Name zu einem mächtigen Zauberwort, das auf Skarabäen, die als Amulett verwendet wurden, eingeritzt wurde. Der Name Khufus findet sich auch auf den Innenwänden der oberhalb der Königskammer liegenden fünf Kammern, die nach Ansicht der Ägyptologen dazu bestimmt sind, die Decke der Königskammer vom Druck der gewaltigen Steinmassen über ihr zu entlasten. Für die Ägyptologen bilden diese offensichtlich schnell hingeworfenen, medaillonartigen Zeichnungen in roter Farbe, sogenannte Kartuschen, den Beweis, daß Khufu diese Pyramide erbauen ließ. Allerdings können die Hieroglyphen auf der fraglichen Kartusche auch als »Khnum-Khufu« gelesen werden, was »Khnum schützt« bedeutet und auch auf Steinblöcken im Sinai und in den Steinbrüchen in der Nähe von Tell el-Amarna entdeckt wurde.

Khnum war der widderköpfige Gott, den die Ägypter als Schöpfer des Universums verehrten, und außerdem auch die Stadtgottheit von Khufus Geburtsstadt. Diese Information ist besonders wichtig für die Altersanalyse der Großen Pyramide im nächsten Kapitel, in dem wir die Möglichkeiten untersuchen werden, die vermuten lassen, daß die Pyramide tatsächlich um Jahrtausende älter ist, als derzeit angenommen wird.

Es könnte sich bei »Khufu« auch um den Titel »Der Beschützer« handeln, den der Pharao nach seiner Ernennung annahm oder der ihm verliehen wurde. Hinzu kommt, daß dieser Titel aller Wahrscheinlichkeit nach auch das Symbol für seinen Geburtsort – Khnum oder Widder – enthielt, und der volle Name dann logischerweise »Khnum-Khufu« lautet. Allerdings wäre Khufus Hieroglyphe dann identisch mit der höchsten Anrufung für den Schöpfer des Universums.

Weil der Satz Khnum-Khufu schon dem widderköpfigen Gott gewidmet war, kam Khufus Nebti-Name in Konflikt mit der Liturgie des allerhöchsten Gottes. Daher mußte Khufu seinen Nebti-Namen kürzen und »Khnum« weglassen, was erklärt, warum er allgemein nur einfach Khufu genannt wird.

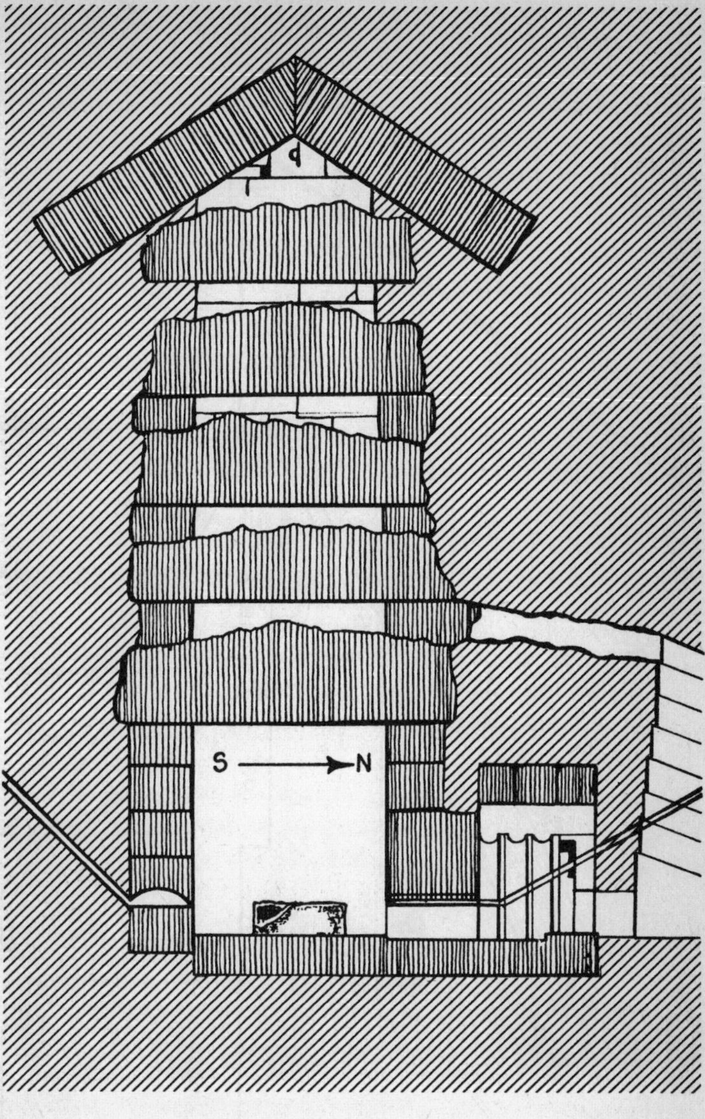

Schnitt durch die Königskammer

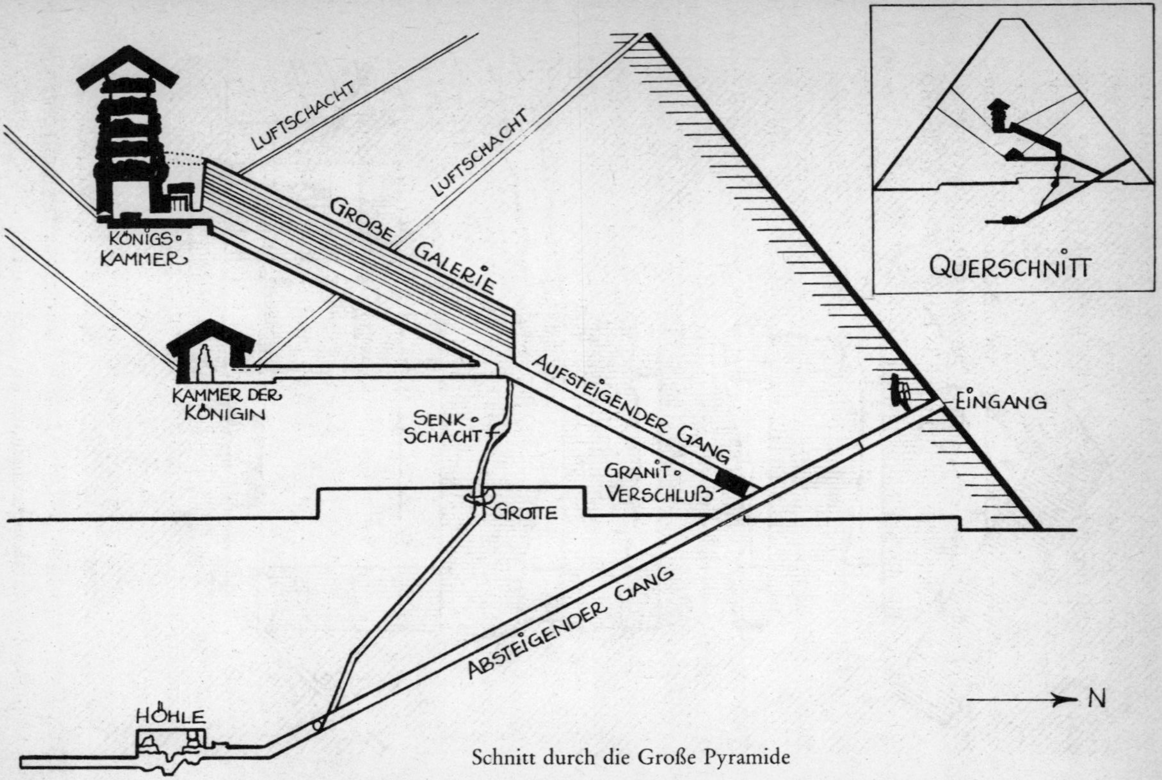

Schnitt durch die Große Pyramide

Auch die versteckte Lage der Kartusche läßt darauf schließen, daß es sich eher um ein liturgisches Zeichen als um das Symbol für den Pharao handelte. Diese merkwürdige Koinzidenz könnte schuld daran sein, daß die Ägyptologen irrtümlich die Große Pyramide Khufu zuschrieben, obwohl sie vielleicht schon zu Khufus Zeiten ein uraltes Bauwerk war, wie aus einer anderen ansonsten ziemlich unbedeutenden Inschrift hervorgeht, einer der sogenannten »Inventarstelen«. Die große Pyramide, die größte der Pyramiden des Giseh-Komplexes, existiert bereits, als die Geschichte auf dieser Stele stattfindet. Laut dieser Inschrift errichtete Khufu seine Pyramide neben der Großen Pyramide, die damals als Tempel der Göttin Isis bekannt war, und ließ dann noch eine Pyramide neben dem Tempel für seine Tochter erbauen. Diese merkwürdige Inschrift könnte sogar ein Hinweis darauf sein, daß weder Chephren noch Mykerinos, denen gemeinhin die beiden anderen Pyramiden von Giseh zugeschrieben werden, über die nötigen Mittel, die Zeit und die Macht verfügten, um eine eigene Pyramide zu errichten, sondern einfach die Pyramiden von Khufu und seiner Tochter übernahmen.

Aus unerklärlichen Gründen folgt Chephren, der als Sohn Khufus gilt, seinem Vater nicht unmittelbar auf den Thron, sondern Dedefra oder Rêdjedef, der sich weit im Norden bei Abu Roash eine Pyramide erbaute, ansonsten aber völlig im dunkeln blieb.

Die zweitgrößte Pyramide von Giseh wird Chephren zugeschrieben, der bei den Ägyptern Khaef-Re hieß. Sie erscheint in der Tat etwas größer als die Cheops-Pyramide, was ganz einfach daran liegt, daß sie auf einem etwas höher liegenden Gelände steht. Der andere Grund, der beim Betrachter die Illusion einer größeren Höhe erweckt, ist der, daß der Böschungswinkel ihrer Seitenwände etwas steiler ist. Über Chephren ist nur sehr wenig bekannt, und in chronologischer Reihenfolge wird er mehr oder weniger als dritter Pharao dieser Dynastie anerkannt. Chephrens Name bedeutet »der Sonnengott ist sein Ruhm«, und seine Pyramide liegt im Südwesten der Großen Pyramide. Ungeachtet der Einwände, die sich aufgrund der Inschrift auf der genannten Stele ergeben, halten die Ägyptologen daran fest, daß Chephren

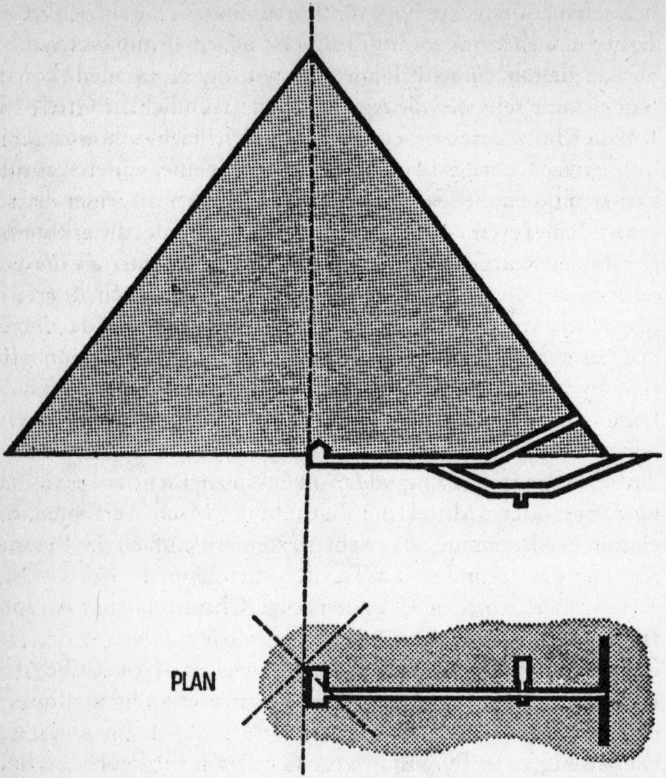

Plan der Chephren-Pyramide

sich selber eine Pyramide errichten ließ und keineswegs die seines Vaters übernahm. Herodot behauptet, daß Chephren dieselbe Verdammung wie sein Vater Khufu erfuhr, da auch er mit der Verfolgung der Götter und ihrer Verehrer fortfuhr.

Das Äußere der Chephren-Pyramide ist in mancherlei Hinsicht bemerkenswert und einzigartig. Ihre äußere Abdeckung besteht aus zwei verschiedenen Arten von Steinen, und das meiste davon ist heute noch intakt. Diese guterhaltenen Teile liegen nahe dem Gipfel der Pyramide und sind aus Tura-Kalkstein, während der Belag an der Basis aus rotem Granit besteht.

Man hält es für möglich, daß zu Lebzeiten Chephrens die Sphinx aus einem Monolithen herausgehauen worden ist, den die Erbauer der Großen Pyramide nicht mehr verwenden konnten, der als Rest übriggeblieben war. Die Sphinx ist ein liegender Löwe mit menschlichem Kopf. Obgleich sich die Figur jetzt in einem sehr verfallenen Zustand befindet, läßt sich das Symbol der Königswürde, das durch den Bart am Kinn, die Kobraschlange auf der Stirn und die königliche Haartracht zum Ausdruck gebracht wurde, gut erkennen. Zur Zeit ihrer Fertigstellung hatte die Sphinx wahrscheinlich einen Verputz aus Gips, der mit den königlichen Farben bemalt war. Das Heiligtum und der Altar zwischen ihren Vorderpfoten soll von den Römern errichtet worden sein.

Es heißt, daß die Sphinx den vier Aspekten des Sonnengottes gewidmet ist: Der aufgehenden Sonne, der untergehenden Sonne, der Sonne im Zenit und der Sonne als Schöpfer. Die Kolossalfigur ist im ganzen über 20 Meter hoch und mehr als 73 Meter lang, ihr Gewicht wird auf Tausende von Tonnen geschätzt. In den alten Zeiten nannten die Ägypter die Sphinx ganz einfach »Uh«, gleichbedeutend mit »herausgehauenes Ding«, spätere Generationen sprachen vom »Bild des aufsteigenden Sonnengottes«. Man glaubt, daß das Gesicht der Sphinx Chephren darstellen sollte oder daß es während seiner Herrschaft mit seinen Zügen ausgestattet wurde.

Doch die Frage der Ähnlichkeit verblaßt angesichts anderer Fragen, die sich ergeben. Eine der wichtigeren davon betrifft das Vorhandensein eines grabähnlichen Schachtes in der Mitte ihres Rückens. Eine mögliche Antwort darauf lautet, der Schacht hätte sich bereits in dem riesigen Felsen befunden, ehe die Sphinx herausgemeißelt wurde. Eine zweite Möglichkeit wäre, daß der Schacht im nachhinein entstand, möglicherweise als Folge einer Suche nach verborgenen Schatzkammern. Die dritte Theorie geht von der Annahme aus, daß der Schacht bei der Errichtung der Sphinx angefertigt wurde und als Verankerung für ein riesiges Ankh-Zeichen vorgesehen war.

Auch die Frage nach dem Zweck der Sphinx läßt sich auf verschiedene Weise beantworten. In der Mythologie der Ägypter hat der Löwe als Bewacher geheiligter Plätze immer schon eine Rolle gespielt. Das könnte zurückgehen bis auf die Priester von Heliopolis, in deren Sonnenkult der Löwe die Aufgabe hatte, die Tore zur Unterwelt zu bewachen. Der Löwe, der von der Sphinx symbolisiert wird, behielt seine Funktion als Wächter, während das menschliche Antlitz den Sonnengott darstellt.

Auf einer Stele, die aus der Zeit des Chephren stammt, findet sich eine Abbildung der Sphinx, und diese spricht: »...Ich beschütze die Kapelle deines Grabes. Ich hüte deine Totenkammer. Ich vertreibe den eindringenden Fremden. Ich schleudere die Feinde zu Boden und ihre Waffen mit ihnen. Ich jage den Bösen aus der Kapelle deines Grabes. Ich vernichte deine Gegner in ihrem Versteck, versperre ihnen den Weg, auf daß sie nicht vor noch zurück können...« Mit einfachen Worten, die Funktion der Sphinx glich der unserer zeitgenössischen Vogelscheuche, sie warnte sämtliche Eindringlinge, daß sie sich auf geheiligtem Boden befanden.

Zweitens könnte die Sphinx auch als gigantischer Altar gedient haben, auf und um den große Zeremonien abgehalten wurden. Eine dritte Antwort führt in den metaphysischen Bereich, steht jedoch mehr in Einklang mit dem Mysterium und der Weisheit der Ra-Priester. Madame Blavatsky setzt in ihrer Geheimlehre, Band II, die Sphinx mit dem Simurgh oder dem persischen Vogel Roc und dem Phönix gleich. Sie zitiert aus »Oriental Collections, II, 119«: »Als der Simurgh nach seinem Alter gefragt wurde, antwortete er Caherman, daß diese Welt sehr alt sei, denn sie habe sich schon siebenmal mit Wesen gefüllt, die dem Menschen unähnlich waren, und siebenmal sei sie wieder entvölkert worden. Und das Zeitalter der menschlichen Rasse, in dem wir uns befänden, würde siebentausend Zahlen dauern, und er selber habe zwölf dieser Revolutionen gesehen und wisse nicht, wie viele er noch sehen müsse.«

Dies könnte ein klarer Hinweis darauf sein, daß die Sphinx die Verkörperung der Prophezeiung für die Zukunft darstellt, möglicherweise in Form der Zerstörung und Wiedererrichtung der

Welt, was nach Meinung vieler durch eine Sintflut erfolgen könnte. Dies führt dann zur Prophezeiung von den sieben Zyklen von Tod und Wiedergeburt.

Eine archaische Spekulation, die sich auf die Schriften von Lamblichus gründet, stellt fest, daß die Sphinx der wahre Eingang zur Großen Pyramide war. Dieser neoplatonische Philosoph beschreibt Initiationszeremonien, die in unterirdischen Gemächern stattfanden, die mit der Großen Pyramide durch einen Gang verbunden waren. Der Eingang zu diesen Gemächern soll sich zwischen den Vordertatzen der Sphinx befinden und durch eine Bronzetür verschlossen sein, die nur von einem »Meister« geöffnet werden könne, der mit dem Mechanismus des verborgenen Schlosses vertraut sei. Die Sphinx selbst sei von einem Netzwerk labyrinthischer Gänge durchzogen und schließlich mit dem unterirdischen Raum in der Großen Pyramide verbunden.

Hatte er Einlaß erlangt, so mußte der Adept durch das Labyrinth geleitet werden, damit er nicht endlos darin umherirrte und schließlich wieder am Anfang stand. Das Portal mit seiner Bronzetür bleibt verborgen, und da jeder Beweis für seine Existenz absichtlich im dunkeln belassen wird, dürfte es auch nie gefunden werden. Grund genug für die Gegner dieser Theorie, die Existenz eines solchen Tores überhaupt zu bestreiten.

Es steckt mehr als bloße Spekulation hinter der Behauptung, daß unter der Sphinx und unter der Pyramide Kammern liegen. Der Beweis für diese Kammern wird durch eine Stele erbracht, die in der Nähe der Sphinx gefunden wurde. Die Stele zeigt einen Schreiber, der einem Priester folgt – möglicherweise in eine Kammer unterhalb dieser Bauwerke. Die Bedeutung dieser Stele ist offensichtlich, denn es handelt sich um eine der wenigen Zeichnungen, in denen Perspektive zur Anwendung kommt. Das allein ist ein starker Hinweis darauf, daß die Kammer oder Kammern existieren und noch zu entdecken sind.

Viele metaphysische Schulen verkünden, daß die Priester des Sonnengottes Ra hinter der Errichtung der Sphinx als einem Symbol von Stärke und Intelligenz stehen. Diese Priesterschaft, die wußte, daß die Götter das Gleichgewicht der Polarität zwi-

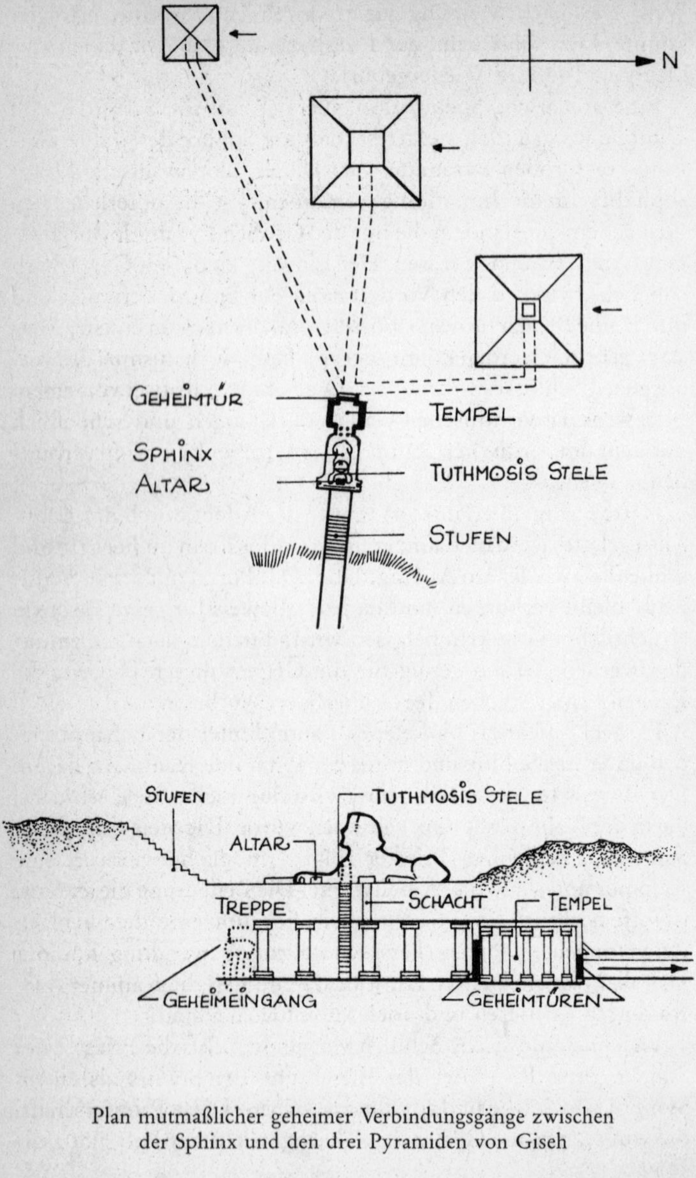

Plan mutmaßlicher geheimer Verbindungsgänge zwischen der Sphinx und den drei Pyramiden von Giseh

Stele mit perspektivischer Darstellung

schen Mann und Frau verkörperten, symbolisierten diese Wahrheit in der Sphinx mit ihren halb männlichen und halb weiblichen Eigenschaften.

Das Mysterium der Sphinx hat seine Wurzeln im Altertum und ist keinesfalls ein Produkt unseres Jahrtausends. Das geht aus dem Traum von Tuthmosis IV. aus der 18. Dynastie hervor, der auf einer roten Granittafel, die zwischen den Tatzen der Sphinx angebracht ist, festgehalten wird. Die Inschrift auf dem Stein erzählt, wie Tuthmosis auf den Thron gelangte.

Eines Tages, als Tuthmosis noch ein Prinz war und sich auf einem Jagdausflug befand, entschloß er sich, bei der Sphinx eine Ruhepause einzulegen. Er fiel in ihrem Schatten in Schlaf und hatte einen Traum, in dem ihm die Sphinx versprach, ihn mit der Doppelkrone von Ägypten zu belohnen, wenn er den Sand rings um die Figur wegschaffen ließ und der Sphinx wieder ihr ursprüngliches majestätisches Aussehen zurückgab. Der Rest der Inschrift ist derart verwaschen und unleserlich, daß daraus nicht zu ersehen ist, inwieweit das Versprechen erfüllt worden ist. Höchstwahrscheinlich ist es aber erfüllt worden, denn Tuthmosis IV. wurde Pharao, und eine spätere Dynastie errichtete die riesige Steintafel, um von seinem historischen Pakt zu berichten.

Das Wort »Sphinx« wurde von den Griechen für das ägyptische Monument verwendet, weil es ihrem eigenen mythischen Monster glich. Die griechische Sphinx ist eine weibliche Kreatur mit einem Menschenkopf und Brüsten und dem Körper einer Löwin, während die ägyptische Sphinx von den Arabern als Vater des Schreckens bezeichnet wird.

Der Nachfolger von Chephren ist Mykerinos, wahrscheinlich dessen Bruder. Dieser Pharao hatte ein sanftes Gemüt und soll die Tempel wieder geöffnet und dem Volk erlaubt haben, seine Götter zu verehren. Er spendete dem Orakel große Summen und leistete Wiedergutmachung bei den Menschen, von denen er das Gefühl hatte, daß sie von seinen Vorgängern ungerecht behandelt worden waren. Allerdings markiert seine Regierung den beginnenden Abstieg von dem von seinen Vorgängern erreichten Niveau, der sich dann bis zum Ende der ägyptischen Dynastien fortsetzt. Obwohl er ein guter Pharao war, dürfte er vielleicht gerade deshalb keine absolute Kontrolle über die Ressourcen seines Landes gehabt haben, im Unterschied zu seinen unerbittlichen Vorgängern.

Der Niedergang ist gut sichtbar in der Pyramide des Mykerinos – der kleinsten auf dem Giseh-Plateau. Sie ist den anderen beiden nicht nur an Größe unterlegen, sondern auch an Genauigkeit in der Ausführung.

Der britische Oberst Howard-Vyse war der erste, der die Mykerinos-Pyramide während seiner Ausgrabungen 1837/38 öffnete. Er fand einen noch versiegelten, rechteckigen, dekorativ getäfelten und mit Steinmetzarbeiten verzierten Basaltsarkophag, ferner einige menschliche Knochen sowie einen hölzernen Sargdeckel, auf dem der Name Mykerinos geschrieben stand. Oberst Vyse entschloß sich, den augenscheinlich niemals vorher geöffneten Sarkophag in diesem Zustand nach England zu transportieren. Unglücklicherweise strandete das Schiff an der spanischen Küste – der Sarkophag war verloren.

Die Archäologen sind davon überzeugt, daß die ägyptische Zivilisation ihren Höhepunkt während der 4. Dynastie erreichte,

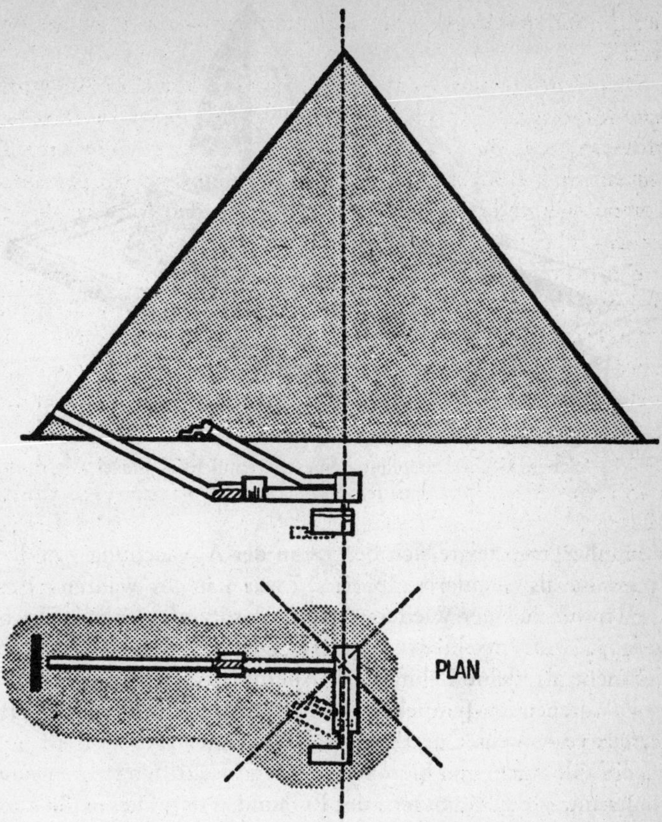

Plan der Mykerinos-Pyramide

unter der Herrschaft der Pharaonen Cheops und Chephren. Diesen beiden Pharaonen gelang es offensichtlich mit Erfolg, Land und Volk zu seinem Wohlergehen zu steuern. Es wird sogar behauptet, daß der Niedergang der ägyptischen Zivilisation sofort nach dem Tode Chephrens einsetzte. Mit den Nachfolgern Mykerinos' ging die 4. Dynastie zu Ende, die als Pyramidendynastie in die Geschichte einging.

Die religiöse Dekadenz, die mit der Entwicklung der 5. Dyna-

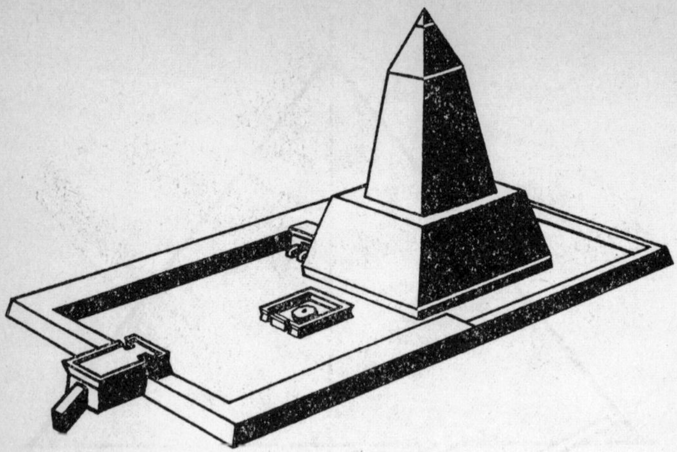

Schematische Darstellung eines Pyramidenkomplexes
aus der 5. Dynastie

stie einherging, zeigte sich bereits an der Abweichung von der Pyramide als Standardgrabform. Zwar kam es während der 5. Dynastie zu einer Wiederaufnahme des Pyramidenbaus, doch waren sie von entschieden minderer Qualität, viele davon nicht viel mehr als kleine Lehmhügel. Allerdings waren die dem Totenkult dienenden Tempel und Gebäude aus dieser Dynastie aufs verschwenderischste und kunstvollste verziert.

Vertikale Säulen mit hieroglyphischen Inschriften stellten eine Neuerung in den Kammern der Pyramiden dar. Diese zuerst in der Pyramide des König Unas entdeckten Inschriften sind unter dem Namen Pyramidentexte bekannt. Ähnliche Textsammlungen wurden in der Folge in einem halben Dutzend Pyramiden aus der 6. Dynastie vorgefunden.

Der Zweck der Pyramidentexte bestand darin, dem Pharao ein glückliches Weiterleben im Jenseits zu sichern. Jeder Text ist offenbar eher als eine Sammlung von Sprüchen aufzufassen als eine fortlaufende Geschichte. Die Sprüche waren nicht in einer bestimmten Reihenfolge aufgezeichnet, und insgesamt wurden mehr als 700 Sprüche gesammelt, obwohl in den einzelnen Pyramiden immer nur wenige Sprüche angeführt wurden.

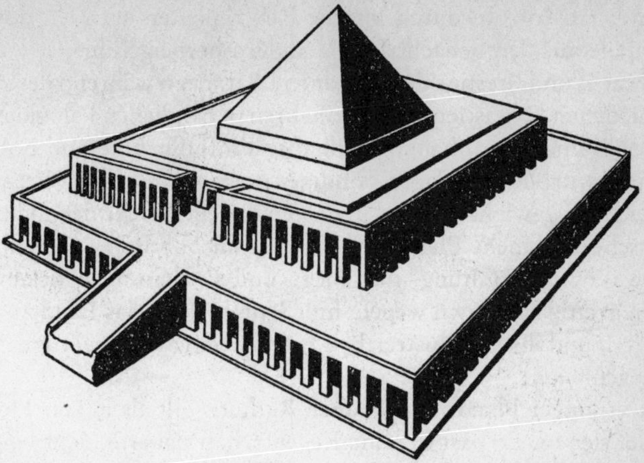

Schematische Darstellung eines Pyramidenkomplexes
aus der 11. Dynastie

Gegen Ende der 6. Dynastie war das Königreich dermaßen zerfallen, daß die 7. und 8. Dynastie als das »Dunkle Zeitalter« Ägyptens gelten, in dem zuweilen komplette Anarchie herrschte und der Großteil des Landes während des Chaos unkultiviert blieb.

Erst das Ende der 9. Dynastie bringt eine Wiederbelebung des Königtums, in dessen Folge es zu einem Aufblühen der Künste kommt und ein eindrucksvoller Wandel in der Gestaltung der Tempel auftritt.

Während der restlichen Dynastien erfreute sich die Benutzung von Pyramidengräbern wachsender Popularität, auch Personen von weit niedrigerem Rang als der Pharao ließen sich Pyramiden errichten, sofern sie über die nötigen finanziellen Mittel verfügten. Natürlich waren diese Pyramiden von minderer Qualität, und auch hinsichtlich der Bauweise gab es radikale Unterschiede. Bis zur 19. Dynastie ließen sich der Erbauer und seine Frau in einer Kammer in ihrer Pyramide bestatten. Ab der 20. Dynastie benutzten mehrere Generationen einer Familie dieselbe Pyramide, und zusätzliche Kammern wurden, falls nötig, angebaut.

Der Zusammenbruch des ägyptischen Reiches wurde wahrscheinlich sowohl durch interne Zwistigkeiten als auch durch Einfälle aus den benachbarten Ländern herbeigeführt.

Macht und Prestige der einzelnen Pharaonen während der verschiedenen Dynastien waren von ihren persönlichen Fähigkeiten und ihrem Erbe abhängig. Religiöse Einflußnahme und politische Kontrolle unterlagen ständigen Schwankungen, wobei sich das Gleichgewicht jeweils zugunsten der einen oder der anderen verschob. Manche Pharaonen sind für ihr politisches Geschick, ihre religiöse Haltung, ihre Siege und Eroberungen bekannt, gleichzeitig aber auch wegen ihrer Unfähigkeit, das Land zu regieren, und ihrer verlustreichen Einmischung in auswärtige Angelegenheiten.

Ein junger Pharao mit Namen Rathotis gilt als letzter Herrscher der 18. Dynastie. Seine Regentschaft dauerte nicht länger als sechs bis neun Jahre und war nur der Deckmantel für eine reaktionäre Bewegung, die zu jener Zeit die eigentliche Macht in Ägypten ausübte.

Dieser Pharao starb im Alter von 19 Jahren und wäre sicher wie die meisten seiner Vorgänger völlig unbemerkt geblieben, hätte man nicht sein Grab gefunden, das noch unversehrt war. Es wurde in dem berühmten Tal der Könige entdeckt, einem Tal, in dem mehr als 60 königliche Persönlichkeiten bestattet sind, und blieb im Grunde genommen bis zum 4. November 1922 unberührt, als Howard Carter es entdeckte. Das Grab des Pharao Rathotis, der besser unter dem Namen Tutanchamun bekannt ist, war nur deshalb den Grabräubern entgangen, weil sein Eingang beim Ausheben eines darüberliegenden Grabes zugeschüttet worden war. Tutanchamun und auch die anderen Könige in dem Tal sind nicht in einer Pyramide begraben, sondern in unterirdischen Bauwerken.

Die Schätze in Tutanchamuns Grab führten den Ägyptologen schmerzvoll vor Augen, was der Nachwelt in den ausgeplünderten Gräbern der größeren Pharaonen verlorengegangen war. Doch erscheint dieser Verlust unbedeutend angesichts des immensen Wissens, das zum Goldenen Zeitalter der Pyramiden bauenden 4. Dynastie führte und nun verschwunden ist. Die metaphysischen Gesetze und Prinzipien, die von den Priestern des

Sonnengottes gelehrt wurden, sind in Vergessenheit geraten, und anstatt nach Reichtümern zu suchen, um unsere materiellen Bedürfnisse zu befriedigen, müssen wir trachten, den wahren Schatz zu finden, der uns zu spirituellem Wachstum verhilft. Wenn wir genügend Geheimnisse wiederentdeckt haben, werden wir die Prophezeiungen der Großen Pyramide entziffern können und fähig sein, die nächste Entwicklungsstufe zu erklimmen. Eine Möglichkeit, diese Geheimnisse zu finden und zu erkennen, bestünde in der gründlichen Analyse der Maße der Großen Pyramide.

7
Millionen Tonnen, Milliarden Meter

Es gibt zwei Arten von Theorien über die Große Pyramide: Die eine versucht das Geheimnis der Pyramide zu entschlüsseln und kommt unweigerlich zu dem Schluß, daß die Pyramide biblische Weisheiten und Tatbestände unterstreicht, die andere hält daran fest, daß die Große Pyramide sowohl Grabstätte als auch Monument für den Pharao war. Im ersteren Fall werden die Abmessungen der Pyramide zur Untermauerung der Theorie benutzt, im letzteren werden sie einfach als reine Fakten angeführt, und jeder Hinweis auf bestimmte Verknüpfungen wird sorgfältig vermieden. Doch sie rufen in jedem Fall ehrfürchtiges Staunen beim Leser hervor, allein schon aufgrund der ungeheuren Dimensionen, aber auch durch die Vielzahl von Bedeutungen, die sich dahinter verbergen könnten, gleichzeitig besteht aber die Gefahr, daß der Leser sich durch die Fülle der verwirrenden Listen und Tabellen über Maße und Winkel gezwungen sieht, diese ganz einfach zu überfliegen, anstatt sich hindurchzuarbeiten.

Letztlich muß man sich jedoch mit den Pyramidenmaßen auseinandersetzen, wenn man verstehen will, warum so viele Theorien über die Existenz der Pyramide in Ägypten in Umlauf sind.

Die moderne Pyramidentheorie stützt sich auf historisch anerkannte Messungen aus der zweiten Hälfte des 18. Jahrhunderts. Allerdings gab es bereits in der ersten Hälfte des 17. Jahrhunderts einen Mathematiker und Astronomen aus Oxford, Professor John Greaves, von dem es heißt, er habe als erster den Versuch unternommen, genaue Angaben über die Abmessungen der Großen Pyramide zu erhalten. In seinem Buch »Pyramidographia« (1638) stellt Professor Greaves die Theorie auf, die Grundfläche der Pyramide gäbe die Anzahl der in einem Jahr enthaltenen Tage wieder.

Um 1760 erforschte Nathaniel Davison, der britische Konsul in Algier, das Innere der Großen Pyramide und verbrachte einige Jahre damit, die Kammern und Gänge zu untersuchen.

Französische Wissenschaftler und Gelehrte, die 1797 Napoleon auf seinem Feldzug nach Ägypten begleiteten, nahmen gleichfalls eine Vermessung der Pyramide vor und entdeckten zwei Ecksteine. In der Folge wurden noch zwei weitere Ecksteine gefunden, und es wird nun angenommen, daß sie für den Bau der Pyramide notwendig waren.

Im Jahr 1799 fand ein Mitglied von Bonapartes Expedition, Hauptmann Bouchard, eine etwa 90 Zentimeter große Dioritplatte in der Nähe der Stadt Rosette, oberhalb der Mündung des westlichen Nilarms. Auf dem nun berühmten Stein von Rosette befindet sich eine wahrscheinlich von ägyptischen Priestern herausgegebene Proklamation, verfaßt im Jahr 196 v. Chr. in Memphis, die Ptolemaios V. Epiphanes ehrt, der von 205 bis 182 v. Chr. König von Ägypten war. Es handelt sich kurz gesagt um eine Aufzählung seiner guten Werke, daß er den Priestern große Gewinne zukommen ließ, riesige Summen für den Tempelbau bereitstellte, seinem Volk Steuernachlässe gewährte und das ägyptische Bewässerungssystem verbesserte. Diese Proklamation ist in griechischer, demotischer und in Hieroglyphenschrift abgefaßt.

Dem Ägyptologen Jean-François Champollion gebührt das Verdienst, die Hieroglyphen auf dem Stein von Rosette entziffert zu haben. Er entwickelte ein hieroglyphisches Alphabet, das seither die Grundlage für die Arbeit der Ägyptologen bildet und es ihnen erlaubt, Informationen über die alten Ägypter zu erlangen, die ansonsten hinter einem kryptischen Kode verborgen geblieben wären. Drei berühmte Männer auf dem Gebiet der Ägyptologie haben zu Beginn des 19. Jahrhunderts dazu beigetragen, die Abmessungen der Großen Pyramide endgültig festzulegen: Oberst Richard Howard-Vyse, Professor Piazzi Smyth und Professor Sir W. M. Flinders Petrie.

Derzeit beträgt die Höhe der Pyramide 137 Meter, sie soll ursprünglich 147,8 Meter betragen haben. Man nimmt an, daß der Höhenunterschied durch die zerstörenden und erodierenden Einflüsse der vielen Jahrhunderte bewirkt wurde. Ihre Basis bedeckt eine Fläche von 53013 Quadratmeter und ist fast quadratisch. Eine Seitenlänge beträgt durchschnittlich 230,3 Meter. Obwohl nicht zwei Seiten in ihrer Länge absolut gleich sind, beträgt die Differenz zwischen der kürzesten und längsten Seite nur 19 Zentimeter. Das Bauwerk soll ursprünglich genau nach den vier Himmelsrichtungen ausgerichtet gewesen sein.

Schätzungen zufolge wurde die Pyramide aus 2,5 Millionen Steinblöcken erbaut, deren Gewicht zwischen zwei und 70 Tonnen schwankt, während das Gesamtgewicht der Pyramide auf 5273834 Tonnen geschätzt wird. Ihr Kern soll aus Felsen bestehen, deren Größe nicht genau bestimmt werden kann.

Man glaubt, daß die gesamte Pyramide ursprünglich mit einem Belag aus Tura-Kalkstein bedeckt war. Eine der wenigen unumstrittenen Fakten betreffend die Erbauung der Großen Pyramide ist, daß die perfekt gearbeiteten Decksteine mittels Zement so genau aneinander gefügt waren, daß die Abstände zwischen ihnen nicht mehr als 0,5 Millimeter betrugen. Dieser Zement ist von solcher Bindungskraft, daß die wenigen noch vorhandenen Decksteine noch immer von ihm zusammengehalten werden, wenn auch der Großteil der Ummantelung zerstört oder von späteren Zivilisationen entfernt und für die Errichtung ihrer Gebäude verwendet worden ist. Die Verschalungssteine ruhen auf einer etwa 40 Zentimeter dicken Plattform, die ihrerseits auf dem natürlichen Felsplateau von Giseh aufliegt.

Im Jahr 1859 gab der Mathematiker John Taylor ein Buch mit dem Titel »Die Große Pyramide: Warum wurde sie gebaut? Und wer hat sie erbaut?« heraus, in dem er einige Theorien vorstellte, die auf den Abmessungen der Pyramide beruhten. Eine seiner Hypothesen war, daß der Böschungswinkel der vier Seitenflächen der Pyramide 51 Grad 51 Minuten 14,3 Sekunden betrage, was er mit Hilfe komplizierter trigonometrischer Berechnungen festgestellt hatte. Taylor gebührt auch Anerkennung für seine Entdeckung, daß in der hieratischen Schrift die Zeichen für Ra-

Verschalungssteine auf der Nordseite der Großen Pyramide

dieschen, Zwiebeln und Knoblauch für die Darstellung von Graden, Minuten und Sekunden verwendet wurden.

Dieser Winkel wurde dann von Professor Piazzi Smyth, dem königlichen Astronomen von Schottland, bestätigt, dem ein gewisser Waynman Dixon, ein Zivilingenieur, einen fast komplett erhaltenen Abdeckungsstein zwecks Vermessung übersandte. Natürlich ergibt eine Vermessung zu Laborbedingungen genauere Werte als in situ, und so fand Piazzi Smyth heraus, daß der Winkel irgendwo zwischen 51 Grad 53 Minuten 15 Sekunden und 51 Grad 49 Minuten 55 Sekunden liegen müsse. Dies erklärt sich dadurch, daß die Große Pyramide und ihre Fragmente nicht mehr in bestem Zustand sind und es daher unmöglich ist, präzise Werte über ihre Abmessungen zu ermitteln. Deshalb ließ Professor Smyth den von John Taylor auf theoretischem Weg gewonnenen Winkel von 51 Grad 51 Minuten 14,3 Sekunden als Mittelwert gelten.

Wenn man die Große Pyramide aus der Entfernung betrachtet, hat man den Eindruck, als sei sie in ihrer materiellen Struktur unversehrt. Geht man aber näher heran, sieht man, daß das Bauwerk doch infolge der Einwirkungen der Elemente und durch zerstörende Hände sehr gelitten hat. Etwa ein Dutzend Steinschichten samt dem obersten Abschlußstein sind verschwunden.

Der ursprüngliche Eingang in die Große Pyramide

In der Nordwand befindet sich eine große Öffnung, die gleich unterhalb des eigentlichen Eingangs in die Steinmasse geschlagen worden ist. Die arabische Überlieferung berichtet, daß zu Beginn des 9. Jahrhunderts der Kalif al-Ma'mun diesen Eingang machen ließ. Daß er mit seinem Ansturm an der Nordseite der Pyramide ansetzte, beweist, daß sich das überlieferte Wissen um einen Eingang auf der Nordseite bis zu dieser Zeit erhalten hatte, dieser aber im geschlossenen Zustand unsichtbar und seine genaue Lage nicht mehr bekannt war.

Al-Ma'mun, der Kalif von Bagdad, war der Sohn von Harun al Raschid, dessen Taten in »Tausendundeine Nacht« verherrlicht wurden. Im Jahre 820 unternahm al-Ma'mun mit einem Heer von Handwerkern den Versuch, die märchenhaften Schätze, die sich in der Pyramide befinden sollten, zu heben. Sein größtes Interesse galt den seltsamen Gegenständen, von denen er gehört

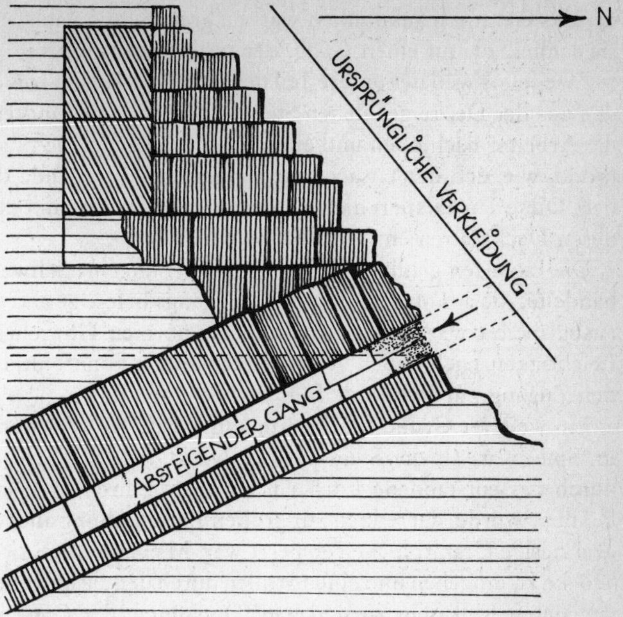

Schnitt durch den ursprünglichen Eingang in die Große Pyramide

hatte: »...Instrumente aus Eisen... Waffen, die nicht rosten... Glas, das sich biegen läßt, ohne zu zerbrechen«. Mit dem Versprechen, daß er sie mit den gefundenen Schätzen reichlich entlohnen würde, spornte er seine Arbeiter an. Nachdem sie unter mühevoller Arbeit mehr als 30 Meter in die Pyramide vorgedrungen waren, ohne das Geringste zu entdecken, und aus Enttäuschung aufgeben wollten, hörte einer der Arbeiter einen dumpfen Laut, der offensichtlich vom Fall eines schweren Steines ganz in der Nähe, links von ihrem Stollen herrührte. Vielleicht hatte sich dieser Stein durch die Erschütterungen beim Graben gelöst, vielleicht hatte aber auch das Schicksal seine Hand im Spiel, denn es ist schwer zu glauben, daß bei einem so präzise zusammengefügten Bauwerk wie der Pyramide ein Steinblock so leicht aus seiner Verankerung fallen konnte. Auf jeden Fall spornte dieses Ereignis die Arbeiter an, in die Richtung, aus der das Geräusch gekommen war, zu graben, und dabei stießen sie schließlich auf einen Gang, der steil abwärts führte.

Zweifellos weil der untere Teil des absteigenden Ganges durch den aus der Decke gefallenen Stein versperrt war, wandten sich die Arbeiter nach oben und entdeckten wahrscheinlich die Methode, wie sich der tatsächliche Eingang zur Pyramide öffnen ließ. Diese Tür existiert nicht mehr, da sie zusammen mit den anderen Deckplatten entfernt wurde.

Die Experten glauben, daß es sich dabei um eine Schwenktür handelte, die am oberen Ende des Eingangs befestigt und so gut ausbalanciert war, daß sie trotz ihres enormen Gewichtes mit Leichtigkeit nach außen geschwenkt werden konnte und dann den Zugang zur Pyramide freigab.

Ein weiterer Grund für die Annahme, daß die Vorsehung mit im Spiel war, als der Stein aus der Decke fiel, liegt darin, daß durch das entstandene Loch ein aufwärts führender Gang erkennbar wurde, der jedoch zur großen Enttäuschung aller durch drei riesige Granitblöcke versperrt war. Man entschloß sich, die Blöcke zu umgehen und einen Stollen durch den sie umgebenden weicheren Kalkstein zu schlagen. Doch auch der Gang hinter

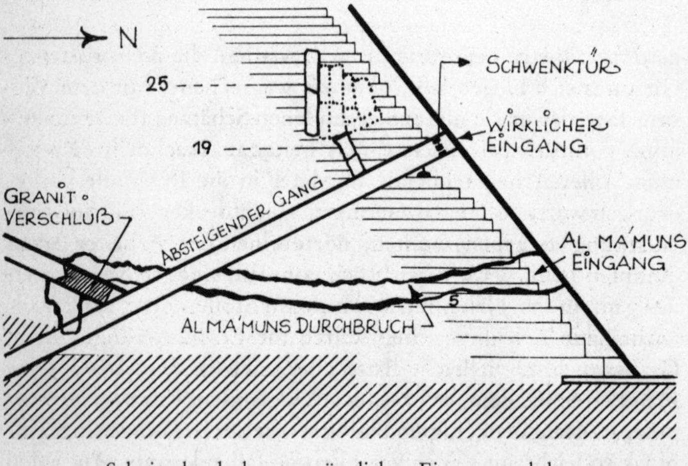

Schnitt durch den ursprünglichen Eingang und den von al-Ma'mun geschlagenen Stollen in der Großen Pyramide

den Granitpfropfen erwies sich als versperrt, dieses Mal jedoch durch weichere Kalksteinblöcke, die man zerbrechen und hinausschaffen konnte. Nachdem sie den aufsteigenden Gang endlich geräumt hatten, lag eine etwa 33 Meter lange freie Strecke vor ihnen, die jedoch ebenfalls sehr steil geneigt und aus glattpoliertem weißen Kalkstein war. Dann stießen sie auf eine Abzweigung, an der sich ein neuer waagerechter Gang in die Dunkelheit erstreckte, der in einem Raum endete, der jetzt als »Kammer der Königin« bezeichnet wird. Direkt an dieser Abzweigung entdeckten die Forscher einen brunnenähnlichen Schacht, der über 40 Meter tief ist, und von dem es ihnen schien, als verschwinde er in den Eingeweiden der Pyramide. Dieses Loch wird seither der »Brunnenschacht« genannt.

Nun setzten die Forscher ihren Aufstieg in einem zwar engen, aber großartigen, etwa 8,5 Meter hohen Gang fort, der über 30 Meter lang ist und die »Große Galerie« genannt wird.

Am Ende der Großen Galerie mußten die Männer eine fast meterhohe Stufe überwinden, hinter der wiederum ein niedriger waagerechter Gang in die Dunkelheit führte. Als sie hindurchgekrochen waren, kamen sie in eine 5,2 × 10,4 Meter große und 5,8 Meter hohe Kammer. Diese nun berühmte sogenannte »Königskammer« ist ganz aus polierten roten Granitblöcken erbaut, und ihre Wände bilden mit dem Fußboden und der Decke vollkommene rechte Winkel. Zur großen Enttäuschung der Araber war die Kammer bis auf »...eine leere Steintruhe ohne Deckel...« (die jetzt als der »Sarkophag« bezeichnet wird) vollkommen »nackt und bloß«.

Zu diesem Zeitpunkt dürfte die Frustration von al Ma'muns Männern ein solches Ausmaß erreicht haben, daß sie fieberhaft die zugänglichen Teile der Pyramide nach dem Schatz absuchten. Der Kalif, der um sein Leben fürchten mußte, hatte in weiser Voraussicht einen Teil seines Kronschatzes mitgebracht und ließ diesen im Schutze der Nacht in dem Mauerwerk am Ende ihres künstlichen Stollens verstecken. Am nächsten Morgen ermunterte er seine Arbeiter, in dieser Richtung zu graben, und sie »entdeckten« einen Schatz, dessen Wert in wunderbarer Weise genau dem Lohn entsprach, den ihnen der Kalif schuldete.

Königskammer und Vorraum am Südende der Großen Galerie

Nachdem er sein Heer von Arbeitern zufriedengestellt hatte, kehrte der Kalif enttäuscht, aber weiser nach Bagdad zurück.

Kein Bauwerk auf der ganzen Welt, das so oft und so gründlich gemessen und durchforscht wurde wie die Cheops-Pyramide, hat solch große Unterschiede in den Messungsergebnissen gezeigt. Das hängt in erster Linie mit ihrem baulichen Zustand und den vielen fehlenden Steinen zusammen. Jeder Ägyptologe, der Messungen vornahm, sah sich vor das Problem gestellt, zwei bestimmte Punkte zu finden, zwischen denen er mit seinen Messungen beginnen konnte. Wenn es sich zum Beispiel darum handelt, die Länge einer der Seiten der Grundfläche der Pyramide zu bestimmen, dann ziehen einige Pyramidologen die durchschnittliche Stärke der Decksteine in Betracht und fügen diese der derzeitigen Basislänge hinzu. Andere Pyramidologen gehen von der Entfernung der Ecksteine aus, was die Gesamtlänge beträchtlich erhöht, während eine dritte Gruppe der Meinung ist, daß die Basis der Großen Pyramide nicht mit der Plattform endet oder beginnt, sondern sich zumindest bis zum natürlichen Felsplateau von Giseh erstreckt, vielleicht sogar darüber hinaus, und man daher dort mit den Messungen ansetzen müßte.

Alle in diesem Buch angeführten Meßdaten basieren daher auf den allgemein anerkannten Werten oder auf den daraus errechneten Durchschnittswerten. Sie sollen einfach nur als Richtwerte dienen und helfen, die verschiedenen Theorien, Prinzipien und Prophezeiungen darzustellen, die auf den Maßen der Großen Pyramide beruhen. Mathematische Berechnungen aufgrund vorgegebener Werte erbringen nur ungefähre Resultate, die die hier gemachten Ausführungen einigermaßen bestätigen. Man muß daher zu den Quellen zurückgehen und sich die mathematischen Manipulationen genauer ansehen, um ausreichende Sicherheit zu erlangen.

Die erste wissenschaftlich begründete Theorie stammt von John Taylor, der folgendes herausfand: Wenn man den Umfang des Grundquadrats der Pyramide durch ihre doppelte Höhe teilt, erhält man als Quotienten 3,144, eine Zahl, die dem Wert von Pi (Pi = 3,14159...) bemerkenswert nahe kommt. Mit anderen Worten, es hat den Anschein, als ob die Höhe der Pyramide im gleichen Verhältnis zum Umfang ihrer Grundfläche steht wie der Radius eines Kreises zu seinem Umfang. Oder anders ausgedrückt, das Verhältnis Höhe/Umfang beträgt ganz einfach $^1/_2\pi$.

Aus dieser Hypothese berechnete Taylor den Böschungswinkel von 51 Grad 51 Minuten 14,3 Sekunden, der gemeinhin als Pi-Winkel bezeichnet wird. Eine Pyramide mit diesem Böschungswinkel hat die einzigartige geometrische Eigenschaft, daß ihre Höhe zu ihrem Umfang im gleichen Verhältnis steht wie der Radius zum Umfang eines Kreises. Dieser Wert von Pi scheint nur in der Großen Pyramide verkörpert zu sein und kommt in keiner der anderen Pyramiden Ägyptens vor.

Eine Reihe von Fragen erhebt sich in bezug auf die Bedeutung dieses Pi-Wertes. Handelte es sich um einen bloßen Zufall oder war irgendein Genie bei der Planung der Großen Pyramide am Werk? Gab dieses Genie seiner Weisheit und seiner Kenntnis von Pi dadurch Ausdruck, daß es den Wert von Pi durch die geometrischen Eigenschaften der Pyramide darstellte und somit eine fundamentale mathematische Wahrheit verkörperte, ohne die sich unsere heutige Wissenschaft und Industrie nicht hätte entwickeln können?

Einen weiteren Beweis liefert Piazzi Smyth. Er leitete ihn von der vertikalen Höhe der fünfunddreißigsten Steinlage ab, die er durch ein Zehntel der horizontalen Entfernung zwischen diesem Punkt und der vertikalen Achse der Pyramide dividierte. Er kam auf diese Berechnung durch die Beobachtung der unterschiedlichen Höhe der Bausteine. Die Pyramide setzt sich aus horizontalen Lagen von Steinquadern zusammen, deren Höhe an der Basis sich auf 127 Zentimeter beläuft. Mit zunehmender Pyramidenhöhe nimmt jedoch die Höhe der Bausteine ab und beträgt in der fünfunddreißigsten Lage nur mehr ca. 70 Zentimeter. In der sechsunddreißigsten Lage steigt die Höhe der Bausteine plötzlich wieder auf 127 Zentimeter an, und auch die übrigen Steinlagen behalten diesen Wert im Grunde genommen bei. Smyth sah darin einen bedeutenden Hinweis, und als er den horizontalen Abstand in Höhe der fünfunddreißigsten Steinlage zur Achse der Pyramide feststellte, fand er den Wert 3652,42 oder zehnmal die Anzahl der Tage in einem Jahr.

Des weiteren wies Smyth darauf hin, daß Pi in den herauskragenden Steinen über dem Eingang der Pyramide zu finden sei, die in einem Winkel von 51 Grad 51 Minuten 14,3 Sekunden oder dem Pi-Winkel voneinander entfernt sind.

Zusammen mit dem Wert für Pi ist noch ein anderer interessanter Wert ganz offensichtlich in der Pyramide verkörpert. Es ist Phi (φ), besser bekannt als der Goldene Schnitt, dessen Wert sich auf 1,6181818... beläuft. Phi und ebenso Pi können auf arithmetischem Weg nicht mit großer Genauigkeit abgeleitet werden, und die Proportionen der Pyramide stellen daher ein Mittel dar, den Wert Phi unter Umgehung komplizierter Rechenoperationen zu verkörpern.

Es wird berichtet, daß Herodot von den ägyptischen Priestern die Information erhielt, die Pyramide wäre so konstruiert, daß die Fläche jedes ihrer Seitendreiecke dem Quadrat ihrer Höhe entspricht. Mathematiker haben das Verhältnis der Pyramide vereinfacht, indem sie es zu einem rechtwinkligen Dreieck in Beziehung gesetzt haben, dessen Basis einer Längeneinheit von Eins entspricht, seine Höhe ist gleich der Quadratwurzel aus Phi, und seine Hypotenuse hat den Wert Phi.

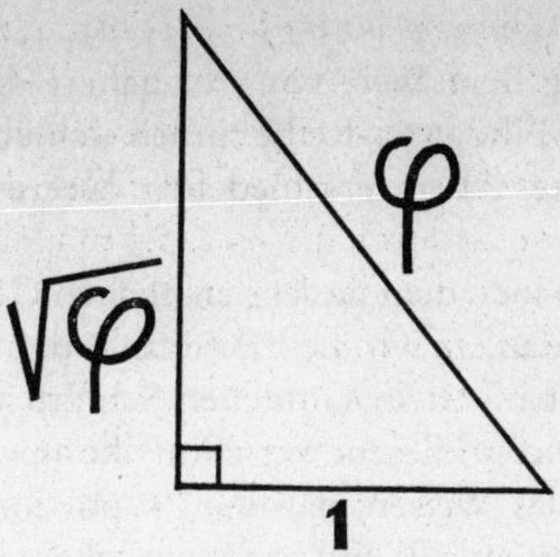

Der Phi-Winkel

Von den Mathematikern wurde auch eine Wurzel entwickelt, die das Verhältnis zwischen Phi und Pi aufzeigt. Sie lautet: Pi ist gleich vier dividiert durch die Quadratwurzel von Phi.

$$\pi = \frac{4}{\sqrt{\varphi}}$$

Die Ägyptologen haben bewiesen, daß die Ägypter die trigonometrischen Eigenschaften des 3-4-5-Dreiecks voll verstanden haben, aus denen die Werte für Pi und Phi zu entnehmen sind. Ferner behaupten sie, daß zahlreiche Bauwerke und künstlerische Darstellungen absichtlich auf eine Weise errichtet wurden, die Pi und Phi einschloß.

Ein berühmter Mathematiker aus dem Mittelalter und ein großer Künstler und Gelehrter aus der Renaissance haben sich interessanterweise gleichfalls mit dem Goldenen Schnitt befaßt.

Leonardo Fibonacci wurde gegen Ende des 12. Jahrhunderts in Italien geboren und entwickelte eine Zahlenreihe, die auf der Gleichung Phi + 1 = Phi Quadrat basiert:

$$\varphi + 1 = \varphi^2$$

Diese nach ihm benannte Fibonacci-Reihe ist eine Reihe von Zahlen, in der jede neue Zahl die Summe der vorhergehenden zwei Zahlen ist: 1-2-3-5-8-13-21-34-55-89..., wobei ihr Quotient sich ständig dem Wert von Phi nähert. Beispiele für das Vorkommen der Fibonacci-Reihe finden sich überall in der Natur, unter anderem bei verschiedenen Meeresschnecken und Kopffüßern.

Leonardo da Vinci, dem unvergleichlichen Genie aus dem 16. Jahrhundert, verdanken wir die Erkenntnis, daß die Phi-Proportion identisch ist mit dem Goldenen Schnitt, und viele seiner Meisterwerke sind in diesem Verhältnis komponiert.

Gestützt auf das Wissen, daß die Proportionen der Großen Pyramide die Werte für Pi und Phi ausdrücken, machten sich die Ägyptologen auf die Suche nach anderen möglichen Übereinstimmungen.

»Die vertikale Höhe der Pyramide multipliziert mit 10^9 ergibt die genaue Entfernung zwischen Erde und Sonne« ist eine oft wiederholte Behauptung. Bei genauerer Überlegung stellt sich jedoch heraus, daß diese Gleichung aus mehreren Gründen nicht stimmen kann. Zuallererst weiß die Wissenschaft bis zum heutigen Tage nicht, wie groß die genaue Entfernung ist. Zweitens beschreibt die Erde eine ellipsenförmige Bahn um die Sonne, was bedeutet, daß sie je nach ihrer Stellung auf dieser Bahn einmal näher und dann wieder weiter von der Sonne entfernt ist, von einer »genauen« Entfernung zu sprechen, ist daher nicht gut möglich, am ehesten könnte man noch eine »durchschnittliche« Entfernung angeben. Um genau zu sein, müßte die Aussage daher lauten: »Die vertikale Höhe der Pyramide multipliziert mit 10^9, umgerechnet in Meilen, ergibt die ungefähre mittlere Entfernung zwischen Erde und Sonne.« Diese interessante Übereinstimmung findet auch in anderen Maßen der Pyramide ihre Bestätigung. Doch behauptet Basil Stewart in seinem Buch »The Witness of the Great Pyramid«, daß die Grundfläche der Pyramide und nicht ihre Höhe die mittlere Entfernung der Erde von der Sonne wiedergäbe, was nach seinem Gefühl der richtigere Wert wäre. Piazzi Smyth behauptet, daß der Wert entweder durch die Multiplikation der Höhe der fünfunddreißigsten Steinlage mit 10 oder durch die Multiplikation der Länge des Vorraumes mit 100 errechnet werden könne.

Zu den umstrittenen Punkten hinsichtlich der Abmessungen der Großen Pyramide gehören die von Professor Piazzi Smyth eingeführten Maßeinheiten, die »Pyramidenelle« und der »Pyramidenzoll«. Aufgrund eines ausgeklügelten Denkprozesses bestimmte Professor Smyth, daß 999 Pyramidenzoll genau 1000 britischen Zoll entsprachen. Derselbe Gedankengang erlaubte ihm die Schlußfolgerung, daß die beim Bau der Pyramide verwendete Maßeinheit, die »Sakrale Elle«, 25 Pyramidenzoll enthielt.

Die geographische Lage der Großen Pyramide richtet sich nach dem 30 Grad nördlicher Breite in Ägypten, und der durch ihren Scheitelpunkt verlaufende Meridian teilt das Nildelta in zwei gleich große Hälften. Die im rechten Winkel durch die Große Pyramide gezogenen Diagonalen umschließen das Delta im Osten und im Westen, während es im Norden von einem Kreisbogen begrenzt wird, der von den beiden Diagonalen ge-

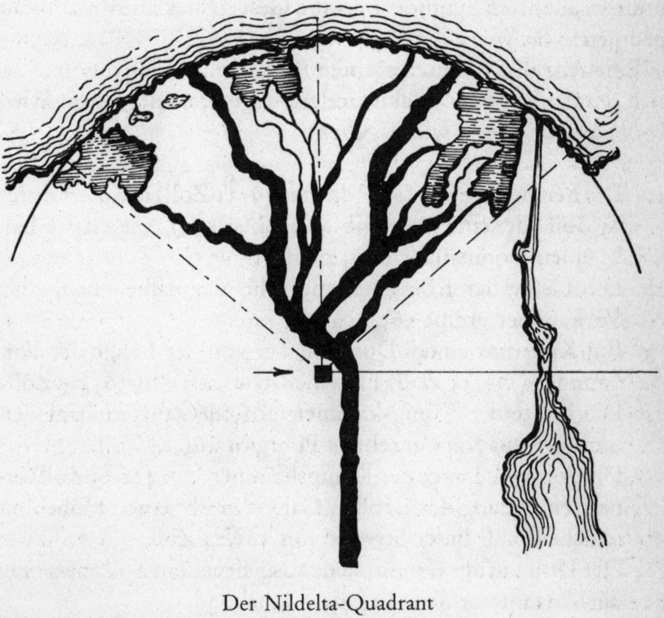

Der Nildelta-Quadrant

schnitten wird. Laut Professor Smyth zeigt die Große Pyramide durch ihre Lage das Zentrum der Landmassen auf der Erde an.

Die Pyramidologen sind überzeugt, daß der durch die Große Pyramide verlaufende Meridian (31 Grad Ost von Greenwich) am besten als Nullmeridian für unseren Globus geeignet wäre. Benutzt man die Pyramide als Schnittpunkt zweier sich kreuzender Linien, die man über eine Karte der Erde zieht, so zeigt es sich, daß die Land- und Wassermassen in den vier Abschnitten gleichmäßig verteilt sind (siehe Abb. 9).

Das Rätsel der Großen Pyramide und ihre besondere Lage in Ägypten hat natürlich viele große Geister veranlaßt, sich über die Beziehung, die zwischen ihrer Masse und ihren Abmessungen und jenen der Erde besteht, Gedanken zu machen. Zahlreiche mathematische Analysen wurden durchgeführt, die zeigen sollen, daß die Pyramide in Proportion zur Erde steht und diese wiederum in Proportion zu unserem Sonnensystem. Um es einfacher auszudrücken, die Pyramidologen glauben, daß die Pyramide in all ihrem Symbolismus die Gesetze des Universums auf geometrische Weise darstellt.

Eine Anzahl von interessanten Parallelen zur Astronomie hat sich seit Anfang des 19. Jahrhunderts angesammelt, die wir in der Folge auszugsweise wiedergeben:

1. Die Seitenlänge der Grundfläche (9131 Zoll) dividiert durch 25 Zoll oder eine Elle ergibt 365,24, was der Anzahl der Tage in einem Sonnenjahr entspricht.
2. Die Länge der Königskammer plus der halben Länge der Vorkammer ergibt 365,24 Zoll.
3. Ein Kreis mit einem Durchmesser von der Länge der Vorkammer (116,25 Zoll) hat einen Umfang von 365,24 Zoll.
4. Die Breite der Königskammer (206,066 Zoll) multipliziert mit der Quadratwurzel aus Pi ergibt 365,24 Zoll.
5. Die doppelte Länge der Königskammer (2 × 412,12 Zoll) gemessen entlang der Großen Galerie ergibt einen Höhenunterschied auf dieser Strecke von 365,24 Zoll.
6. Der Umfang der Grundfläche ausgedrückt in Zoll entspricht der Anzahl der Tage in einem Jahrhundert.

7. Der Umfang der fünfunddreißigsten Steinlage ausgedrückt in Zoll entspricht der Anzahl der Tage in 80 Sonnenjahren.
8. Multipliziert man die Diagonale der Grundfläche mit zwei (2 × 12913,26 Zoll), so erhält man die Anzahl der Jahre, die der Präzession der Äquinoktien entspricht, und außerdem dem Umfang der fünfzigsten Steinlage, ausgedrückt in Zoll.
9. Addiert man die Länge und die Höhe der Königskammer und dividiert dann diese Summe durch ihre Breite, so erhält man den Wert Pi.
10. Addiert man die Länge und die Breite des Sarkophags und dividiert dann diese Summe durch dessen Höhe, so erhält man gleichfalls den Wert Pi.
11. Eine Seitenfläche der Großen Pyramide kommt einem sphärischen Quadranten der nördlichen Halbkugel gleich.
12. Der Scheitelpunkt der Großen Pyramide entspricht dem Nordpol und der Umfang ihrer Grundfläche dem Äquator.
13. Die Große Pyramide funktioniert wie eine riesige Sonnenuhr, deren Schatten unter anderem auch die Winter- und Sommersonnenwende und die Jahreslänge anzeigt.

Der französische Astronom U. J. J. Leverrier, der den Planet Neptun allein aufgrund mathematischer Berechnungen entdeckte, schätzte die mittlere Anzahl von Tagen in einem Sonnenjahr auf 365,2421995949074..., während die anhand der Großen Pyramide errechnete Ziffer 365,242198667311... beträgt. Die Gesamtdifferenz zwischen diesen beiden Werten beläuft sich auf etwa 0,08 Sekunden pro Jahr, das ergibt etwas mehr als eine halbe Stunde für einen Zyklus von 25 694 Sonnenjahren, was ungefähr der Präzession der Äquinoktien entspricht.

Sir Joseph Norman Lockyer, ein englischer Astronom, ermittelte aufgrund mathematischer Berechnungen einen Wert von 29,530588715 für die Anzahl der Tage in einem synodischen Monat. Die Große Pyramide zeigt hierfür einen Wert von 29,53058871500 85 an. In diesem Fall ist die Differenz so geringfügig, daß man davon ausgehen kann, daß die beiden Werte einander bestätigen.

Es besteht jedoch ein merkwürdiger Widerspruch in bezug auf

die ägyptische Astronomie, denn obgleich einige der vorangegangenen Punkte auf die Möglichkeit hinweisen, daß die Ägypter auf dem Gebiet der Astronomie über fundierte Kenntnisse verfügten, die sie beim Entwurf und Bau der Pyramide einbrachten, herrscht nichtsdestoweniger die Meinung vor, die Ägypter wären, was die Astronomie anlangt, außerordentlich rückständig gewesen. Ausschlaggebend für diese Beurteilung ist das ägyptische System der Jahreszeiten. Das ägyptische Jahr war in drei Jahreszeiten unterteilt, die dem Anbau und Wachstum der Feldfrüchte, der Ernte und der Überschwemmungszeit zugeordnet waren und jeweils vier Monate umfaßten. Jeder Monat hatte 30 Tage.

Dieser Widerspruch läßt an die immer wieder geäußerte Vermutung denken, daß die Pyramiden zwar in, aber nicht aus Ägypten seien. Vielleicht ist dies ein Hinweis darauf, daß sie unter dem Einfluß einer fremden Macht, die über höheres Wissen verfügte, erbaut wurden? Da es sich hierbei um eine Schlüsselfrage handelt, müßte man in erster Linie versuchen, auf sie eine Antwort zu finden. Denn allein durch die Beantwortung dieser Frage würde sich so manches Geheimnis hinsichtlich Sinn und Bedeutung der Pyramide lösen.

Doch nicht allein ihr Vorhandensein in Ägypten und die durch ihre Dimensionen hervorgerufenen kosmologischen Verknüpfungen werfen Fragen auf, ein vielleicht noch größeres Rätsel bildet ihre innere Struktur, wenn man sich die Mühe macht, diese zu analysieren.

Der Eingang zum Inneren der Großen Pyramide befindet sich in der Nordwand in einer Höhe von etwas weniger als 17 Metern über der Grundlinie und etwa 7 Meter links von der Mittellinie, somit liegt er in Höhe der neunzehnten Steinlage von den insgesamt 203 Steinlagen, aus denen sich die Pyramide zusammensetzt. Vom Eingang führt ein absteigender Gang mit einem Neigungswinkel von 26 Grad 28 Minuten 24 Sekunden und einer Lichte von etwa einem Quadratmeter schräg nach unten. Seine Gesamtlänge beträgt 104,5 Meter, 25 Prozent davon führen durch das Mauerwerk der Pyramide, der Rest, also etwas mehr als 78 Meter, durch das Felsfundament, auf dem die Pyramide steht. Nach einem kurzen horizontalen Stück mündet der Gang schließlich in eine unterirdische Kammer.

Diese Kammer, die etwa 30 Meter unterhalb der Erdoberfläche oder der Basis der Pyramide liegt, ist ungefähr 14 Meter lang, 8,2 Meter breit und 4,3 Meter hoch und damit die größte Kammer der Pyramide. Die Wände und die Decke dieser Kammer sind ziemlich rauh und holprig, aber dennoch im Winkel, während der Fußboden den Eindruck macht, nicht fertiggestellt worden zu sein. Kurz vor der Einmündung des horizontalen Teiles des absteigenden Ganges in die unterirdische Kammer findet sich in dessen Decke und Westwand eine Vertiefung, die vermuten läßt, daß diese ursprünglich schon hier beginnen sollte.

Der Eingang in die unterirdische Kammer liegt in der Ostecke ihrer Nordwand. Genau gegenüber, in der Südwand, befindet sich eine Öffnung mit einem horizontalen Gang dahinter, der nach 16 Metern endet und deshalb auch »Blinder Gang« genannt wird.

Im östlichen Teil der unterirdischen Kammer wurde vermutlich von den Erbauern der Pyramide ein etwa zwei Quadratmeter großer Schacht aus dem Boden geschlagen, der sich nach unten zu verengt und nach drei Metern endete. Oberst Howard-Vyse ließ diesen Schacht bis zu einer Tiefe von etwa zehn Metern ausheben, da Herodot in seinen Schriften von einer geheimen Kammer unterhalb der unterirdischen Kammer spricht, in der sich der Sarkophag des Cheops befinden sollte. Da nichts zu entdecken war, wurden die Grabungsarbeiten an diesem Schacht oder dieser »Grube« eingestellt, wobei der Ausdruck »die Grube« gemeinhin dazu verwendet wird, um den gesamten unterirdischen Komplex zu bezeichnen.

Die verbreitetste Theorie über den Verwendungszweck der unterirdischen Kammer besagt, daß sie ursprünglich als Grabkammer vorgesehen war, daß dieser Plan aber aufgrund verschiedener Umstände – vielleicht wegen mangelnder Luftzufuhr oder Überflutungsgefahr – wieder verworfen wurde, was auch ihren unvollendeten Zustand erklären würde. Eine andere mögliche Erklärung hierfür wäre jedoch eine von den Erbauern der Pyramide beabsichtigte Täuschung der Grabräuber. Die absichtlich im Rohzustand belassene Kammer hätte dann die Aufgabe gehabt, etwaige bis zu ihr vorgedrungene Grabräuber zu der Annahme zu verleiten, daß die Pyramide in ihrem Innern nie fertiggestellt worden und daher auch kein Schatz und keine Mumie zu finden sei.

Die Klugheit der Pyramidenbauer zeigt sich auch in der Anlage des aufsteigenden Ganges. In dem abwärts führenden Gang befindet sich etwa 30 Meter nach dem Pyramideneingang eine Öffnung in der Decke, die den Zugang zu dem aufsteigenden Gang bildet, dessen Neigungswinkel von 26 Grad 28 Minuten 24 Sekunden mit dem des absteigenden Ganges genau übereinstimmt. Die ersten sechs Meter des aufsteigenden Ganges sind durch drei hintereinander liegende zwei Meter lange Granitpfropfen versperrt. Es gibt eine Theorie, die besagt, daß diese Granitblöcke ursprünglich in einiger Entfernung voneinander plaziert waren und daß sich dahinter noch einige Kalksteinblöcke befanden, von denen heute nichts mehr zu finden ist, da sie von den Männern des Kalifen al Ma'mun entfernt wurden.

Der Gang hinter den Granitpfropfen ist etwa einen Meter breit und einen Meter hoch und mit weißen, glatt polierten Kalksteinplatten ausgelegt. Nach etwa 33 Metern zweigt von ihm ein horizontaler Gang ab, der nach fast 40 Metern in die Königinnenkammer einmündet. Man hat berechnet, daß sie exakt im Mittelpunkt zwischen der Nord- und Südwand der Pyramide liegt, direkt unter dem (heute fehlenden) Gipfelstein. In dieser »Kammer der Königin« sind Hinweise erkennbar, die darauf schließen lassen, daß die Arbeiten vor der Fertigstellung eingestellt wurden. Ihre Ausmaße betragen 5,2 × 5,5 Meter, die Decke ist spitz bzw. giebelförmig zulaufend und hat eine Höhe von über 6 Metern. In der Ostmauer ist eine 1 Meter tiefe, 4,6 Meter hohe und 1,5 Meter breite Nische, die anscheinend dazu bestimmt gewesen ist, eine Statue aufzunehmen, die aber offenbar niemals ihren geplanten Standort erreichte.

Zu den interessantesten Details der Königinnenkammer zählen zwei Luftschächte, einer in der Nordwand und einer in der Südwand, die von Waynman Dixon im Jahr 1872 entdeckt wurden. Sie mündeten jedoch ursprünglich nicht in die Königinnenkammer, sondern endeten etwa 12 Zentimeter davor in den aus Kalksteinblöcken gebildeten Mauern der Kammer und waren daher vermutlich nie benutzt worden. Nachdem ihre Einmündung freigelegt worden war, zeigte es sich, daß es sich um Schächte mit einer fast quadratischen Ausdehnung von 0,2 × 0,2 Metern handelt, die etwa 2 Meter lang waagerecht das Mauerwerk durchziehen, ehe sie sich nach oben wenden, in Richtung der Seitenflächen der Pyramide.

Wenn wir an unseren Ausgangspunkt zurückkehren, ergibt eine genauere Überprüfung, daß der Zugang zu dem horizontalen Korridor, der zur Königinnenkammer führt, von einem Teil des Fußbodens der Großen Galerie verdeckt worden sein könnte, die hier am Ende des aufsteigenden Ganges beginnt. Beim Entfernen der Steine wurde ebenfalls ein senkrecht in die Tiefe führender Schacht entdeckt, der auch der »Brunnen« genannt wird und dessen Öffnung nur rund 90 Zentimeter weit ist.

Im 17. Jahrhundert erforschte John Greaves diesen Brunnenschacht. Da in die Seitenwände des Schachtes Vertiefungen gehauen waren, konnte er etwa 20 Meter tief hinabsteigen, bis er an eine Stelle kam, wo sich der Schacht zu einer kleinen Kammer weitete, die jetzt die »Grotte« genannt wird und genau in Höhe der ersten Steinlage der Pyramide liegt.

Nahezu ein Jahrhundert später machte sich Kapitän G. B. Caviglia an die Erforschung des sogenannten Brunnenschachtes, und durch Zufall gelang es ihm, ihn freizulegen. Er gelangte bis zu einer Tiefe von etwa 38 Metern unterhalb der Grotte und mußte feststellen, daß es dort kein Weiterkommen gab und daß er auf der Sohle des Schachts aus Mangel an Luft kaum atmen konnte. Darauf entschloß sich Caviglia zu einem anderen Vorgehen. Da er eine Verbindung zwischen dem Brunnenschacht und dem absteigenden Gang für möglich hielt, wollte er diesen von dem Schutt und den Trümmern räumen lassen, die sich im Laufe der Jahrhunderte dort angesammelt hatten und die zum Großteil wahrscheinlich noch aus der Zeit al-Ma'muns stammten, dessen Männer bei ihren Ausgrabungsarbeiten die Steinbrocken in den absteigenden Gang geworfen hatten, anstatt sie aus der Pyramide zu schaffen.

Als sich Caviglia fast bis ans Ende des absteigenden Ganges vorgearbeitet hatte, machte er etwa 15 Meter, bevor dieser in seinen horizontalen Verlauf übergeht, eine Entdeckung, die dafür sprach, daß er auf der rechten Spur war. Auf der Westseite des Ganges sah er plötzlich eine niedrige türartige Öffnung und dahinter eine tiefe Einbuchtung. Aus Neugier begann er tiefer in dieses Loch hineinzugraben und bemerkte bald darauf starken Schwefelgeruch. Da kam ihm die Idee, daß dieser Schwefelgeruch von der Sohle des Brunnenschachts herrühren könnte, wo er durch Verbrennen von Schwefel versucht hatte, die Luft zu reinigen. Er verdoppelte daraufhin seine Anstrengungen, und dabei löste sich auf einmal eine Schicht Erde über ihm, und als sie fortgeschafft war, hatte er nicht nur den Brunnenschacht freigelegt, sondern auch entdeckt, wo dieser in den absteigenden Gang überging.

Gleichzeitig hatte Caviglia die Zahl der sich um die Große Pyramide rankenden Mysterien vermehrt. Es stellte sich nun die Frage, wer hatte diesen Schacht gebaut und zu welchem Zweck? Die naheliegendste Erklärung lieferte die Theorie, der Schacht wäre ein Tunnel für Grabräuber. So plausibel diese Theorie auch anfangs erscheinen mag, die Experten sind nicht bereit, sie zu akzeptieren, da gewisse Details des Brunnenschachtes dagegen sprechen.

Die Verbindung des Brunnenschachtes mit dem absteigenden Gang und an seinem anderen Ende mit dem horizontalen Gang zur Königinnenkammer, dem aufsteigenden Gang und der Großen Galerie sowie die Grotte sind ein eindeutiger Hinweis, daß der Brunnenschacht nicht von Grabräubern gegraben worden ist, weil die genannten Kreuzungspunkte dafür zu sorgfältig ausgeführt sind.

Von dem zuletzt genannten Kreuzungspunkt zweigt wie bereits erwähnt die Große Galerie ab, die auf den ersten Blick eine langgestreckte Kammer zu sein scheint, sich aber bei genauerer Überprüfung als Fortsetzung des aufsteigenden Ganges erweist. Die Große Galerie führt mit der gleichen Steigung wie der Aufwärtsgang ungefähr 48 Meter in das Innere der Pyramide. Die 1,8 Meter breite und 8,5 Meter hohe, von Kragsteinen eingewölbte

Galerie ist eine architektonische Glanzleistung. Der Abstand ihrer Wände verringert sich in sieben vorkragenden Stufen auf etwa einen Meter.

Der Boden der Galerie besteht aus einem schmalen etwa 0,6 Meter breiten Mittelstreifen und zwei Rampen, die sich zu beiden Seiten der Galerie entlangziehen. Jede dieser Rampen ist etwa 45 Zentimeter breit und 60 Zentimeter hoch und weist auf ihrer Oberfläche 27 rechteckige Löcher auf, die zwischen 20 und 30 Zentimetern tief sind. Am oberen Ende der Galerie erhebt sich ein fast ein Meter hoher Steinblock, der eine 1,82 × 2,43 Meter große Plattform bildet. Berechnungen haben ergeben, daß sich dieser Steinblock genau unterhalb der Pyramidenspitze und somit auch in einer Linie mit der Königinnenkammer befindet. Er liegt in Höhe der fünfzigsten Steinschicht.

Hinter dieser Plattform geht die Große Galerie in einen etwa einen Meter hohen und breiten waagerechten Gang über, der nur etwa 1,2 Meter lang ist und in eine kleine Kammer führt. Diese sogenannte »Vorkammer« ist etwa 3 Meter lang, 1,5 Meter breit und 3,8 Meter hoch. Die Wände in ihrem Inneren bestehen aus poliertem roten Granit.

Genau 60 Zentimeter hinter dem Eingang in die Vorkammer ist eine Granitplatte etwa einen Meter über dem Boden angebracht. Diese Platte besteht eigentlich aus zwei Steinen, von denen jeder etwa 1,5 Meter breit, 0,6 Meter hoch und 0,4 Meter dick ist. Die beiden Steine liegen übereinander und stecken seitlich in Rillen, die in die Seitenwände der Vorkammer geschlagen sind und etwa einen Meter über dem Boden enden. Drei weitere Rillen lassen darauf schließen, daß es sich bei der Vorkammer um ein kompliziertes System von Falltüren handelte, das dazu bestimmt war, den Eingang in die dahinterliegende »Grabkammer« hermetisch abzuriegeln.

Der deutsche Ägyptologe Ludwig Borchardt, der um die Jahrhundertwende lebte, und sein französischer Kollege George Goyon entwickelten eine interessante Theorie über ein System von riesigen Granitblöcken, mit dessen Hilfe der Eingang zur Königskammer hätte versperrt werden können.

Ein weiteres interessantes Detail, was die Geheimnisse der Py-

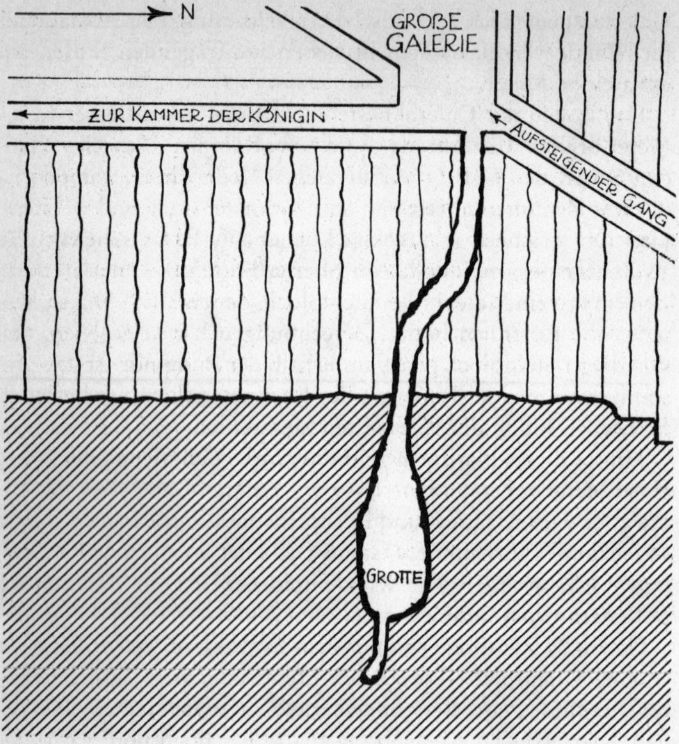

Schnitt durch das untere Ende der Großen Galerie
mit Abzweigung zur Königinnenkammer, Schacht und Grotte

ramide betrifft, ist eine halbkreisförmige Bossierung auf dem oberen Stein der Granitplatte in der Vorkammer. Ihre Höhe entspricht einem »Pyramidenzoll«, und ihre Größe von 5 × 5 Zoll ergibt genau 25, also die Anzahl »Pyramidenzoll«, die in einer »Pyramidenelle« enthalten ist. Es erhebt sich die Frage, ob dieses Gebilde vielleicht dazu bestimmt war, die kleinste Maßeinheit, die von den Erbauern der Pyramide verwendet wurde, darzustellen, den sogenannten »Pyramidenzoll«. Dafür spricht auch die Tatsache, daß diese Erhebung etwa einen Zoll seitlich von der eigentlichen Mitte der Granitplatte angebracht ist. Natürlich behaupten manche Fachgelehrte, diese Bossierung hätte einzig und allein den Zweck gehabt, das Anheben der Platte zu erleichtern, ähnliche Vorsprünge finden sich allerdings auf zahlreichen Steinen innerhalb der Pyramide.

Hinter der Vorkammer setzt sich der niedrige Durchgang in der gleichen Weise fort und führt nach etwa 2,5 Metern in die sogenannte »Königskammer«. Diese Kammer ist 5,2 × 10,4 Meter groß, also doppelt so lang wie breit, und ihre Höhe beträgt 5,8 Meter. Sie ist ganz aus polierten roten Granitblöcken gebaut, und ihr Kubikinhalt ist doppelt so groß wie der der Königinnenkammer. Die Königskammer liegt etwa 9 Meter südlich von der durch die Pyramidenspitze gedachten Mittellinie.

In der von ihrer West- und Nordwand gebildeten Ecke steht ein großer offener Sarkophag. Wegen seiner unüblichen Lage, verglichen mit Sarkophagen in anderen Pyramiden, die zumeist in der Mitte des jeweiligen Raumes aufgestellt sind, herrscht in Fachkreisen allgemein die Ansicht, daß zu irgendeinem Zeitpunkt sein ursprünglicher Standort verändert wurde. Auf dem Boden finden sich jedoch keinerlei Anzeichen, die als Hinweis für seine ursprüngliche Lage dienen könnten, und daher ist es auch nicht möglich herauszufinden, wo er einst stand. Der Sarkophag wurde aus einem einzigen riesigen Granitblock herausgeschlagen, der so sorgfältig ausgehöhlt und poliert wurde, daß er, wenn man mit der Hand draufschlägt, einen glockenähnlichen Ton von sich gibt. Seine Außenmaße betragen 2,3 × 0,9 × 1,1 Meter, seine Innenmaße 2,0 × 0,6 × 0,9 Meter. Seine Oberfläche ist innen und außen glatt poliert, von Hieroglyphen findet sich keine Spur. Es gibt natürlich Spekulationen über eine auf der Unterseite angebrachte lange hieroglyphische Inschrift, doch um diese lesen zu können, müßte der tonnenschwere Sarkophag erst genügend hoch angehoben werden. An einer seiner Ecken ist ein großes Stück abgebrochen worden, und sein etwas vorstehender oberer Rand könnte ein Hinweis darauf sein, daß er früher einen Deckel hatte, der jedoch verschwunden ist. Manche Ägyptologen glauben, daß er dereinst auch wunderschöne Gravuren aufwies, die jedoch zusammen mit sämtlichen anderen Inschriften auf den Wänden innerhalb der Pyramide entfernt wurden, als die aufgebrachte Menge in die Pyramide eindrang, um jede Erinnerung an den verhaßten König Cheops oder Khufu zu tilgen, wie von Herodot in seinen Schriften berichtet wird.

Die Deckenkonstruktion der Königskammer ist einzigartig in ihrer Art. Sie besteht aus fünf übereinanderliegenden Decken, die sich aus riesigen Granitblöcken zusammensetzen, während die sechste Decke als Abschluß giebelförmig angelegt ist. Die dazwischenliegenden Hohlräume oder Kammern sind nach Ansicht der Gelehrten deshalb eingebaut worden, um die Decke der Königskammer vom Druck der gewaltigen Steinmassen über ihr zu entlasten, beziehungsweise um die Einsturzgefahr zu bannen.

Nathaniel Davison war es, der im Jahr 1765 die erste und unterste dieser Kammern entdeckte und erforschte. Er war auf der Suche nach verborgenen geheimen Gängen und Kammern im Inneren der Pyramide, und dabei fiel ihm auf, daß an der höchsten Stelle der großen Galerie seine Stimme in merkwürdiger Weise als mehrfaches Echo zurückgeworfen wurde, und zwar schien der Widerhall von irgendeiner Stelle in der Decke zu kommen. Schließlich entdeckte er eine etwa 60 Zentimeter weite, rechteckige Öffnung ganz oben in der Wand, unmittelbar unter der Decke. Nachdem er die schier unüberwindliche Aufgabe vollbracht und das Loch erreicht hatte, kletterte er hinein und befand sich in einem niedrigen Stollen. Er kroch weiter und gelangte nach etwa acht Metern in eine Kammer, in der er nicht aufrecht stehen konnte, die aber sonst die gleichen Ausmaße hatte wie die darunterliegende Königskammer. Er stellte fest, daß der Fußboden dieser niedrigen Kammer aus neun roh behauenen Granitplatten bestand. Mit diesen Granitplatten war die darunterliegende Königskammer abgedeckt. Kurz darauf machte er eine weitere überraschende Entdeckung: Die niedrige flache Decke über ihm schien ebenfalls aus einer Reihe solcher Granitplatten zu bestehen. Abgesehen davon konnte er in dieser Kammer nichts von historischem oder architektonischem Interesse entdecken. Es fand sich kein Schatz, keine Inschrift, keine Spur eines weiteren Ganges. Seine einzige Belohnung bestand darin, daß die von ihm gefundene Kammer später zu seiner Ehre »Davisons Kammer« benannt wurde.

Kapitän Caviglia, der anscheinend davon überzeugt war, daß er einen geheimen Raum entdecken würde, entschloß sich, durch die Südwand der Kammer Davisons einen Stollen zu graben. Da sein Unternehmen keinen Erfolg zeitigte, gab er es wieder auf. Oberst Richard Howard-Vyse trat in seine Fußstapfen.

Oberst Vyse ließ den Fußboden der Nische in der Königinnenkammer aufgraben, fand aber nichts außer einem alten Korb. Beim Auffüllen des Loches ließ er seine Arbeiter die Rückwand der Nische aushöhlen, was aber auch zu keinerlei Entdeckungen führte. Dann entschloß sich der Oberst, die Davisons Kammer einer genauen Prüfung zu unterziehen, doch gelang es seinen Arbeitern nicht, einen in der Decke vorgefundenen Riß wirkungsvoll zu erweitern. Also benutzte der Oberst Schießpulver, um sich einen Weg nach oben zu sprengen, und verschaffte sich damit einen Zugang zur zweiten Entlastungskammer, genau oberhalb von Davisons Kammer.

Bei der Untersuchung dieser neuen Kammer stellte Oberst Vyse fest, daß ihr Fußboden aus acht Granitblöcken bestand, die die Decke von Davisons Kammer bildeten. Die Decke der zweiten Kammer setzte sich aus neun Granitblöcken zusammen. Oberst Vyse beschloß, seinen Weg nach oben fortzusetzen, und fand eine dritte Entlastungskammer mit einer Decke aus neun Granitblöcken, eine vierte mit einer Decke aus acht Granitblökken und schließlich eine fünfte und letzte Entlastungskammer. Die Decke dieser letzten Kammer war allerdings nicht flach, sondern bildete ein Giebeldach aus acht Granitblöcken, das es einer Person erlaubte, darunter aufrecht zu stehen, während die anderen Kammern mit einer durchschnittlichen Höhe von 90 Zentimetern dafür zu niedrig waren.

Da die erste Kammer nach ihrem Entdecker Davison benannt worden war, entschloß sich Oberst Vyse, diesem Beispiel zu folgen, und benannte die zweite Kammer nach General Arthur Wellington, die dritte nach Admiral Horatio Nelson, die vierte nach Lady Ann Arbuthnot und die fünfte nach Oberst Patrick Campbell.

Oberst Vyse war es auch, der die mit rotem Ocker gemalten Zeichen in den oberen vier Entlastungskammern entdeckte, die bereits in dem vorausgegangenen Kapitel besprochen wurden. Auch eine weitere bemerkenswerte Entdeckung ist ihm zu verdanken, und zwar in bezug auf die beiden Luftschächte in der Königskammer. Obwohl schon Professor John Greaves erkannt hatte, daß es sich bei den beiden etwa 20 Zentimeter großen Öffnungen in der Nord- und Südwand der Königskammer möglicherweise um Luftschächte handelte, wurde diese Tatsache erst dadurch bestätigt, daß ein Assistent von Oberst Vyse die Ausgangsöffnungen auf den entsprechenden Pyramidenseiten lokalisierte. Oberst Vyse ist es auch zuzuschreiben, daß diese Belüftungskanäle gereinigt wurden, wodurch sich die Luftzirkulation in der Königskammer verbesserte.

Zu den Entdeckungen und Leistungen des Oberst zählt auch ein ganz besonderer Fund, der viel Kopfzerbrechen verursachte und an Wert jeden Schatz übertrifft, nämlich ein großes Stück Schmiedeeisen. John und Morton Edgar berichten darüber in ihrem Buch »Great Pyramid Passages« wie folgt:

»In diesem Zusammenhang ist es bedeutsam festzuhalten, daß im Zuge der im Jahr 1837 von Oberst Howard-Vyse in der Großen Pyramide durchgeführten Untersuchungen von einem seiner Assistenten, Mr. J. R. Hill, ein Stück Schmiedeeisen gefunden wurde. Mr. Hill fand es eingebettet im Zement einer inneren Fuge, während er etwas Mauerwerk entfernte, um den südlichen Belüftungsschacht der Königskammer reinigen zu können. Dieses Stück Eisen gehört wahrscheinlich zu den ältesten seiner Art, die auf der ganzen Welt vorhanden sind, und Oberst Howard-Vyse war sich der Bedeutung dieses Fundes vollauf bewußt. Er übermittelte ihn dem Britischen Museum mit folgendem Begleitschreiben:

›Hiermit bestätige ich, daß dieses Stück Eisen am Freitag, dem 26. Mai, in der Nähe der (äußeren) Belüftungsschachtöffnung auf der Südseite der Großen Pyramide von Giseh gefunden wurde. Nachdem ich durch Sprengung zwei Drittel der Steine auf der gegenwärtigen Oberfläche der Pyramide entfernt hatte, entnahm ich das Stück Eisen aus einer inneren Fuge, die durch keinerlei Öffnung oder Fuge zugänglich war, so daß dieses Eisen nach der Errichtung der Pyramide hätte eingefügt werden können. Die genaue Stelle zeigte ich am Samstag, dem 24. Juni, Mr. Perring. – J. R. Hill.‹

›Zu der obigen Erklärung von Mr. Hill möchte ich noch hinzufügen, daß ich die Stelle vor der Sprengung sah und nachdem zwei Drittel der Steine entfernt worden war, und wenn dieses Stück Eisen in der mir von Mr. Hill gezeigten Fuge gefunden wurde, die durch einen Teil des noch übriggebliebenen Steines verdeckt war, dann ist es unmöglich, daß es nach der Errichtung der Pyramide hier angebracht wurde. – J. S. Perring, C. E.‹

›Wir bestätigen hiermit, daß wir die Stelle, an der das fragliche Eisenstück von Mr. Hill entnommen wurde, überprüft haben und der Meinung sind, daß es während der Errichtung der Pyramide in der Spalte belassen wurde und es nicht möglich gewesen wäre, es später dort unterzubringen. – Ed. S. Andrews, James Mash, C. E.‹«

Gerade wegen der Seltenheit eines derartigen Fundes wurde die Echtheit dieses Eisenstücks angezweifelt, doch Professor Flinders Petrie setzte sich dafür ein. »Die abgegebenen Bürgschaftserklärungen sind sehr genau. Auf der Rostschicht hat sich zudem ein Belag gebildet, der beweist, daß das Eisenstück jahrhundertelang neben einem Kalksteinblock (aus dem gleichen Kalkstein bestehen auch die Blöcke im Pyramidenkern) eingeschlossen war und daher mit Sicherheit sehr alt ist. Es besteht daher kein Grund, daran zu zweifeln, daß es sich hier um ein Originalstück handelt, das von den Erbauern der Pyramide verwendet wurde.« Auch in der Heiligen Schrift ist von Eisen die Rede – noch vor der Sintflut – Gen. 4, 22.

Das Britische Museum erhielt dieses bemerkenswerte Artefakt, schenkte ihm aber, weil es das einzige je gefundene Eisenstück war, nur wenig Beachtung, was dazu führte, daß seine Bedeutung unterschätzt wurde. Doch dieses einzige Stück, das der Nachwelt erhalten blieb, weil es der Mörtel, in dem es eingeschlossen war, vor Oxydation und Zerfall bewahrte, beweist die Existenz von Eisen während einer Zeit, in der sich – wie allgemein angenommen wird – Ägypten noch im Kupferzeitalter befunden haben soll! Dieses Stück Eisen könnte die Antwort auf die lang gehegte Frage nach der Zusammensetzung der von den Steinmetzen benötigten Werkzeuge sein.

Wie bereits erwähnt, weist der Sarkophag in der Königskammer Spuren einer Bearbeitung mit Meißel und Bohrer auf. Petrie berichtet von solch verräterischen Zeichen und auch von Spuren, die von Sägen, deren Zähne aus harten Edelsteinen bestanden, herzurühren scheinen. Der Schritt von einer solchen Säge zu einem Bohrer mit einem gleichfalls aus harten Edelsteinen gefertigten Bohrkopf erschien ihm ganz einfach. Er schätzte, daß es zum Durchschneiden des harten Granits erforderlich war, einen Druck von ein bis zwei Tonnen auf den Bohrer auszuüben.

John und Morton Edgar, zwei englische Geistliche, unternahmen um 1900 etliche Erkundungsfahrten zur Großen Pyramide und fanden auf einer dieser Reisen zahlreiche Steinblöcke, die Bohrlöcher mit einem ziemlich großen Durchmesser aufwiesen. Der Zweck dieser Granitsteine mit den Bohrlöchern entzieht sich unserem Verständnis genauso wie das Geheimnis ihrer Herstellung. Die Verwendung von Bohrern aus Eisen mit Bohrköpfen aus Edelsteinen scheint eine logische Alternative zu sein, da Eisen dem bei der Bohrung notwendigen Druck von zwei Tonnen standhält.

Kupfer, Bronze oder Eisen – diese Frage verlängert die Liste der ungelösten Rätsel, die sich um die Große Pyramide ranken. Bereits jetzt über eines der Mysterien der Großen Pyramide ein Urteil fällen zu wollen, wäre verfrüht, denn solange keine unwiderlegbaren Beweise vorhanden sind, wird das Theoretisieren über das, was hätte sein können, kein Ende nehmen. Bei der Mehrheit der Theorien über die Große Pyramide wird das Argument erhoben, daß die Pyramide von einer uralten Kultur speziell zu dem Zweck erbaut wurde, Wissen und Weissagungen zu verbreiten, um den Menschen künftiger Generationen zu helfen, sich weiterzuentwickeln und das letzte Ziel zu erreichen: vollkommene Weisheit.

8
Kammern und Gänge in die Zukunft

Die Große Pyramide in Ägypten stellt ein stummes Rätsel der Menschheitsgeschichte dar, an dem sich der Geist von Wissenschaftlern, Philosophen und Laien immer wieder entzündet hat. Die relativen Übereinstimmungen zwischen den äußeren Abmessungen der Pyramide und unserem Universum mußten natürlich jeden Forschergeist dazu verleiten, die Möglichkeit zu erwägen, daß ihre Dimensionen über einen bloßen Zufall hinausgehen.

Masoudi, ein arabischer Geschichtsschreiber, der um 900 n. Chr. lebte, berichtete, daß die Pyramide zu dem Zweck erbaut wurde, das gesamte Wissen und die Kunst ihrer Architekten zu verkörpern: Das Wissen von den Sternen und ihren Zyklen, die Geschichte und die Chronik vergangener Zeiten und Voraussagen kommender Ereignisse. Er behauptet, Einblick in alte Aufzeichnungen genommen zu haben, worin die Pyramide als ein sorgfältig geplantes und ausgeführtes Monument beschrieben wird, dazu bestimmt, die fundamentalen Gesetze der Natur sowie einen Weisheitskodex der Alten darzustellen.

Masoudis Aussagen, gekoppelt mit dem anscheinend bedeutsamen Zusammenhang zwischen pyramidalen und kosmischen Dimensionen bewirkten, daß zu Beginn des 19. Jahrhunderts eine rege Forschertätigkeit rund um die Große Pyramide einsetzte. Sollte sich zum Beispiel tatsächlich ein Zusammenhang zwischen den Maßen der Großen Pyramide und den astronomischen Gegebenheiten auf unserem Planeten herausstellen, dann könnte dies ein Weg sein, das genaue Erbauungsdatum der Pyramide zu bestimmen.

Sir John Herschel, der Sohn von Sir William Herschel, dem

Entdecker des Planeten Uranus, stellte zu Beginn des 19. Jahrhunderts die Theorie auf, daß die Bauphase der Pyramide mit den damaligen Sternpositionen in Beziehung stehen mußte, um eine genaue Ausrichtung im allgemeinen, insbesondere aber auch der Gänge und Kammern in ihrem Inneren zu gewährleisten. Seine Theorie basierte auf der Vermutung, daß der absteigende Gang die Funktion eines Fernrohres hatte, das sich nach dem Polarstern richtete.

Sir John Herschel begann Berechnungen anzustellen, um herauszufinden, um welchen Polarstern es sich gehandelt haben könnte, beziehungsweise zu welchem Zeitpunkt dieser im Visier des absteigenden Ganges lag. Er kam zu dem Schluß, daß der absteigende Gang auf Alpha Draconis im Sternbild des Drachen wies und daß der geeignete Zeitpunkt hierfür das Jahr 2170 v. Chr. war. Der andere hierfür in Frage kommende Zeitpunkt war das Jahr 3440 v. Chr., dieses stimmte aber zeitlich nicht mit der Annahme überein, die man zu Beginn des 19. Jahrhunderts in bezug auf das Errichtungsdatum der Großen Pyramide getroffen hatte. Man schätzte, daß die Große Pyramide vor 4000 Jahren errichtet worden war, und das Jahr 2170 v. Chr. paßte daher ganz vorzüglich als genaues Datum für den Bau der Pyramide, ungeachtet dessen, daß manche Ägyptologen die Zeitspanne zwischen 4760 v. Chr. und 3360 v. Chr. für die Errichtung der Pyramiden festlegten.

Als Piazzi Smyth die Diskrepanz zwischen Sir Johns Datum und dem der Ägyptologen auffiel, ruhte sein kritischer Verstand nicht eher, als bis er aufgrund logischer Überlegungen und unter Anwendung seiner reichen Kenntnisse auf dem Gebiet der Astronomie herausgefunden hatte, daß das Jahr 2170 v. Chr. tatsächlich stimmte. Des weiteren beschäftigte ihn die Frage, warum der Neigungswinkel des absteigenden Ganges (26 Grad) so niedrig angesetzt war, daß er einen relativ unbedeutenden Stern wie Alpha Draconis anvisierte, und kam dann zu dem Schluß, daß der absteigende Gang möglicherweise so angelegt war, daß er sich sowohl nach einem Polarstern einer unteren Größenklasse als auch nach einem Stern erster Ordnung richtete.

Smyth fand heraus, daß es sich dabei um den Stern Eta Tauri

oder Alcyone im Sternbild der Plejaden handelte. Denn falls die Grundsteinlegung der Pyramide um die Mitternacht des Äquinoktiums im Jahre 2170 v. Chr. erfolgt wäre, zu einer Zeit also, als Alpha Draconis am Meridian der Pyramide unterhalb des Pols war, dann hätte Eta Tauri oberhalb des Pols seinen Meridiandurchgang gehabt, ein Zusammentreffen zweier astronomischer Vorgänge, das nur alle 25 827 Jahre stattfindet. Erwiesenermaßen liegt jedoch noch immer kein genaues Datum weder für den Baubeginn der Pyramide noch für ihre Beendigung vor. Nicht einmal die Carbonmethode konnte zufriedenstellende Ergebnisse erbringen.

Gegen Ende des 19. Jahrhunderts begann sich ein neuer Zweig der Pyramidologie zu entwickeln, den ich gerne als »Pyramathologie« bezeichne. Er stellt Überlegungen über den Sinn der Pyramide anhand mathematischer Berechnungen an. Die Pyramathologen gehen von nicht erwiesenen Voraussetzungen aus und versuchen dann, deren Gültigkeit anhand von Rechenoperationen, die auf den Maßen der Großen Pyramide beruhen, zu beweisen.

Obwohl dieses System zahlreichen Schwindlern und Betrügern Vorschub leistet, kann es durchaus auch Einsichten hinsichtlich der Geschichte und der Erbauung der Großen Pyramide erbringen. Zum Beispiel stelle ich die Annahme in Frage, daß die Pyramide in der Zeit der 4. Dynastie errichtet worden ist, und ziehe statt dessen einen viel früheren Zeitraum in Betracht, da es Beweise dafür gibt, daß die Große Pyramide von den Ägyptern in der 4. Dynastie bereits als uraltes Bauwerk angesehen wurde (siehe Kapitel 6). In Anknüpfung an Herschels Schlußfolgerung über die Beziehung zwischen den beiden Sternen Alpha Draconis und Eta Tauri, die für die Ausrichtung des absteigenden Ganges maßgeblich war – und damit auch für die genaue Orientierung der vier Grundkanten der Pyramide nach den vier Himmelsrichtungen –, erscheint es vernünftig anzunehmen, daß die Pyramide bereits vor der 4. Dynastie errichtet wurde. Unter Anwendung der Pyramathologie und unter Einbeziehung der Aussagen der alten Ägypter zeigt es sich, daß der Gang nicht wie allgemein angenommen im Jahre 2170 v. Chr. gebaut wurde, sondern bereits 27997 v. Chr., also einen Präzessionszyklus früher, als die beiden Sterne ebenfalls aufeinander ausgerichtet waren.

Manchen Pyramathologen ist auch dieses Datum noch nicht früh genug, und sie erhöhen die Anzahl der Präzessionszyklen oder der sogenannten »Platonischen Jahre« auf zwei, drei, vier oder mehr, was ausgehend von 2170 v. Chr. zu den Jahreszahlen 53824 v. Chr., 79651 v. Chr. und 105478 v. Chr. führt. Aber darüber zu streiten ist wohl müßig, solange man keine hieb- und stichfesten Beweise erbringen kann. Doch die Pyramathologen lassen sich nicht verdrießen und durchforsten weiterhin die Struktur der Pyramide auf der Suche nach beweiskräftigem Material zur Untermauerung ihrer Thesen.

Die Länge eines Platonischen Jahres, die man auf verschiedene Weisen berechnen kann, variiert zwischen 25000 und 26000 Jahren. Anhand der von John Taylor aufgestellten Theorie, daß ein Pyramidenzoll einem Jahr entspräche, kamen die Pyramathologen auf einen Zeitraum von 25826,52 Jahren für einen Präzessionszyklus. Diese Zahl ergab sich durch die Berechnung der Diagonale der Pyramidenbasis, deren Länge 12913,36 Zoll beträgt. Da die Pyramide zwei Diagonalen besitzt, verdoppelten sie diesen Wert und zeigten damit auf, daß die Ägypter den Präzessionszyklus kannten, genannt »das große chronologische Zifferblatt der Großen Pyramide«.

Professor Hamilton L. Smith stellte fest, daß der Umfang der Großen Pyramide in Höhe der Königskammer ungefähr 25827 Zoll beträgt, eine der vielen Redundanzen, die die Erbauer der Pyramide in die Geometrie derselben einbauten, um sicherzugehen, daß die Schlüsselstellen nicht übersehen würden.

Ferner wies Professor Smith darauf hin, daß, wenn die vertikale Höhe der Pyramide (5813 Zoll) proportional zur Entfernung der Sonne ist, der Abstand zwischen Königskammer und Pyramidenspitze (4110 Zoll) proportional dem Radius des Kreises der Präzession der Äquinoktien in Jahren ist.

Als die Pyramathologen die Zusammenhänge zwischen den Maßen der Pyramide und astronomischen Zeitmaßstäben erkannten, fingen sie an, sich darüber Gedanken zu machen, ob aus ihnen auch heilige oder prophetische Zusammenhänge hervorgingen. Es war vor allem Piazzi Smyth, der aufgrund der inneren Abmessungen der Pyramide zu »beweisen« versuchte, daß die Pyramide, obzwar sie von menschlichen Händen erbaut worden war, in Wirklichkeit ein Werk göttlicher Inspiration sei.

Aufgrund eines komplizierten logischen und philosophischen Denkvorganges kamen viele Pyramathologen zu dem Schluß, daß der Kreuzungspunkt des absteigenden Ganges, der Großen Galerie, des Brunneneinstiegs und des Zugangs zur Königinnenkammer das Jahr 1 unserer Zeitrechnung symbolisierte. Ausgehend von diesem Punkt vermaß Smyth den aufsteigenden Gang bis zu seiner Einmündung in den absteigenden Gang und dann diesen hinauf bis zum Eingang, das ergab eine Gesamtlänge von 2170 Pyramidenzoll und somit die lange gesuchte Bestätigung für die in Frage stehende Jahreszahl 2170 v. Chr. Bei dieser Vermessung fand Smyth in den Wänden des absteigenden Ganges eingeritzte Linien, die sich von der Decke bis zum Boden zogen, wo sie im rechten Winkel auftrafen. Sie waren bis dahin unbemerkt geblieben, da sie von Gesteinsfugen umgeben sind.

Daß der Kreuzungspunkt mit dem Jahr 1 belegt wurde, beruht einzig und allein auf der Tatsache, daß die Gelehrten des 19. Jahrhunderts annahmen, daß sich in diesem Jahr die Geburt Christi ereignet hätte, während man heute aufgrund genauerer chronologischer Messungen der Meinung ist, daß diese bereits vier Jahre davor stattgefunden hat. Das veranlaßte manche Pyramathologen zu Beginn unseres Jahrhunderts, das Datum für den Kreuzungspunkt neu festzulegen, und zwar auf das Jahr 30 n. Chr., was auch zu einer Abänderung der Jahreszahl 2170 v. Chr. in 2141 v. Chr. führt. Ja, manche behaupten sogar, die eingeritzten Linien stünden für den 21. März 2141 v. Chr.!

Mißt man die Entfernung zwischen den eingeritzten Linien und dem Pyramideneingang, so ergibt das den Sommer des Jahres 2623 v. Chr., in dem der Bau der Pyramide begonnen worden sein soll.

Dies wurde zum Ausgangspunkt einer Symbolik, die jeden Zoll in der Pyramide, in ihren Gängen und Kammern, als Schritt in die Zukunft oder in die Vergangenheit interpretiert.

Die Basis, von der die Pyramathologen aus operieren, bildet

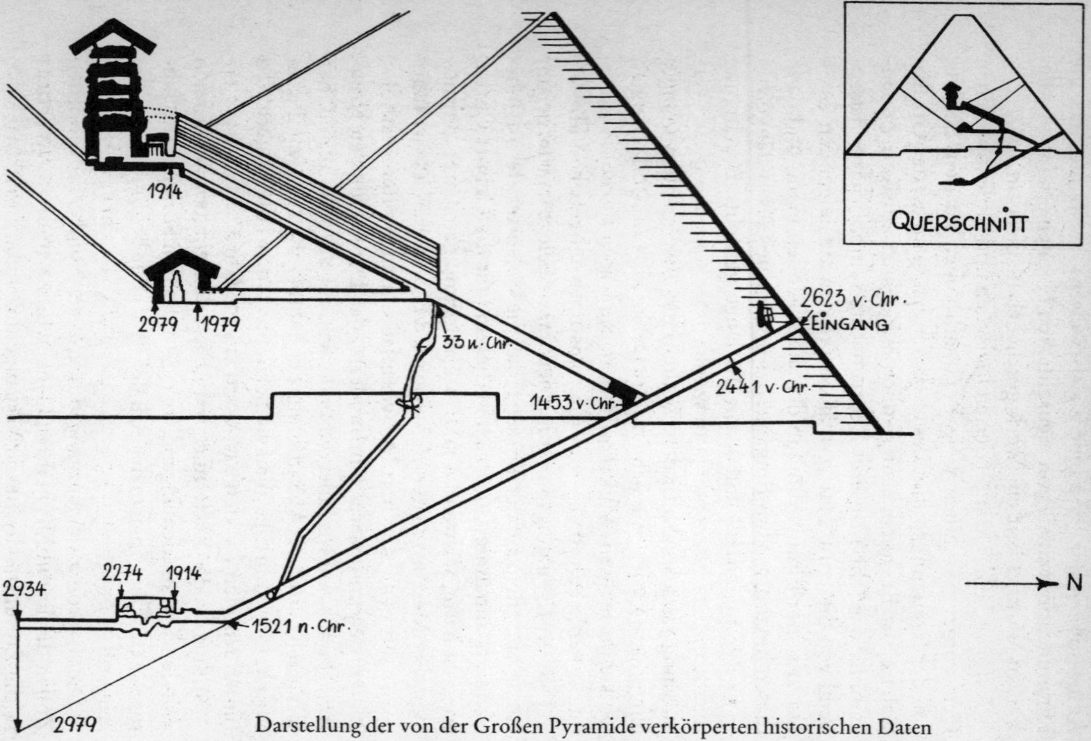

Darstellung der von der Großen Pyramide verkörperten historischen Daten

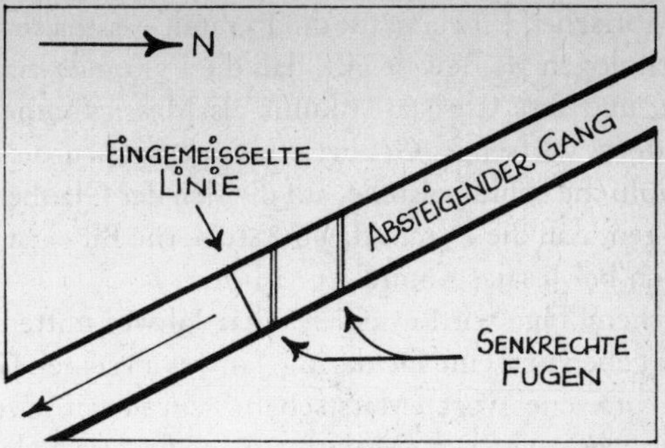

Die eingemeißelte Linie und die senkrechten Gesteinsfugen im absteigenden Gang

ihre Überzeugung, daß die Pyramide eine Bibel in Stein darstelle, die man nur zu lesen brauche. Adam Rutherford schreibt im ersten Band seines fünfbändigen Werkes »Pyramidology«: »In einer alten ägyptischen Überlieferung heißt es: ›Die Pläne wurden vom Himmel herabgesandt‹, heutzutage würde man wohl sagen, sie waren göttlich inspiriert.«

Robert Menzies aus Schottland gebührt das Verdienst der christlichen oder messianischen Auslegung der Großen Pyramide. Seiner Philosophie zufolge verkörpert sich in den Gängen und Kammern der Großen Pyramide der geheime göttliche Schöpfungsplan und sein Wirken durch die Jahrhunderte. Menzies stellte 1865 die Behauptung auf, das verzweigte System von Gängen wäre eine chronologische Darstellung biblischer Prophetie, wobei die Große Galerie dem christlichen Teil und der aufsteigende Gang dem mosaischen Bekenntnis zuzuordnen sei, während die anderen Gänge Religionen ohne echten Wahrheitsgehalt, das Heidentum oder rein geschichtliche Begebenheiten verkörperten.

Wie dem auch sein mag, auf jeden Fall gab es bereits lange vor Menzies Zeit einen Zusammenhang zwischen der Großen Pyramide und der biblischen Prophetie. Schriftgelehrte hatten schon darauf hingewiesen, daß die Bibel den wahren Zweck der Großen Pyramide in Ägypten offenbare. In vielen Bibelsprüchen sind allegorische Hinweise auf die Pyramide enthalten, was den Pyramathologen als Beweis gilt, daß die Pyramide eine Bibel in Stein ist, und daß Christi Ankunft als Messias mindestens 22 Jahrhunderte vor seiner Geburt vorausgesagt wurde.

Die biblische Schlüsselstelle, auf die sich der Glaube der Pyramathologen, daß die Pyramide eine steinerne Bibel ist, gründet, findet sich bei Jesaja, Kapitel 19, 19–20:

»An jenem Tage wird es einen Altar Jahwes mitten im Land Ägypten geben und eine Denksäule Jahwes an seinen Grenzen.«

Das hebräische Wort »Matstsebah« wurde mit »Denksäule« übersetzt, was soviel wie »Monument« heißt. Das bedeutet aber, daß Jesaja von einem »Monument« in Ägypten spricht, und dieses hat man als die Große Pyramide identifiziert.

Auch das Wort »Altar« kann seiner Bedeutung nach als »Monument« ausgelegt werden, denn es gibt zwei Arten von Altären in der Heiligen Schrift – Altäre, an denen geopfert wird, und Altäre, die Zeugnis für den Herrn ablegen. Von den Pyramathologen werden daher die Worte »Altar« und »Denksäule« als stellvertretend für das Wort »Monument« angesehen, das seinerseits für die Große Pyramide steht. Die Pyramathologen behaupten, daß Jesaja von ein und demselben Bauwerk spricht und nicht von zwei verschiedenen Bauten.

Logisch gesehen kann die fragliche Textstelle tatsächlich auf zwei Arten ausgelegt werden. Zum einen kann es sich um einen Altar handeln, der irgendwo mitten in Ägypten steht, und unabhängig davon um ein völlig anderes Monument, eine Denksäule, die an der Grenze Agyptens errichtet wurde. Zum anderen besteht kein Widerspruch in der Auffassung der Pyramathologen, die die beiden in dem Bibelspruch angeführten Bauwerke als identisch betrachten, denn der bemerkenswerte Standort der Großen Pyramide entkräftet jeden Einwand. Sie liegt offensichtlich im Zentrum – oder dem politischen und ökonomischen Teil – von Ägypten, und doch rückt sie ihre geographische Lage gleichzeitig an Ägyptens Grenze, wo sich die Sanddünen der Wüste Sahara Hunderte von Kilometern quer über den afrikanischen Kontinent nach Westen erstrecken.

Ein anderer allegorischer Hinweis schafft einen Zusammenhang zwischen Jesus Christus und der Pyramide und betont damit die Göttlichkeit dieses Bauwerkes. Im Brief an die Epheser, Kapitel 2, 20 heißt es:

»...aufgebaut auf der Grundmauer der Apostel und Propheten, während Jesus Christus selber der Eckstein ist.«

Es gibt in der Tat eine Menge Stellen in der Heiligen Schrift, die auf Jesus Christus hinweisen als den lebendigen Eckstein, den Grundstein, den Abschlußstein, den Gipfel und auf die Pyramide, ob dies nun allegorisch gemeint ist oder nicht. Auch von den folgenden Textstellen nimmt man an, daß sie in irgendeinem Zusammenhang mit der Pyramide stehen: Psalmen 118, 22, Jesaja 28, 16, Römer 9, 33, Jesaja 8, 14–15, Matthäus 21, 42–44, Markus 12, 10–11, Lukas 20, 17–18, Apostelgeschichte 4, 11, 1, Petrusbrief 2, 4–8, Hiob 38, 4–6 und Zacharias 4, 7.

Die Möglichkeit, daß die Bibel den eigentlichen Zweck der Pyramide enthüllt und daß die Pyramide eine Bibel in Stein ist, schuf ein völlig neues Konzept bei dem Versuch zu verstehen, was jetzt als der göttliche Zeitplan bezeichnet wird. Demzufolge glauben die Pyramathologen, daß die unendliche Weisheit Gottes in ein paar einfachen Gängen und Kammern abgebildet ist und daß die symbolischen Besonderheiten und die wichtigen Zeitmarkierungen in der Großen Pyramide den Erlösungsplan für die Menschheit aufzeigen sowie die verschiedenen Glaubensrichtungen der Menschheit vom Anbeginn aller Zeiten bis zu ihrem Ende.

John und Morton Edgar haben in ihrem Buch »Great Pyramid Passages« den Symbolgehalt der Pyramide klar herausgestellt und ihre Beweise wie folgt zusammengefaßt:

1. Der absteigende Gang ist die Welt auf ihrem abwärts gerichteten Kurs auf die Grube der Vernichtung zu (die unterirdische Kammer). Die Grube symbolisiert Gehenna – den Zustand des Todes, aus dem es kein Erwachen geben wird. Der gesamte Komplex stellt die Ebene der Verdammung Adams zum Tode dar.
2. Der aufsteigende Gang symbolisiert den Alten Bund der Israeliten. Der Alte Bund ist eine göttliche Periode von 1647

Jahren, während dieser Zeitdauer unterwarf sich das Volk Israel dem Bundesgesetz des Gottes Israels. Dieser Zeitabschnitt begann mit dem Auszug aus Ägypten 1615 v. Chr. und der Einführung des Osterlammes und endete mit der Kreuzigung Christi im Jahr 33.

Der aufsteigende Gang symbolisiert auch den Gesetzesbund, der ewiges Leben auf der irdischen Ebene gesegnet mit irdischen Gütern versprach und nicht ein gesegnetes geistiges Leben und himmlische Segnungen. $33^{1}/_{2}$ Zoll vor dem Ende des aufsteigenden Ganges – dieser Abschnitt soll den Tod und die Auferstehung Christi anzeigen und gleichzeitig das Ende des Alten Bundes und den Beginn des Neuen Bundes.

Das göttliche Gesetz, das die Lebensweise, die der Gesetzesbund den Israeliten versprach, blockierte, soll durch die Granitpfropfen, die den Eingang zum aufsteigenden Gang völlig versperren, verkörpert sein. Das heißt, daß die Granitpfropfen zum Symbol des göttlichen Gesetzes wurden.

3. Der horizontale Gang, der zur Königinnenkammer führt, symbolisiert das Leben auf der Ebene menschlicher Vollkommenheit, wie es nach dem Ende des tausendjährigen Reiches Jesu Christi erreicht werden soll, wobei die Königinnenkammer die oberen Ebenen des Lebens in menschlicher Vollkommenheit zur Zeit der Wiederaufrichtung des Reiches Gottes anzeigt, mit der Möglichkeit – und nicht der Gewißheit – ewigen Lebens. Auf diese Weise stellt der Komplex der Königinnenkammer samt Zugang die Ebene der vollkommenen menschlichen Natur dar, welche dem Individuum ermöglicht, dem vollkommenen Gesetz Gottes zu gehorchen und dadurch als menschliches Wesen ewiges Leben zu erreichen.
4. Der Brunnenschacht wird als Hölle und als Stadium des Todes betrachtet, als Symbol für Hades und den Zustand des Todes, aus dem es ein Erwachen gibt – wie es durch den Tod und die Auferstehung Jesu Christi verkörpert wird. Da der aufsteigende Gang durch die Granitpfropfen versperrt ist, stellt der Brunnenschacht den einzigen Weg zum Leben und zur Unsterblichkeit dar.

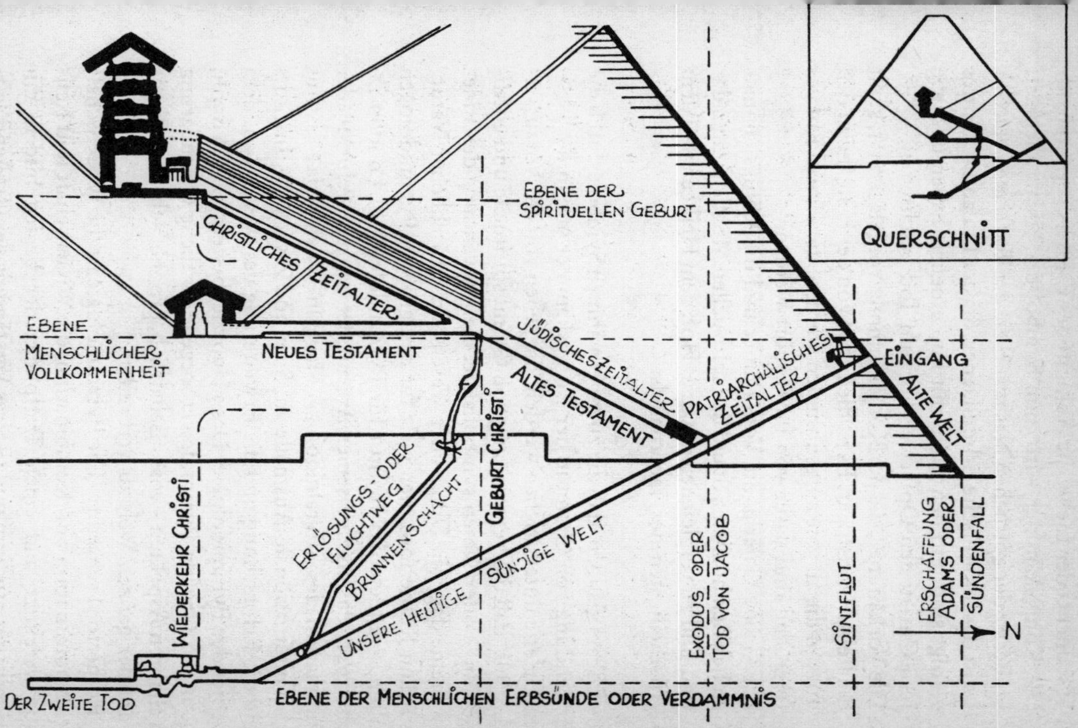

Zeitplan der Großen Pyramide nach John und Morton Edgar

5. Die Große Galerie wird zum Symbol des Neuen Bundes, des Testaments der Liebe, die Ankunft des Erlösers verkündend.
6. Die Königskammer wird zum Symbol der Unsterblichkeit, im Besitz der göttlichen Natur verliert der Tod seinen Stachel. Es ist das himmlische Erbe all jener, die der Einladung Gottes gefolgt sind und den Bund mit ihm erneuert haben und wie Jesu Christi den Opferweg bis zum Tod beschreiten.
   Die Vorkammer, die der Königskammer vorgelagert ist, stellt die Lehre Christi dar. Es ist die Lehre von der Hingabe an den Tod, in die all jene aufgenommen werden, die seinem Ruf gefolgt sind und dafür von ihm erhört werden.
7. Die Große Galerie, die Vorkammer und die Königskammer stellen den höchsten Stand der spirituellen Möglichkeiten dar und sind zu vergleichen mit dem Hof, dem Heiligen und dem Allerheiligsten des Tabernakels.

Die Edgars glauben, daß die zuvor erwähnten Symbole durch die Verwendung von Granit in der Königskammer und in der Großen Galerie unterstrichen werden. Sie gehen von der Voraussetzung aus, daß die Verwendung von Granit spirituelle und göttliche Dinge oder Wesen symbolisiere, die Verwendung der anderen Steine dagegen Dinge oder Wesen rein menschlicher Natur.

Adam Rutherford, den viele für den größten Pyramidologen halten, gründete das Institut für Pyramidologie in London im Jahr 1940, das einzige seiner Art auf der ganzen Welt. Mit der Publikation des »Pyramidology Magazine« nahm das Institut 1941 internationale Ausmaße an. Sinn und Zweck des Instituts sind die Erforschung und die Erweiterung des Wissens auf dem Gebiet der Pyramidologie. Das Hauptziel besteht jedoch darin, die in der Großen Pyramide verborgene göttliche Offenbarung in all ihren Aspekten – wissenschaftlich, prophetisch und religiös – auf der ganzen Welt zu verbreiten.

Rutherford schreibt: »Die Pyramidologie ist die Wissenschaft der Koordination und Kombination, die Wissenschaft und Religion vereinigt und einen Treffpunkt der beiden bildet. Ein gründliches Studium und tieferes Verständnis der Großen Pyramide wird die falschen Religionen und fehlerhaften wissenschaftlichen Theorien zum Verschwinden bringen, und die vollkommene Harmonie von wahrer Religion und Wissenschaft wird sich erweisen.« Im ersten Band seines fünfbändigen Werkes gibt Adam Rutherford eine Einführung in die Pyramidologie und eine Definition ihrer Begriffe:

»Die Pyramidologie ist eine neue Wissenschaft, und deshalb ist es sinnvoll, gleich zu Beginn dieses Werkes ihre Begriffe zu definieren. Die moderne Forschung unserer Tage hat entdeckt, daß die Große Pyramide von Giseh etwas mehr als bloß das Grabmal eines Pharao darstellt. Es hat sich herausgestellt, daß dieses kolossale Bauwerk des Altertums ein Abbild der christlichen Religion auf wissenschaftlicher Basis liefert, wie es dem heutigen Stand der Wissenschaft nicht angemessener sein könnte. Die Pyramidologie ist die Wissenschaft, die sich mit der auf wissenschaftliche Weise in der Großen Pyramide demonstrierten biblischen Wahrheit auseinandersetzt, unter Berücksichtigung des wahren Christentums und des göttlichen Schöpfungsplanes für die Menschheit auf diesem Planeten. Jeder, der in dieser Wissenschaft begabt ist, darf sich daher als Pyramidologe bezeichnen. Aber es ist notwendig, zwischen Pyramidologen und Pyramidisten zu unterscheiden. Ein Pyramidist ist ein Ägyptologe, der sich auf das Studium der Pyramiden in Ägypten spezialisiert hat, und zwar vom archäologischen Standpunkt aus. Daher gibt es Leute, die sich auf dem Gebiet der Pyramidologie ein fundiertes Wissen erworben haben, aber nur wenig oder gar nichts über Ägyptologie wissen. Andererseits ist es durchaus möglich, daß ein Ägyptologe, eventuell sogar ein Pyramidist, keine Ahnung von Pyramidologie hat. Ein erfahrener Pyramidologe kennt jedoch die Große Pyramide in all ihren Aspekten, einschließlich des ägyptologischen, wenn auch seine Kenntnisse auf dem Gebiet der Ägyptologie im allgemeinen nicht sehr weit reichen mögen. Abgesehen von einigen wenigen von den Erbauern angebrachten Zeichen, einschließlich einer Datierung und einer Kartusche von Khufu, dem Pharao, unter dessen Regierung die Große Pyramide errichtet worden ist, finden sich in der Großen Pyramide keine weiteren Hieroglyphen. Um ein Pyramidologe zu werden, ist es daher nicht unbedingt erforderlich, die Hieroglyphen lesen zu können, hingegen ist dies für alle Ägyptologen einschließlich der Pyramidisten eine Voraussetzung. In einigen Fällen sind die Wände der unterirdischen Kammern gewisser Pyramiden, wie zum Beispiel der Pyramide des Unas in Sakkara, dicht mit hieroglyphischen Texten bedeckt. Doch fehlen diese sogenannten Pyramidentexte in der Großen Pyramide zur Gänze.«

Das Hinscheiden Adam Rutherfords hat seinen für dieses Buch vorgesehenen Beitrag leider verhindert, doch leitet sein Sohn James Rutherford in der Funktion eines Vizepräsidenten weiterhin das Institut für Pyramidologie, dessen Adresse ich für jene Leser, die weitere Informationen über die Tätigkeit und die Publikationen dieses Instituts wünschen, hier anführe:

Secretary
Institute of Pyramidology
31, Station Road, Harpenden
Hertfordshire, AL54XB
England

Die durch die Innenstruktur der Großen Pyramide symbolisierten Daten wurden alle aufgrund einfacher linearer Messungen gefunden. Als Baubeginn für die Pyramide wurde, wie bereits erwähnt, das Jahr 2523 v. Chr. überliefert, das [illegible] dem Pyramideneingang identisch ist. Geburt, Tod und [illegible]erstehung von Jesu Christi sind ebenfalls genau angege[illegible]

Für die Erschaffung Adams wird vo[illegible] Morton Edgar aufgrund der aus der Großen Pyrami[illegible]lesenen Daten das Jahr 4125 v. Chr. angegeben, währe[illegible]denfall Adams im Jahr 4126 v. Chr. stattgefunden habe[illegible]m Rutherford legt für die Gründung des Hauses Adam[illegible] 5407 v. Chr. fest. Interessanterweise wird das der Erschaf[illegible]dams vorausgehende Jahr von den Pyramidologen als das »Nulljahr« bezeichnet. Es gilt als prähistorisch, weil es vor der Ankunft des Menschen auf der Erde liegt. Es wurde erwartet, dieses Nulljahr innerhalb der Pyramide zu finden, doch ist dieser Punkt offensichtlich nicht auf mechanische Weise in der Großen Pyramide und ihrem System von Gängen markiert.

Um 1900 machte ein Schotte namens MacDonald den Vorschlag, das Nulljahr durch den Schnittpunkt zu ermitteln, der von den beiden Linien gebildet wird, die bei der gedachten Verlängerung des aufsteigenden Ganges und der Außenfläche inklusive Verschalung entstehen. Dieser auf rein geometrische Weise ermittelte Schnittpunkt liegt tief unterhalb der Pyramide in ihrem Felsfundament, was ihn zur Markierung des Nulljahres besonders gut geeignet erscheinen läßt, da er zum einen in einem eindeutigen Bezug zur Pyramide steht, zum anderen jedoch von ihrem Gangsystem weit genug entfernt ist, um erkennen zu lassen, daß dieses Jahr außerhalb der Menschheitsgeschichte liegt. Hätten die Ägypter das Nulljahr als Bestandteil ihrer Gleichungen erachtet, dann hätte es sicher im Stein selbst seine Verkörperung gefunden, wenn man die großartige Anlage der sonstigen Maße in der Pyramide berücksichtigt. Es erscheint daher ziemlich unwahrscheinlich, daß das Nulljahr für die Ägypter von Bedeutung war.

Der Zusammenhang zwischen biblischen Begebenheiten und den linearen Abmessungen innerhalb der Pyramide auf der Grundlage des »Pyramidenzoll«, der in etwa dem englischen Zoll und somit 2,54 Zentimetern entspricht, hat sich als richtig erwiesen und wird auch von den Pyramathologen anerkannt, obgleich es einige Abweichungen gibt. John und Morton Edgar stellen ihre Chronologie in Form eines Diagrammes dar, während Adam Rutherford die seine in Tabellenform erstellt.

Chronologie, zusammengestellt von Adam Rutherford
(Pyramidology, Band IV)

v. Chr.	
5407	Haus Adam gegründet (Herbstäquinoktium)
5177	Haus Set (Geburt des Gründers)
4972	Haus Enosch
4782	Haus Kenan
4612	Haus Mahalaleel
4447	Haus Jared

4285	Haus Henoch
4120	Haus Metuschelach
3933	Haus Lamech
3745	Haus Noah
3265	120 Jahre der Gnade beginnen
3245	Haus Japhet
3243	Haus Sem
3145	Sintflut (31. Oktober)
3143	Haus Arpachschad (Frühling)
3008	Haus Schelach (Samariter)
2878	Haus Eber
2744	Haus Peleg
2623	Baubeginn der Großen Pyramide
2614	Haus Reu
2482	Haus Serug
2352	Haus Nachor
2273	Haus Terach
2143	Geburt Abrams (Abraham)
2068	Tod Terachs
2068	Abraham zieht in Kanaan ein
2043	Geburt Isaaks
1983	Geburt Jakobs (Israel)
1893	Geburt Josephs
1883	Die Israeliten ziehen in Kanaan ein
1883	Abrahams Bund bestätigt
1876	Joseph wird nach Ägypten verkauft
1863	Josephs Erhöhung
1854	Die Israeliten verlassen Kanaan
1853	und ziehen in Ägypten ein
1836	Tod Jakobs
1783	Tod Josephs
1533	Geburt Moses
1453	Der Auszug der Israeliten aus Ägypten
1453	Verkündigung der Zehn Gebote auf dem Berg Sinai
1452	Errichtung des Tabernakels
1413	Moses Tod
1413	Josua als Führer

1413	2½ Stämme erhalten Land östlich des Jordan
1413	Israeliten überqueren den Jordan
1413–1388	Josua und die Ältesten herrschen
1413	Fall von Jericho
1407	Weitere 2½ Stämme erhalten ihr Land
1405–1404	Halljahr. Aufteilung des Landes an die übrigen 7 Stämme
1388–1380	Kuschan-Rischeatajim, König von Mesopotamien, herrscht über Israel
1380–1340	Otniel, Richter
1340–1322	Eglon, König von Moab, herrscht über Israel
1322–1242	Ehud, Richter
1242	Schamgar, Richter
1242–1202	Debora (und Barak), Richter
1242–1222	Unterdrückung durch die Kanaaniter (20 Jahre)
1222	Vernichtung der Kanaaniter
1209–1202	Unterdrückung Israels durch Midian (7 Jahre)
1202–1162	Gideon, Richter
1162–1159	Abimelech wird König (3 Jahre)
1159–1136	Tola, Richter (23 Jahre)
1136–1114	Jair, Richter (22 Jahre)
1132–1114	Unterdrückung durch die Ammoniter (18 Jahre)
1114–1108	Jiphtach, Richter (6 Jahre)
1109–1069	Eli (ekklesiastischer Richter, 40 Jahre)
1108–1101	Ibzan, Richter (7 Jahre)
1108–1068	Unterdrückung durch die Philister (40 Jahre)
1101–1091	Elon, Richter (10 Jahre)
1091–1083	Abdon, Richter (8 Jahre)
1083–1069	Kein weltlicher Herrscher (Eli noch immer ekklesiastischer Richter)
1069–1058	Samuel, Richter (11½ Jahre)
1058–1039	Saul, König, und Samuel, Richter (18½ Jahre)
1039–1018	Saul, König (21½ Jahre)
1018–1011	David, König von Juda (7½ Jahre)
1013–1011	Ischbaal, König von Israel
1011–978	David, König von Israel und Juda (33 Jahre)
978–938	Salomo, König von Israel und Juda

974–968 Tempelbau in Jerusalem
938 Teilung des Königreiches in Israel und Juda

Die nachstehende Liste ist nach den Regierungsjahren der Könige von Israel und Juda geordnet und nicht nach dem Regierungsantritt, der in Israel im Frühling (Nisan) und in Juda im Herbst (Tishri) stattfand.

Könige von Juda v. Chr.		Könige von Israel v. Chr.	
938–921	Rechabeam	938–916	Jerobeam I.
921–918	Abija	916–914	Nadab
918–915	Abija/Asa	914–892	Bascha
		892–890	Bascha/Ela
915–877	Asa	890–888	Ela
		888–886	Zimri/Tibni/Omri
		886–879	Omri
877–874	Asa/Josaphat	879–874	Omri/Achab
874–852	Josaphat	874–857	Achab
		857–855	Achab/Achasja
		855–852	Achab/Joram
852–844	Joram	852–850	Achasja/Joram
844–843	Achasja	850–843	Joram
843	Jehu tötet Achasja von Juda und Joram von Israel		
843–837	Atalja	843–815	Jehu
837–797	Joasch	815–800	Joachas
797–791	Amazja	800–798	Joachas/Joasch
791–768	Amazja/Usija	798–793	Joasch
768–751	Usija	793–782	Joasch
			Jerobeam II.
751–739	Usija/Jotam	782–752	Jerobeam II.
739–735	Jotam		Sacharja (6 Monate)
735–731	Jotam/Achas		Schallum (1 Monat)
731–728	Achas		
728–715	Achas/Hiskija		
715–695	Hiskija	751–741	Menachem

695–686	Hiskija/Manasse	741–739	Pekachja
686–640	Manasse	739–731	Pekach
640–638	Amon	731–722	Hoschea
638–607	Josija	722	Einnahme Samarias
	Joachas (3 Monate)		Ende des Königtums
606–595	Jojakim		in Israel
	Jojachin (3 Monate)	670	Deportation von Israel nach Assyrien beendet
595–585	Zidkija		
585	Einnahme Jerusalems Ende des Königtums in Juda		

585 Deportation der Juden nach Babylon beendet
580 Juden in Ägypten deportiert nach Babylon
572 Vision von Ezechiels Tempel
572–571 Letztes aufgezeichnetes Halljahr (wurde aber nicht gefeiert)
559 Jojachin aus der Gefangenschaft in Babylon entlassen
537 Fall Babylons nach 70 Jahren Herrschaft
607–537 (und nicht 609–539 wie oftmals irrtümlich angegeben)
Persien wird zur führenden Macht
534 Erste Rückkehr der Juden aus Babylon ins Heilige Land, 70 Jahre nach Beginn der Gefangenschaft im Jahr 604 v. Chr. Wiedereinführung des Sabbat
520 Wiederaufbau des Tempels in Jerusalem beginnt
70 Jahre Zeit der Ungnade Judas (590–520) zu Ende
515 Fertigstellung und Weihe des Tempels in Jerusalem 70 Jahre nach seiner Zerstörung im Jahr 585
458 Zweite Rückkehr von Juden aus Babylon ins Heilige Land
Wiederaufbau Jerusalems und seiner Mauer, die jedoch in der Folge wieder von Feinden teilweise zerstört wird
445 Nehemia kommt nach Jerusalem und baut seine Mauer in 52 Tagen wieder auf
433 Nehemia sucht Persien nochmals auf (letztes datiertes Ereignis im Alten Testament)

409	Wiederaufbau Jerusalems beendet, Ende der ersten 7 »Wochen« (49 Jahre) von Daniels 70 prophezeiten Wochen
331	Schlacht bei Arbela, Ende der Perserherrschaft, Griechenland (Mazedonien) wird zur beherrschenden Macht
323	Tod Alexanders des Großen, das griechische Reich zerfällt in vier Teile
146	Ende der griechischen Vormachtstellung, deren Platz von Rom eingenommen wird
30	Ägypten, das letzte der vier griechischen Königreiche, wird römische Provinz
2	Geburt Christi

n. Chr.

29	Taufe Christi
33	Kreuzigung, Auferstehung und Himmelfahrt Christi
66–73	Jüdischer Aufstand gegen Rom
70	Fall Jerusalems und Zerstörung des Tempels
73	Fall Masadas, Ende des 7jährigen Krieges gegen die Römer
132–135	Bar-Kochba-Rebellion, Jerusalem wird zerstört
476	Ende des Weströmischen Reiches
533	Erlaß von Kaiser Justinian I. erklärt den Bischof von Rom (später Papst genannt) »zum Oberhaupt sämtlicher heiliger Kirchen und sämtlicher Priester«
536	Justinian entsendet ein Heer, um die Ostgoten aus dem besetzten Rom zu vertreiben
538	Rom ist von allen Feinden befreit, und die Herrschaft der römisch-katholischen Kirche beginnt
622	»Hedschra«: Mohammed flieht vor seinen Feinden aus Mekka nach Medina und gründet dort eine Gemeinde, Ausgangsjahr der mohammed. Zeitrechnung
637	Jerusalem fällt unter islamische Herrschaft
643	Bau der Omarmoschee in Jerusalem beendet
688–691	Errichtung des Felsendoms und der Aksa-Moschee in Jerusalem

820	Kalif al-Ma'mun öffnet die Große Pyramide, Entdekkung der oberen Gänge und Kammern
1440	Erfindung der Druckerpresse
1453	Untergang des Oströmischen Reiches
1519	Weltumsegelung Magellans

Es war sicherlich keine einfache Aufgabe, spezifische Punkte in der Pyramide zu bestimmen und mit biblischen Begebenheiten in Einklang zu bringen, doch erscheint dies leicht verglichen mit dem Versuch, zukünftige Ereignisse in der Menschheitsgeschichte zu bestimmen, wie sie von den internen Maßen der Pyramide prophezeit werden. Der Maßstab, der ein Jahr mit einem Zoll gleichsetzt, hat offensichtlich nur bis zum Ende der Großen Galerie Gültigkeit. Hinter dem Südende der Großen Galerie entspricht ein Pyramidenzoll nicht mehr einem Jahr, und alles sprach dafür, die Zeitlänge zu verkürzen.

William Reeve aus Toronto, Kanada, veröffentlichte 1909 eine Broschüre, in der er vorschlug, das Pyramidenzeitmaß herabzusetzen und ab dem Ende der Großen Galerie den Maßstab von 1 Pyramidenzoll = 1 Monat zu verwenden. Bei Fortsetzung der Messungen auf diese Weise zeichnet sich als letztes Datum in der Königskammer klar erkennbar der 20. August 1953 ab. Allerdings ist das nicht das Ende der überlieferten Zeit laut den Messungen innerhalb der Pyramide.

Zu Beginn des 20. Jahrhunderts sah man in den Abmessungen der Pyramide eine Prophezeiung der wichtigsten Daten während der beiden Weltkriege zusammen mit anderen bedeutenden politischen und wirtschaftlichen Ereignissen auf der ganzen Welt. Daher hegte man die Erwartung eines besonders bedeutsamen historischen Ereignisses, das, beginnend mit 1953, einen tiefgreifenden Wandel der Zukunft der Welt heraufbeschwören würde. Dieser könnte in der Tat bereits eingesetzt haben, ohne daß dies jedoch in so offensichtlicher Weise wie erwartet zutage trat. Gemäß der Auslegung einiger Pyramathologen durchlaufen wir gegenwärtig eine »Endphase«, die in Zusammenhang mit der bei Daniel 8, 13–19 erwähnten »Verwüstung des Heiligtums« gesehen wird.

Das tatsächliche Ende der von der Pyramide überlieferten Zeit fällt zwischen Juli 1992 und September 2001. Diese Angabe erhielt man durch die Verlängerung einer vertikalen Linie vom Ende der Königskammer bis zu dem Punkt, wo sie sich mit dem System der unterirdischen Kammer überschneidet. Von diesem Schnittpunkt aus maß man dann bis zum Ende des Blinden Ganges. Natürlich gibt es gewichtigere Argumente, die sich gegen jede Ableitung irgendwelcher prophetischer Daten aus den internen Abmessungen der Pyramide wenden.

Jeder Mathematiker wird die Tatsache bezeugen, daß man bei Multiplikation einer Zahl mit einer Konstanten das Resultat mittels einfacher Manipulation des Wertes dieser Konstanten beliebig verändern kann. Ein Beispiel: Man nimmt das eigene Geburtsdatum – zum Beispiel den 27. September 1937 – und bildet daraus die Quersumme, 9 + 27 + 1937, und erhält die zweistellige ganze Zahl 20. Multipliziert man diese Geburtszahl mit 2 000 000 mal 12 – der Anzahl der Tierkreiszeichen –, dann erhält man 480 000 000, was zufälligerweise der Einwohnerzahl Nord- und Südamerikas im Jahr 1967 entspricht. Obwohl dies natürlich ein sehr vereinfachtes Beispiel ist, wird von den Verfechtern der klassischen Anthropologie, Archäologie und Ägyptologie genau dies zum Vorwurf der Manipulation erhoben, nämlich etwas beweisen zu wollen, was in Wirklichkeit gar nicht existiert.

Diese Gelehrten behaupten, daß man auch die Dimensionen der anderen Pyramiden in Ägypten dahin trimmen könne, daß ihr Umfang die Anzahl der Tage in einem Sonnenjahr ergibt und ihre Höhe proportional dem Abstand zur Sonne entspricht und so weiter. Das sind schwerwiegende Einwände, die sich nicht ohne weiteres von der Hand weisen lassen, und es bleibt einem daher nichts übrig, als selbst eine Entscheidung im Licht der eigenen Erkenntnis zu treffen.

Daß die Pyramide in Beziehung zu ihrer Welt, in der sie erbaut wurde, steht und diese wiederum in Beziehung zum Kosmos, ist ein logischer Schluß, der sich nicht so leicht entkräften läßt. Der Glaube, daß die Pyramide mehr war als ein bloßes Grab, kann einem nicht zum Vorwurf gemacht werden, genausowenig wie der Glaube, daß sie nicht mehr als ein bloßes Grab war. Letztendlich ist und bleibt sie eines der größten Meisterwerke der Menschheit, das uns immer wieder von neuem Ehrfurcht einflößt.

Nichtsdestoweniger stellt sich die Frage, ob die Pyramide tatsächlich die physische Zerstörung der Welt ankündigt oder ganz einfach einen drastischen Wandel in den zwischenmenschlichen Beziehungen um die Jahrtausendwende. Nur die Zeit vermag dieses Rätsel zu lösen. Doch bis dahin können wir uns weiterhin mit den Zukunftsdeutungen auseinandersetzen, um sie auf ihre Genauigkeit hin zu untersuchen.

Die Metaphysiker sind sich völlig klar darüber, daß der Mensch die Auswirkungen in diesem Punkt sehr wohl reduzieren kann, wenn sich die vereinten Bemühungen der gesamten Menschheit darauf richten, einen konstruktiven Wandel anstelle eines destruktiven herbeizuführen. Jeder von uns muß die Verantwortung dafür übernehmen, was er dazu beiträgt, daß dieser Schicksalstag zum Tag der Wiedergeburt und nicht zum Tag der endgültigen Vernichtung wird.

Auf jeden Fall zeigt das von der Pyramide vorausgesagte abrupte Ende der Zeit an, daß ein gigantischer Zyklus sich vollendet und ein neuer beginnt, der wiederum in den inneren Dimensionen der Pyramide seinen Ausdruck findet, denn die Pyramide selbst ist eine Hieroglyphe, die die Gesetze der Genesis darstellt, die ihrerseits unsere Geschichte bestimmen.

Logische Schlußfolgerungen, abgeleitet aus den Daten der Pyramide, führen uns zu der Überzeugung, daß ihre Erbauer tatsächlich einen Kodex ihrer Weisheit und somit ihrer Prophetien in diesem Bauwerk anlegten. Die Annalen der Menschheit sind voll von Berichten über Orakel und begnadete Menschen, die die großen Momente und Zeitgeschehnisse erfolgreich prophezeiten. Im nächsten Kapitel werden wir einige dieser begnadeten Menschen kennenlernen gemeinsam mit ihren Prophezeiungen und sehen, in welchem spezifischen Zusammenhang sie mit den in der Großen Pyramide überlieferten Prophezeiungen stehen.

9
Stimmen aus der Vergangenheit – der Schlüssel zur Zukunft

In allen Zeiten wurden Symbole dazu benutzt, um Weissagungen zu übermitteln, und sie sind auch der Schlüssel, um die in der Großen Pyramide enthaltenen Prophezeiungen aufzuschließen. Hinter ihrer mannigfaltigen Form verbirgt sich die Wahrheit, denn das Wissen der alten Mysterien wurde dem Laien nur über das Medium der Symbole enthüllt.

Symbolismus erfüllte einen doppelten Zweck: Zum einen verbarg er die heilige Wahrheit vor dem Uneingeweihten, und zum anderen stellte er für all jene eine Sprache dar, die befugt waren, diese zu verstehen. Formlose göttliche Prinzipien werden immer durch Symbole dargestellt.

Auch die Natur benutzt diese Sprache, um sich auszudrücken. Die Weisen durchstoßen den Schleier des Symbolismus ehrfurchtsvoll in der Meditation über die Wirklichkeit und durch die Klarheit ihrer Vision. Während sich den Unwissenden, die unfähig sind, zwischen wahr und falsch zu unterscheiden, ein Universum seltsamer Zeichen und Formen darbietet.

Die alten Mysterienschulen entwickelten jede ihre eigene heilige Sprache, deren Geheimnisse nur dem Eingeweihten bekannt waren und die nur im Innersten des Heiligtums selbst gesprochen wurde und niemals außerhalb. Es dünkte den Meistern frevelhaft, die heilige göttliche Wahrheit ewiger Natur in der Sprache des Profanen auszudrücken.

Schon der Name sagt es, daß ein Geheimwissen nach einer eigenen Sprache, einer symbolischen oder heiligen Sprache verlangt, in der es sich verkörpern kann. Eine solche heilige oder hermetische Sprache stellt auch die Große Pyramide dar. Zu allen Zeiten wurden Symbole verschiedenster Form verwendet, ob es sich nun um Bilder, Zahlen, Musik oder um Worte handelte, die schriftlich oder mündlich, in Form von Parabeln und Allegorien, verschlüsselt, als Kode, mit Zahlen oder Zeichen vermischt, weitergegeben werden konnten.

Mit der gesprochenen Chiffre sind wir am meisten vertraut. Sie bietet unserem Geist die Möglichkeit, sich an ihr zu entwikkeln und zu schärfen. Die berühmtesten Sprüche und Prophezeiungen dieser Art werden uns von den Orakeln zu Delphi, Dodona, Trophonius und Latona des antiken Griechenland überliefert.

Bei den Orakelsprüchen aus Delphi handelte es sich entweder um Botschaften oder um Antworten auf Fragen, die von fünf heiligen Männern aufgezeichnet und dann den Philosophen des Orakels zur Deutung übergeben wurden. Danach wurden sie den Dichtern überlassen, die Gedichte oder Oden daraus machten, die für die Massen bestimmt waren.

Die Delphischen Orakelsprüche wurden von Jungfrauen übermittelt, die »Pythia« genannt wurden. Jungfrauen wurden zu dieser Aufgabe wahrscheinlich deshalb herangezogen, weil sie durch ihre höhere Sensitivität und Emotionalität am besten dafür geeignet schienen. Die Pythia saß auf einem Dreifuß, einem dreibeinigen Hocker, der über einer Erdspalte aufgestellt war. Diese Spalte befand sich im allgemeinen in einer Höhle, und die giftigen Gase oder Dämpfe, die daraus entwichen, versetzten die Jungfrau in einen veränderten Bewußtseinszustand, in dem sie die Worte der Prophezeiungen ausstieß.

Nostradamus, ein Prophet aus dem 16. Jahrhundert, benutzte einen kleinen bronzenen Dreifuß, auf den er ein Gefäß, das gemeinhin als Wasserkessel bezeichnet wird, stellte. Mit Hilfe eines darüber plazierten Zauberstabes kam er dann auf seherische Weise zu seinen Prophetien.

Nostradamus wurde als Michel de Nostredame in St.-Remy-de-Provence in Frankreich zur Mittagsstunde am 14. Dezember 1503 geboren. Seine Familie trat vom jüdischen zum katholischen Glauben über, als er ungefähr neun Jahre alt war.

Das Buch, das ihn während seiner verschiedenen wissenschaftlichen Studien am meisten beeinflußte, hieß »De Mysteriis Egyptorum« und wurde im Jahr 1547 in Lyon veröffentlicht. Nostradamus nannte seine Prophezeiungen »Les Centuries«, denn er beabsichtigte, sie in Buchform herauszugeben, und zwar in zehn Bänden zu je 100 vierzeiligen Versen, genannt »Quatrains«. Doch aus unbekannten Gründen ist »Centuries 7« nicht komplett und enthält nur 42 Vierzeiler.

Nostradamus lebte in der Zeit der Inquisition, in der die Kirche jegliche Form der Häresie gegen den Katholizismus mit Folter und Tod bestrafte. Er las und deutete viele okkulte Bücher, von denen er später behauptete, sie verbrannt zu haben, um die Kirchenbehörden irrezuführen. Es ist offensichtlich, daß Nostradamus, um nicht wegen Ketzerei und Zauberei verfolgt zu werden, seine Verse in einer Geheimsprache schrieb, die aus mehreren Sprachen bestand, beziehungsweise den archaischen Formen von Französisch, Griechisch und Latein, die er im selben Satz miteinander kombinierte. Außerdem gibt er an, auch die Zeiten in seinen Prophezeiungen absichtlich verdreht zu haben, damit nur die Eingeweihten sie verstünden. Aus diesen Gründen können seine »Centuries« auf verschiedenste Weise ausgelegt werden, was nicht wenig Verwirrung stiftet und jede Bemühung um eine chronologisch und sinngemäß richtige Übertragung sehr erschwert.

Große Zeitalter scheinen nicht nur auf den Gebieten von Wissenschaft und Kunst Höchstleistungen hervorzubringen, sondern auch auf dem Gebiet der Prophetie. Es ist interessant festzustellen, daß Nostradamus (1503–66) ein Zeitgenosse von Michelangelo (1475–1564) und Leonardo da Vinci (1452–1519) war, und es ist durchaus möglich, daß alle drei ihr geheimes Wissen aus der gleichen Quelle bezogen.

Erika Cheetham ist es in ihrem 1973 erstmals in Großbritannien veröffentlichten Buch »The Prophecies of Nostradamus« gelungen, in seine Prophezeiungen, die man lange Zeit für undurchdringlich hielt, einzudringen, und ihre buchstabengetreuen Übertragungen sind ziemlich einleuchtend. In der Übersetzung der ersten beiden Vierzeiler aus den »Centuries I« (I,1,2) beschreibt sie, daß Nostradamus sich nachts allein in seinem Arbeitszimmer einschloß und etwas auf seinen bronzenen Dreifuß stellte. Er besprühte den Saum seines Gewandes und seine Füße mit Wasser. Ein schwaches Licht kam aus dem Nichts, und Nostradamus hielt den Zauberstab in seiner Hand in die Mitte des Dreifußes. Er hörte eine Stimme und spürte die Gegenwart eines Gottes im Raum.

Meiner Meinung nach dürfte der Gegenstand auf dem Dreifuß eine Kristallkugel gewesen sein und nicht, wie immer geschrieben wird, ein Gefäß mit Wasser. Das Bild, das mir dabei einfällt, ist identisch mit dem von Dr. Ray Brown beschriebenen Bild, als er die Kristallkugel in der unter Wasser befindlichen Pyramide im Bermuda-Dreieck fand (siehe Kapitel 10). In beiden Beschreibungen liegt ein Gegenstand auf einem Sockel, und ein Zauberstab oder eine Stange befindet sich in seiner unmittelbaren Nähe.

Die Voraussagen des Nostradamus für die Wende im Jahr 2000 stimmen in vieler Hinsicht mit den aus der Großen Pyramide abgeleiteten Prophezeiungen überein. Die bei der Datierung der Prophezeiungen von ihm angewandte Chiffrierung gründet sich auf astrologische Zeichen, mit denen er sich bestens auskannte.

Das Bild, das ich aus seinen Centuries ableite, ist das einer großen Katastrophe, gefolgt von einem Krieg und mehreren Kleinkriegen, dann eine lange Friedensperiode und schließlich noch ein Krieg. Das Geheimnis seiner Vierzeiler innerhalb einer »Centurie« ist nicht unbedingt fortlaufender oder chronologischer Natur, deshalb gebe ich in der folgenden Geschichte, die ich zusammengestückelt habe, die Nummern der Vierzeiler und der Centuries an, denen ich sie entnahm.

Nostradamus schreibt in seinen Prophezeiungen, daß wir uns nunmehr in der letzten siebentausendjährigen Periode befinden, die im Jahr 1555 n. Chr. begann (I,48). In diesem letzten, 7000 Jahre umfassenden Zyklus findet ein großer Krieg statt, und am Ende des Zyklus werden die Toten aus ihren Gräbern steigen (X,74). Dieser große Krieg wird sich um das Jahr 2000 herum zutragen, und sein nuklearer Holocaust könnte eine vierzigjährige

Regenperiode, gefolgt von einer 40 Jahre andauernden Dürre auslösen (I,16–17). Der 40 Jahre anhaltende Regen könnte die Ursache sein für eine gewaltige, den Nahen Osten heimsuchende Flutkatastrophe. Diese Überschwemmung wird von solchen Ausmaßen sein, daß ihr auch Portugal, Spanien, Frankreich, Italien und die Schweiz zum Opfer fallen werden (III,12 und VII,16).

Zu Beginn des Jahres 1981 werden zwei Führer, möglicherweise Araber, zu bekannten politischen und militärischen Figuren werden, und die symbolischen Farben werden blau für das eine Land und rot für das andere Land sein (II,2 und IX,73). Diese beiden Führer werden Freunde werden und sich möglicherweise verbünden und damit eine noch größere Macht schaffen (II,89). Etwa um das Jahr 1987 werden diese beiden Hauptführer einander entweder bekriegen oder gemeinsam einen Krieg anfangen und Ägypten, den Iran und die Türkei besetzen (IV,25, V,25 und VI,80).

Zwischen jetzt und dem Jahr 2000 wird im Nahen Osten ein neues Land auftauchen, in der Nähe von Syrien, Jordanien und Israel, und die Regierung dieses neuen Landes wird zu jenen gehören, die um die Jahrhundertwende untergehen werden (III,97). Auf der anderen Hälfte der Erde wird sich während dieser Zeit gleichfalls ein neues Land entwickeln, dessen Hauptstadt von Nostradamus als die neue Stadt bezeichnet wird. Es wird von einem ausländischen Staatsmann besucht werden, der verräterische Absichten hegt und es einzunehmen wünscht. Das wird zu einem Krieg führen, und die Wasserversorgung der Stadt wird durch Schwefel vergiftet werden. All dies wird von Erdbeben begleitet, die die neue Stadt zerstören werden und die Folge von Vulkanausbrüchen sind, die an einem 10. April stattfinden werden (IX,93, X,49, VI,97, I,87, IX,83 und VI,5).

Ungefähr im September 1995 wird es zu einer Eskalation dieser beiden Kriege kommen, und aus den Zeichen am Himmel werden große Veränderungen auf der Erde vorausgesagt werden.

Die Menschen, die vor dem Ausbruch des nächsten Krieges an eine relativ lange Friedensperiode gewöhnt waren, werden nicht imstande sein, die darauffolgende Verwüstung zu verstehen, und werden Gott die Schuld für die Zerstörung geben, die besonders im Westen einsetzen wird (I,59 und I,91).

Wahrscheinlich im September des Jahres 1999 wird es zu einem Zusammenstoß der Erde mit einem Meteor oder Kometen kommen und gleichzeitig zum Ausbruch eines großen Krieges unter Einsatz von Atomwaffen (II,46,62,91 und X,72). Dieser Atomkrieg soll bis zum Jahr 2044 dauern, seine erste Explosion wird eine Woche lang anhalten, und der atomare Staub wird den Globus neun Monate lang einhüllen (V,90, II,41 und VI,5). Es handelt sich eindeutig um einen atomaren Holocaust, denn Nostradamus sah in seiner Vision, daß die hervorgerufene Hitze teilweise so groß war wie die der Sonne, so daß die Fische gekocht wurden und die Menschen sie aßen, weil eine große Hungersnot herrschte (II,3).

Während die Kriege andauern, wird sich eine mongolische Macht erneut etablieren, unter Führung eines Europäers (X,72 und X,75).

Die atomare Explosion bewirkt im Vatikan die Entscheidung, seinen Standort aus der Nähe Roms zu verlegen. Wenn dies geschieht, wird ein Papst, dessen Benehmen sich von den von seinem Amt geprägten Regeln entscheidend abhebt, in der neuen Residenz seinen Aufenthalt nehmen. Einige Jahrzehnte vor der Verlegung des Vatikans kommt es zu einem Schisma unter den Kardinälen, das zu einer Papstwahl führt, und die über diesen neuen Papst in Umlauf gelangenden Gerüchte werden der Kirche einen irreparablen Schaden zufügen (II,41, III,65 und V,46). In dem von Nostradamus entworfenen Zukunftsbild des Vatikans heißt es, daß Papst Paul VI. der zweite von fünf Päpsten ist, die innerhalb eines Vierteljahrhunderts kommen und gehen werden. Der sechste und letzte Papst wird sehr progressiv und den Italienern nicht allzu willkommen sein (V,92 und VIII,46).

Kurz vor oder nach dem Tode von Papst Paul VI. werden drei Brüder geboren werden, die verantwortlich sein werden für den Ausbruch des großen Atomkrieges (VIII,17 und 46). Nostradamus sieht die Geburt der drei Brüder klar voraus, zusammen mit einem Wandel der Weltmacht, hervorgerufen durch ihre Regierung (VIII,97).

Eine schwerbewaffnete U-Bootflotte wird in der Nähe von Italien auftauchen und den für den Krieg verantwortlichen Befehlshaber an Land bringen. Dieser Mann nimmt seinen Weg landeinwärts und tötet jeden, der sich ihm in den Weg stellt (II,5 und 29). Zusammen mit der Verwüstung der Städte und Dörfer wird der Krieg vor allem die Länder Frankreich, Italien und Spanien in Mitleidenschaft ziehen, und die atomaren Folgen werden verheerend sein (II,4 und III,75).

Der größte Teil der Landmasse der Erde wird unbewohnbar werden, und die Kämpfe um die bewohnbaren Gebiete werden den Krieg nicht zum Stillstand kommen lassen. Auch zwischen den beiden verbündeten arabischen Führern wird ein Streit ausbrechen, der mit dem Tod beider oder eines von ihnen enden wird (II,95). Es könnte auch einer von ihnen getötet werden, worauf der andere dann seinen Tod rächen und Frankreich und England für eine lange Zeit vereinigen würde (X,26).

In der Mitte des Jahres 2002 wird ein Regierungschef geboren werden, dem es gelingen wird, nach dem Krieg einen langen Frieden herbeizuführen (VI,24). Während der ersten Kriegstage des großen Krieges wird der Osten den Westen zweimal angreifen und verlieren, aber den Westen durch die Seegefechte schwächen. In diesen Umbruchzeiten wird ein Mann, der unter den Zeichen von Krebs, Wassermann und Mars geboren ist, eine neue Religion gründen, die sich den Donnerstag zum Tag der Ruhe wählen wird, und seine Macht wird dem Osten schwer zu schaffen machen.

Unter diesem Regime wird die Welt entweder den kältesten Winter der ganzen Menschheitsgeschichte erdulden müssen oder einen Polwechsel (I,50 und X,71). Noch ein Prophet wird das Licht der Welt erblicken, der sich den Montag zum Ruhetag erküren wird, und eine große Nation wird ihm ihre Befreiung verdanken (II,28). Auch ein Antichrist wird in Erscheinung treten, der später dann in einem 27 Jahre langen Krieg die drei Brüder verwunden und umbringen wird (VIII,77 und IX,36).

Die Voraussagen des Nostradamus für das Ende dieses Jahrtausends wirken ziemlich ernüchternd, aber wie dem auch sei, das Ende der Welt sah er noch nicht, im Gegenteil, sie wird noch fortdauern bis zum Jahr 8555. Und er beschwichtigt unsere Ängste durch die Voraussage von Ereignissen, die erst nach 2044 stattfinden werden.

Ausflüge auf den Mond, vielleicht für landwirtschaftliche Zwecke, sieht er auch voraus, die möglicherweise zur Entwicklung neuer Obstsorten führen werden (IX,65).

Zu Beginn des Jahres 2769 wird es wieder zum Ausbruch eines Krieges kommen, und in der Mitte des Jahres 3755 wird es möglicherweise ausgelöst durch ein Erdbeben oder eine sonstige Katastrophe neuerlich zu einem Polwechsel kommen (VIII,48 und X,67).

Edgar Cayce, bekannt als Amerikas »Schlafender Prophet«, bestätigt in gewisser Hinsicht die Prophezeiungen von Nostradamus. Cayce prophezeite, daß er im Jahr 1998 reinkarnieren und Hilfe für das neue Zeitalter bringen werde. Dann wird er nochmals wiederkehren, wie aus seinen prophetischen Träumen hervorgeht, und im Jahr 2100 nach der großen Umwälzung wird er das nächste Mal geboren werden.

Er berichtet den Traum von seiner Wiedergeburt in Nebraska im Jahr 2100 n. Chr.: Auf seinen Reisen benutzte er ein langes zigarrenförmiges Metallschiff, das sich mit hoher Geschwindigkeit durch die Luft bewegte. Er sah, daß New York zerstört worden war und wieder aufgebaut wurde. Alabama lag teilweise unter Wasser, und Norfolk, Virginia, war ein riesiger Seehafen geworden. Die Industrie war nicht mehr in den Städten konzentriert, sondern über das ganze Land verteilt. Die Häuser waren aus Glas. Nebraska war zur amerikanischen Westküste geworden. Er sagte große Umwälzungen voraus, die Millionen von Menschen in Mitleidenschaft ziehen würden, beginnend im Jahr 1968 und andauernd bis Ende 1998.

Das Jahr 1998 taucht immer wieder auf in seinen Träumen, den sogenannten »Readings«. Zu diesem Zeitpunkt wird die Welt viele drastische Veränderungen und Umwälzungen sowohl geologischer als auch sozialer Natur erlebt haben. Die neuen Länder, von denen Nostradamus spricht, könnten mit jenen Ländern, deren Erscheinen Cayce überall auf der ganzen Welt voraussagt, identisch sein. Poseidia wird als erster Teil von Atlantis aus den Fluten des Atlantiks wieder aufsteigen, aber auch im Pazifik werden Länder auftauchen. Mehr als die Hälfte von Japan wird überschwemmt werden. Im Südpazifik, im Mittelmeer und in der Gegend des Ätna werden Länder auftauchen und wieder versinken. Die nördlichen Teile Europas werden sich verändern, so daß die Schlachtfelder des 2. Weltkriegs Meere und Buchten bilden werden.

Die Umformung des amerikanischen Kontinents wird graduell verschieden sein. Die nordatlantische Küste wird weniger stark betroffen sein als die Westküste. Los Angeles und San Francisco werden noch vor New York zerstört werden. Teile des Staates New York und möglicherweise die ganze Stadt New York werden verschwinden.

Auch der mittlere Teil der Vereinigten Staaten wird seinen Teil abbekommen, die südliche Hälfte von Georgia und den beiden Carolinas wird verschwinden. Das wird zuallererst geschehen. Das Wasser der Großen Seen wird sich in den Golf von Mexiko entleeren. Das Gebiet der Großen Seen und die südlichen Teile von Nevada werden eine durch Erdbeben hervorgerufene Überschwemmung erleiden. Zu den »sicheren Ländern« gehören seiner Meinung nach die Gebiete in oder um den südlichen und östlichen Teil von Kanada, Illinois, Indiana, Teile von Ohio, Norfolk und Virginia Beach.

Die Arktis und die Antarktis werden von Vulkanausbrüchen erschüttert werden, hervorgerufen durch den Polsprung. Der Norden Grönlands wird in den Fluten versinken, und auch in Südamerika wird kein Stein auf dem anderen bleiben. All dies wird sich laut Cayce zwischen dem Jahr 2000 und 2001 zutragen. Er warnt auch davor, sich aus Gründen vermeintlicher Sicherheit in höher gelegene Gebiete zurückzuziehen, denn gerade diese Länder werden bis weit unter den Meeresspiegel absinken und überflutet werden.

Von den späten sechziger Jahren bis zur Mitte der siebziger Jahre werden viele Länder in allen Winkeln der Erde verheerende Erdbeben zu spüren bekommen, was die von Edgar Cayce getroffenen Voraussagen ankündigen wird. Seine zahlreichen Voraussagen haben sich in mehr als genug Fällen als zutreffend erwiesen, dies spricht für den Wahrheitsgehalt und die Genauigkeit seiner Prophezeiungen.

Ich glaube, daß Prophetie und Weissagung ein Teil unseres Lebens sind, unserer Welt und unseres Universums. Zumindest läßt sich von diesen Phänomenen sagen, daß in ihnen eine Wahrheit steckt, die nicht geleugnet werden kann, und dies ist auch der Grund, warum sie in jedem Zeitalter anzutreffen waren.

Unter den hieroglyphischen Zeichen der Ägypter verbergen sich prophetische Aussagen, die sowohl die Prophetien der Großen Pyramide erhärten als auch die der berühmten und weniger berühmten Seher. Es gibt zum Beispiel einen Papyrus mit dem Titel »Die Warnungen eines Propheten«, der noch aus der Zeit der 6. Dynastie stammen soll, und dessen fünfter Vers eine interessante Aussage enthält. Eine der Übersetzungen dieses Abschnitts lautet:

»Siehe, wonach sucht er? Ein ängstlicher Mann unterscheidet sich nicht von einem starken. Er wird Kühle auf die Hitze bringen. Es heißt: Er ist der Hirte aller Menschen. Kein Übel ist in seinem Herzen. Seine Herde hat sich verringert, und doch hat er den ganzen Tag damit verbracht, sie zu hüten...

Ah, hätte er doch ihre Natur in der ersten Generation durchschaut, dann hätte er das Übel ausgerottet, er hätte seinen Arm erhoben und den Samen des Übels und seine Saat vernichtet.

Es gibt keinen Führer in ihrer Zeit. Wo ist er heute? Schläft er denn? Siehe, seine Macht ist unsichtbar. Als uns die Traurigkeit übermannte, fand ich dich nicht...«

Eine andere Version desselben Textes ist:

»Siehe, warum sucht er die Menschen zu formen, wenn sich der Ängstliche vom Starken nicht unterscheidet? Brächte er Kühle auf die Hitze, würde man sagen: ›Er ist der Hirte aller, kein Übel ist in seinem Herzen. Seine Herden sind wenige, aber er hütet sie den ganzen Tag.‹ Feuer ist in ihren Herzen, hätte er doch ihre Natur in der ersten Generation durchschaut! Dann hätte er das Übel ausgerottet, seinen Arm dagegen erhoben, er hätte ihren Samen und ihre Erben vernichtet!

Es gibt keinen Führer in ihrer Stunde. Wo ist er heute? Schläft er? Siehe, seine Macht ist unsichtbar! Hätte man uns ernährt, hätte ich dich nicht gefunden, man hätte mich nicht gerufen...«

Obwohl die beiden Übertragungen in manchen Teilen beträchtlich voneinander abweichen, weisen sie gemeinsam auf etwas hin, was man als das Kommen eines Erlösers interpretieren könnte.

Ein anderer Papyrus, aus derselben Periode und betitelt »Die Prophezeiung von Neferohu«, enthält gegen Ende eine interessante Textstelle:

»Freue dich, o Volk seiner Zeit! Der Sohn eines Mannes von hohem Rang wird sich einen Namen machen in alle Ewigkeit. Jene, die Unheil stiften wollen und zu Feindseligkeit neigen, hüten ihre Zunge aus Angst vor ihm. Die Asiaten werden seinem Blutbad zum Opfer fallen und die Libyer seinen Flammen. Die Feinde erliegen seinem Ansturm und die Rebellen seiner Macht. Die königliche Schlange auf seiner Stirn besänftigt die Rebellen. Und das Rechte wird seinen Platz wieder einnehmen, und das Unrechte wird man verwerfen. Es mag sich freuen, wer dies befolgt, denn er wird dem König dienen. Ein Mann des Wissens soll Wasser für mich ausgießen, wenn er sieht, daß das von mir Gesprochene sich erfüllt.«

Eine andere Übertragung lautet:

»Freue dich, o Volk seiner Zeit, der Menschensohn wird seinen Namen verewigen! Die Unheilstifter, die Verräter, sie halten ihre Zungen im Zaum aus Furcht vor ihm. Asiaten werden unter seinem Schwert fallen, Libyer unter seinem Ansturm, Rebellen unter seinem Zorn, Verräter unter seiner Stärke, denn die Schlange auf seiner Stirn besiegt die Rebellen an seiner Stelle.

Dann wird wieder Ordnung einkehren, und das Chaos vertrieben werden. Freue dich, wer dies beachtet, er, der dem König dienen mag! Und wer weise ist, wird mir ein Trankopfer darbringen, wenn sich das von mir Gesprochene erfüllt!«

Zeitgenössische Übersetzer von Hieroglyphen glauben, daß sich diese Textstelle auf einen Pharao aus jener Zeit bezieht und nicht auf einen kommenden Erlöser. Nichtsdestotrotz weisen die Textstellen eine gewisse Ähnlichkeit mit der Ausdrucksweise des Alten Testaments auf, was wieder jene Theorie unterstützt, die behauptet, daß Teile der Bibel modifizierte Versionen von frühen ägyptischen Schriften seien.

Bei der Auslegung von Prophezeiungen muß mit größter Sorgfalt vorgegangen werden, um auseinanderzuhalten, was noch kommen wird und was schon geschehen ist. Tatsache ist, daß bei keiner Interpretation von esoterischem Material auf die Intuition verzichtet werden kann.

Sämtliche in den Gängen und Kammern der Großen Pyramide angebrachten Zeichen und Daten sind offensichtlich deshalb beim Bau der inneren Struktur der Pyramide berücksichtigt worden, damit die Daten von Ereignissen oder von wieder auftretenden Zyklen hervorgehoben werden. Allerdings darf man nicht vergessen, daß die Pyramidenprophezeiungen von einem den üblichen Prophezeiungen entgegengesetzten Standpunkt ausgehen.

Eine verbale Prophezeiung kündigt üblicherweise ein bestimmtes, noch einzutretendes Ereignis an, kann es aber nicht genau datieren, wogegen die Pyramide Daten aufzeigt, aber nicht, welche Ereignisse zu diesen Daten eintreten werden. Zum Beispiel gilt nach allgemeiner Übereinkunft der September des Jahres 2001 als letztes durch die Maße der Großen Pyramide verkörpertes Datum, aber niemand weiß, welches Ereignis dieses Datum bedeutsam machen wird.

Während des Ersten Weltkriegs befaßten sich die Pyramathologen etwas eingehender mit den von den inneren Abmessungen der Großen Pyramide umrissenen Daten. Sie kamen zu der Überzeugung, daß ein Zeitschreiber der Geschichte hier bessere Arbeit geleistet hatte, als angenommen worden war. Bauliche Gegebenheiten zwischen den Daten 1914 und 1918 bildeten ein topographisches Muster, das sie dem Sinn nach als »der Große Krieg« interpretierten. Indem sie sich in die zukünftigen Daten hineinversetzten, entdeckten die Pyramathologen eine Periode zwischen 1936 und 1945, die sie als eine weitere Ära der Prüfung und Bedrängnis, ähnlich jener des Ersten Weltkriegs, auslegten.

Man ist niemals sicher, was das Datum in Wirklichkeit bedeutet, bis sich das Ereignis tatsächlich zuträgt und bekannt ist. Das

Datum zeigt einfach nur an, daß etwas geschehen wird, was für die menschliche Existenz von universeller Notwendigkeit und Bedeutung ist.

Wie gesagt, die Tatsache, daß das letzte im Inneren der Pyramide meßbare Datum der September 2001 ist, heißt nicht, daß der Weltuntergang bevorsteht, sondern einfach nur, daß ein neuer Zyklus beginnt.

Rodolfo Benavides aus Mexiko City, Mexiko, stellte prophetisches Material vor, das in den fortlaufend auf den letzten Stand gebrachten Ausgaben seines Buches »Dramatic Prophecies of the Great Pyramid« erscheint. Dieses Material schöpft er zum Teil aus dem Symbolismus der Pyramide und zum Teil aus Inspirationen über die Pyramide. Kurz, Benavides behauptet, die Periode zwischen 1987 und 2001 würde sich als eine Zeit des Wahnsinns und der Wirren entpuppen, die aber möglicherweise eine Rückkehr zu normalen Lebensbedingungen ankündigt, doch in einer neuen Umwelt sowie unter neuen klimatischen und philosophischen Bedingungen und unter einem neuen Messias. Er prophezeit, daß bis zu 70 Prozent der Weltbevölkerung bis zu diesem Zeitpunkt vernichtet sein werden und daß, wenn am 17. September 2001 die Trompeten Yom Kippur signalisieren werden, eine neue Ära anbrechen wird ohne jüdische Nation oder Glaubensgemeinde.

Das Instituto Raymundo lulio in Mexiko City, Mexiko, ist ein kleines Zentrum für Okkultisten und Spiritisten, das zu Beginn der vierziger Jahre unseres Jahrhunderts Voraussagen machte über eine im Jahr 1970 hereinbrechende, rasch sich ausweitende Katastrophe, die sich bereits in den Jahren davor durch große Überschwemmungen und Erdbeben und andere Naturkatastrophen ankündigen würde. Doch werde es den Menschen, die die Zeichen der Zeit zu deuten verstünden, gelingen, sich zu retten.

Aus diesen Prophezeiungen geht außerdem noch hervor, daß China in den frühen siebziger Jahren zur Teilnahme an einem Krieg nicht bereit sein werde, sollte dieser aber ans Ende des Jahrhunderts verschoben werden, dann wäre seine Teilnahme ziemlich sicher und auch eine Zerstörung der Welt durch China nicht ausgeschlossen. Auch andere spirituelle Zentren rund um den Erdball scheinen ganz allgemein von diesen Feuer-und-Schwert-Vorhersagen recht viel zu halten.

Die vorher erwähnten Prophezeiungen nehmen alle Anleihen beim Neuen Testament, und zwar insbesondere beim letzten Kapitel des zweiten Petrusbriefes, in dem die Rede ist von einer Katastrophe, die einen neuen Himmel und eine neue Erde hervorbringen wird.

Die starke Beschäftigung gewisser Pyramidologen mit der Großen Pyramide als einer Bibel in Stein zu Anfang des 19. Jahrhunderts wird leichter verständlich, wenn man sich ihre Glaubensgrundlage vor Augen führt. Die alten Schriften, aus denen sich das Alte Testament zusammensetzt, und die jüngeren, die in das Neue Testament integriert wurden, lassen den Bibelforscher glauben, daß die Verfasser dieser Manuskripte eine starke prophetische Veranlagung hatten. Einige sagen, daß die Bibel von Gott inspiriert ist und der Schreiber nur das Instrument, durch den sich diese Prophezeiungen ausdrücken, wogegen andere behaupten, daß die Verfasser selber Propheten waren, die in die Zukunft sehen konnten.

Was auch immer der Fall sein mag, den Pyramidologen flößte der Symbolismus der Großen Pyramide Staunen und Ehrfurcht ein, und sie fingen an zu glauben, daß die Planung und der Bau der Pyramide nur allein göttlicher Inspiration zu verdanken sei. Und sie versuchten daher zu beweisen, daß die Bibel und die Große Pyramide einander ebenbürtig wären.

Die Große Pyramide wird auch als Verkörperung des Planeten Erde angesehen, wobei der fehlende Schlußstein an ihrer Spitze Jesus Christus, dem Erlöser und erwarteten Messias, entspräche. Die Gänge und Kammern im Innern der Pyramide wurden als Weg der Seele in ihrer Entwicklung während des irdischen Lebens beschrieben, wobei die eingeschlagene Wegrichtung symbolisch zu verstehen ist. Jede Route, die nach unten, nach links oder nach Osten führt, symbolisiert Degeneration, Verneinung und Abstieg zur Hölle, während aufwärts, westwärts oder nach rechts führende Wege Erleuchtung und Unsterblichkeit bedeuten. Hinzu kommt, daß Wanderungen nach Süden die Reise der

Seele durch die Zeit darstellen und nach Norden die Rückkehr der Seele in die physische Existenz. Horizontale Passagen symbolisieren das Erreichen eines bestimmten Niveaus, und Abzweigungen davon bringen das Individuum auf ein anderes Niveau, ob positiv oder negativ hängt von der eingeschlagenen Richtung ab.

Die Kammern selbst symbolisieren das Ende oder die letzte Entscheidung. Das Niveau der Königinnenkammer wird mit der Ebene des Lebens gleichgesetzt und bedeutet potentielle Erleuchtung, während das Niveau der unterirdischen Kammer für Tod beziehungsweise unerleuchtete Sterblichkeit steht. Die Königskammer verkörpert das höchste Niveau, die Vereinigung mit dem Göttlichen.

So wie das Lesen und Verstehen der Bibel zu einer Stärkung des Glaubens führt, glauben die Pyramidologen, daß die Große Pyramide eine Verkörperung des Weges ist, den der Mensch sich infolge seines freien Willens selber aussuchen kann. Die Überlegung, daß die Pyramide eine steinerne Bibel ist, hat aus den Pyramidologen Pyramathologen gemacht, die bestimmte Ereignisse, ausgehend vom Symbolismus der Großen Pyramide, interpretiert haben in bezug auf klar erkennbare Daten.

Man muß sich davor hüten, Vorhersage und Prophetie zu verwechseln. Die Vorhersage oder Prognose ist erlernbar. Durch Beobachtung einer bestimmten Abfolge von Ereignissen läßt sich auf deren Fortsetzung schließen, ja es ist sogar möglich, bestimmte Gesetze oder Regeln darüber zu entwickeln. Zum Beispiel ist es an der Börse ziemlich bekannt, daß die Aktienpreise nicht unentwegt ansteigen können, ohne daß auch mit ihrem Fall zu rechnen ist. Auch das Wetter zählt zu den vorhersagbaren Phänomenen. Die Meteorologen, die sich mit der Wettervorhersage befassen, sind in der Lage, das Wetter aufgrund der atmosphärischen Bedingungen für die Woche oder das kommende Wochenende vorherzusagen.

Ein Seher oder ein Medium prophezeien weniger als sie vorhersagen. Viele Vorhersagen werden fälschlicherweise für Prophezeiungen gehalten, und wenn das erwartete Ereignis dann nicht eintritt, ist man enttäuscht und beginnt an den prophetischen Fähigkeiten der Person zu zweifeln. Die Gabe der Prophetie ist ein Phänomen, das sporadisch auch im Leben ganz gewöhnlicher Menschen auftritt.

Ich glaube inzwischen immer mehr, daß die aus der Großen Pyramide abgelesenen Prophezeiungen eher auf historischen Trends basierende Vorhersagen sind, die mit prophetischen Aussagen aus alten Manuskripten gekoppelt wurden. Die Pyramathologen sind auch heute noch damit beschäftigt, die Prophezeiungen der Großen Pyramide auf den letzten Stand zu bringen, beziehungsweise bereits eingetretene Ereignisse mit den Daten der Pyramide abzustimmen. Dies gibt ihnen wahrscheinlich größere Sicherheit oder Genauigkeit bei der Dechiffrierung der Prophezeiungen über die zukünftigen Ereignisse und deren Daten.

Für mich ist das nicht mehr als eine verschleierte Fähigkeit der Vorhersage, denn wenn jemand einigermaßen geübt im Vorhersagen ist und seine Vorhersagen entsprechend subtil sind, dann können sie leicht als Prophezeiungen ausgelegt werden. Allerdings ergibt sich ein statistischer Bezug zwischen zunehmend genaueren Vorhersagen und einer zunehmenden Annäherung der betreffenden Person an die wahre Prophetie, denn Prophetie ist immer hundert Prozent richtig, während Vorhersagen niemals einen hundertprozentigen Genauigkeitsgrad erreichen.

Seit 1940 haben zahlreiche Pyramidologen die Daten innerhalb der Großen Pyramide erneut auf ihre Richtigkeit geprüft und entsprechend korrigiert, und das von Rutherford als letztes Datum angegebene Jahr ist 2979. Die jüngsten, auf der Großen Pyramide basierenden Vorhersagen lauten wie folgt:

1979–1991 Die Erde wird zur Seite kippen, weil ein Kataklysmus die Erdachse verändern wird. Es wird zu einschneidenden Klimaveränderungen auf der Erde kommen. Eine neue spirituelle Strömung wird unmerklich ihren Einfluß auf die politischen Führungskräfte der Welt ausüben und sie erleuchten. Infolge von Kriegen werden Länder auftauchen und wieder untergehen, und durch Regenfälle werden große Erdkatastrophen ausgelöst werden.

1995–2025 Eine neue menschliche Gesellschaft mit rein spiritueller Bindung wird entstanden sein, »das Königreich des Geistes«. Vulkanausbrüche, elektrische Stürme und andere Naturkatastrophen werden zum Alltag gehören. Von jetzt an bis zur Jahrhundertwende wird die Zivilisation weiterhin abnehmen und ihren endgültigen Zusammenbruch um 2025 erreichen. Zu diesem Zeitpunkt wird sich eine neue Zivilisation etabliert haben.

2034 Ein Zeichen, das die Ankunft des Messias ankündigt, wird am Himmel erscheinen.

2040 Der lang erwartete Messias kehrt zurück, inkarniert in einem physischen Körper.

2055–2080 Materialistischer Fortschritt stellt sich wieder ein, verbunden mit erhöhter Zunahme von Wohlstand und Leistung.

2080–2115 Eine neue spirituelle Aufgeschlossenheit bewirkt die Anhebung des menschlichen Bewußtseins zu neuen Höhen.

circa 2116 Ableben des inkarnierten Messias, der etwa um das Jahr 2135 neuerlich inkarniert und etwa um 2265 ein drittes Mal.

Die aus der Großen Pyramide interpretierten symbolischen Daten sind derart komplex, daß sie viele Variationen zulassen. Viele Menschen halten die Interpretationen für widersprüchlich und detailarm. Wie ich schon sagte, enthüllt die Pyramide bloß spezifische Zukunftsdaten, die unbekannte und möglicherweise unbemerkbare Ereignisse betreffen. Wenn durch menschliche Intervention diese Daten mit Vorhersagen von Ereignissen verknüpft werden, dann kann sich dies auch als unrealistisch oder unkorrekt herausstellen, aber wer kann das andererseits schon so genau wissen vor dem Eintritt des Pyramidendatums?

Die scheinbar perfekte Übereinstimmung zwischen der Bibel und der Großen Pyramide, wie sie von den Pyramathologen vorgebracht wird, beruht auf einem Mangel an Zeitangaben in der Bibel, wogegen es sich bei der Pyramide ausschließlich um Zeitangaben handelt. Die im letzten Jahrhundert sehr überzeugend formulierten Thesen, nach denen die Große Pyramide eine Bibel in Stein ist, stellen insbesondere für Bibelerklärer und auch für gewöhnliche Sonntagschristen eine reizvolle Theorie dar. Das Konzept von der Interrelation zwischen Bibel und Großer Pyramide bildet eine faszinierende Möglichkeit. Ist die Bibel das bestmögliche Verbindungsglied zum Kode der Alten? Wie schon erwähnt, scheint es zwischen den Maßen der Großen Pyramide und den in der Bibel beschriebenen Ereignissen eine Wechselbeziehung zu geben – oder doch nicht? Den Hobbytheologen unter uns sind die vielen Konflikte und zahlreichen Widersprüche in den Schriften, aus denen sich die Bibel zusammensetzt, sicher wohlbekannt. Allerdings werden die Hobbytheologen von den Kanonisten nicht ernst genommen, diese sind vielmehr der Meinung, daß gute Theologie in »gesunder« Textanalyse und in der Verwendung moderner Interpretationsmethoden wurzelt.

Hollywood hat ebenfalls seinen Beitrag zur herrschenden Konfusion über die biblischen Wahrheiten geleistet, wie man aus der Verfilmung der Geschichte von Samson und Delila ersehen kann. In der Filmversion schneidet Delila Samson die Haare ab, doch in den Richtererzählungen des Alten Testamentes 16,19 steht geschrieben:

»Sie ließ ihn auf ihren Knien einschlafen und rief dann einen Mann, der die sieben Locken seines Hauptes schor. Da begann er seine Kraft zu verlieren, und seine Stärke wich von ihm.«

Dann sind da noch die vielen Mißverständnisse und Mißinterpretationen, die sich im Laufe der Zeit unseres Heranreifens in uns eingenistet haben und dazu führten, daß sich in uns ein ganz falsches Konzept gebildet hat. Hinzu kommt noch, daß natürlich im Religionsunterricht, wie in jedem anderen auch, nur jene Punkte hervorgehoben werden, die zu dem behandelten Thema passen, beziehungsweise dem Verständnis der dahinterliegenden Ideen förderlich sind. Geschichtliche Fakten, wie sie, von welcher Religion auch immer, präsentiert werden, sollte man überhaupt in Frage stellen, da bekanntlich zahlreiche Veränderungen der Geschichte vorgenommen wurden, um gewisse Tatsachen zu verschleiern und den Unvorsichtigen in die Irre zu führen.

Wenn die Große Pyramide eine steinerne Bibel ist, scheint es sinnvoll, einen Blick auf die Bibel selbst und ihre Geschichte zu werfen, um zu sehen, wie genau oder wahr diese Bibel ist. Die Verfechter der Theorie, daß die Pyramide eine Bibel in Stein ist, gehen von der niemals in Frage gestellten oder analysierten Voraussetzung aus, daß die Bibel die absolute Wahrheit verkörpert und wortwörtlich zu nehmen ist. Diese fundamentalistische Ansicht stimmt weder mit der esoterischen noch mit der ägyptischen Anschauung überein, daß spirituelle Wahrheit nur mit Hilfe von Symbolen und Allegorien übermittelt werden kann, die keinesfalls buchstäblich aufzufassen sind, sondern eine doppelte Bedeutung haben.

Was wäre, wenn die Bibel den erforderlichen Beweis nicht ausreichend stützen kann? Dieser wäre zu erbringen, noch ehe man die von den Scholaren dogmatisch vorausgesetzte Wechselwirkung zwischen Bibel und Pyramide akzeptiert. Daß die Pyramide eine Bibel in Stein ist, ist keine anerkannte Tatsache, sondern eine zur Diskussion gestellte Theorie, die von einer Anzahl gelehrter Abhandlungen unterstützt wird.

Wir sollten uns der Tatsache bewußt sein, daß die Pyramidengelehrten sich alle auf die King-James-Version der Bibel berufen, die von den kanonischen Gelehrten schon vor langer Zeit verworfen wurde, mit der Begründung, daß sie nicht die bestmögliche Übersetzung ist. Sie benutzen an ihrer Stelle die revidierte Standardversion und sogar die Jerusalembibel, weil sie diese für verläßlicher halten.

Die vielen verschiedenen Versionen von der »Bibel«, die von den Religionen auf der ganzen Welt benutzt werden, zeigen die Unterschiede in den Doktrinen dieser Religionen auf. »Die Bibel« oder »Das Buch« jeder Religion enthält nur jene Manuskripte, die dieser Religion am annehmbarsten erscheinen. Im Jahr 1926 wurde eines der ungewöhnlichsten und einzigartigsten Bücher ins Englische übersetzt und zum ersten Mal veröffentlicht. »The Lost Books of the Bible and the Forgotten Books of Eden« ist eine Sammlung von apokryphen Schriften, die jahrhundertelang totgeschwiegen wurden, aber nichtsdestotrotz einen wichtigen Teil unseres religiösen Erbes darstellen.

Dr. Frank Crane stellt in seiner Einleitung zu »The Lost Books of the Bible and the Forgotten Books of Eden« fest, daß die Bibel als etwas »Gewachsenes« anzusehen ist und daß nur wenige Leute realisieren, daß sie nicht von einer Person geschrieben wurde, sondern im Gegenteil eine Sammlung von Manuskripten ist, die von vielen verschiedenen Personen aus verschiedenen Ländern verfaßt wurden. Wir müßten schon zu Bibelgelehrten werden, um zu wissen, wie diese Sammlung von Manuskripten zur Bibel zusammenwuchs und warum manche Manuskripte aufgenommen und andere verworfen wurden. Die Kirche fordert von uns, daß wir als »Bibel« jene Manuskripte anerkennen, die bei einem Konzil ausgewählt wurden, das in längst vergangener Zeit stattgefunden hat, und verwirft alle anderen als apokryph.

Doch manchmal bereitet es uns eine größere Genugtuung, wenn wir uns aufgrund einer Untersuchung sämtlicher erhältlicher Beweise zu unserer eigenen Erkenntnis durchringen. Natürlich ist es verständlich, daß die Manuskripte, aus denen sich die Bibel zusammensetzt, höher eingeschätzt werden als jene, die absichtlich weggelassen wurden. Eine Überprüfung des Evangeliums und der nichtevangelischen Texte muß innerhalb der redaktionellen Natur ihrer Zusammensetzung erfolgen. Um sich ein Bild von den Schriften seiner eigenen Religion machen zu können, muß man sowohl die Bücher der Schriften in ihrer autorisierten Version heranziehen als auch jene Schriften, die von verschiedenen Konzilen ausgeschieden wurden.

Des weiteren schreibt Dr. Crane, die Kirche könne nicht behaupten, daß die Bibel von dazu befähigten Personen abgefaßt worden sei. Obwohl über das Leben ihrer Verfasser bis auf wenige Ausnahmen nichts bekannt ist, werden wir nichtsdestotrotz aufgefordert, deren Beschlüsse zu akzeptieren.

Von den vielen aus der Bibel ausgeschiedenen Manuskripten gibt das »Verlorene Evangelium nach Petrus« die meisten Rätsel auf. Es ist eine Übersetzung einer alten griechischen Pergamenthandschrift, die 1886 gefunden wurde und in mehr als 20 Details von den kanonischen Ausgaben abweicht, wobei sich aufgrund einiger Abweichungen ziemlich interessante Fragen ergeben.

Diese Unterschiede lassen sich klar festlegen, wenn man »The Lost Books of the Bible and the Forgotten Books of Eden« liest und es mit dem kanonischen Text der vier Evangelien vergleicht. Zum Beispiel:

In Matthäus 27,24 wusch Pilatus seine Hände in Unschuld und überließ Jesus dem Urteil der Menge, doch die Petrusversion behauptet, daß Herodes den Urteilsspruch fällte.

Anstelle des Ausrufs Jesu: »Mein Gott, mein Gott, warum hast du mich verlassen?« (Matthäus 27,46 und Markus 15,34) lautet die Petrusversion: »Und der Herr rief aus: ›Meine Kraft, meine Kraft, du hast mich verlassen.‹« (Petrus 13)

Abgesehen von der ungewöhnlichen Formulierung »Meine Kraft, meine Kraft...« im Unterschied zu »Mein Gott, mein Gott...«, ist da noch die erstaunliche Auferstehungsvariation in Petrus 9, 10 und 11:

»Und in der Nacht vor dem Tag des Herrn, in der die Soldaten zu zweit Wache hielten, ertönte eine Stimme am Himmel, und sie sahen den Himmel sich öffnen und zwei Männer, die von hellem Licht umgeben waren, herabsteigen und sich dem Grab nähern. Und der Stein, den man vor den Eingang gewälzt hatte, rollte von selber zur Seite und gab den Weg frei, und das Grab wurde geöffnet, und die beiden jungen Männer traten ein.

Als die Soldaten dies sahen, weckten sie den Zenturion (Petronius) und die Ältesten, denn auch sie hielten Wache. Und als sie berichteten, was sie gesehen hatten, sahen sie wieder drei Männer aus dem Grab treten, und zwei von ihnen stützten den dritten, und ein Kreuz folgte ihnen, und von den zweien reichte das Haupt bis zum Himmel, doch das Haupt von dem, den sie führten, reichte über die Himmel hinaus. Und sie hörten eine Stimme aus dem Himmel, die sprach: ›Du hast zu ihnen gepredigt, doch sie schliefen.‹ Und von dem Kreuz kam die Antwort: ›Ja.‹

Und sie berieten sich untereinander, ob sie gehen und Pilatus diese Dinge berichten sollten. Und als sie noch darüber nachdachten, sahen sie wieder die Himmel sich öffnen und einen gewissen Mann herabsteigen und in das Grab gehen. Als der Zenturion und die, die mit ihm waren, diese Dinge sahen, eilten sie durch die Nacht zu Pilatus und verließen das Grab, das sie bewachen sollten, und berichteten ihm alles, was sie gesehen hatten. Sie waren sehr beunruhigt und sagten: ›Wahrlich, er war der Sohn Gottes…‹«

Einen wichtigen Punkt darf man bei der Auferstehung Christi nicht aus den Augen verlieren, und zwar ob diese die Zuschreibung göttlicher Attribute rechtfertigt. Da sich nicht feststellen läßt, in welcher Form diese Auferstehung tatsächlich stattfand, könnte es der Fall sein, daß er sich durch sie keineswegs von den anderen Menschen unterscheidet. Die vielen Berichte umfassen beide Extreme der Auferstehung, vom Sehen des Leichnams Jesu bis zu den von Zeugen Christi wahrgenommenen Visionen.

Vom Tod zurück ins Leben gerufen zu werden schien in jener Epoche keinesfalls so unglaublich zu sein, wie es uns heute vorkommt. Im Neuen Testament gibt es viele diesbezügliche Stellen. Es steht geschrieben, daß Jesus mindestens drei Leute vom Tod erweckte (Johannes 11,44, Lukas 7,15; 8,55, Markus 5,42) und daß er den beiden Jüngern von Johannes dem Täufer auftrug zu berichten, daß sie das Erwecken von Toten gesehen hatten.

Der Hebräerbrief 11,35 nimmt Bezug auf die Auferstehungen der Toten im Alten Testament, und zwar in einer Weise, die darauf schließen läßt, daß es sich um ein natürliches Phänomen handelte:

»Frauen erhielten durch Auferstehung ihre Toten wieder.«

Diese Schriften lassen vermuten, daß Jesus, einfach weil er vom Tode auferstand, keiner speziellen Kategorie angehörte, besonders wenn man Matthäus 27,52–53 liest, wo die Leichen vieler Heiliger sich aus offenen Gräbern erhoben, in die heilige Stadt gingen und von vielen Leuten gesehen wurden. Es ist jedoch unmöglich, eine Erklärung für Jesu Auferstehung zu liefern, denn es scheint, daß die Leute, die dieses Ereignis nicht erzählten, sondern proklamierten, keine Historiker, sondern Evangelisten waren. Es ist in der Tat völlig ungewiß, ob es überhaupt Zeugen gab für Jesu Auferstehung.

Es ist auch wichtig festzuhalten, daß ein grundsätzlicher Unterschied besteht zwischen dem Terminus »Auferstehung«, der sich nur auf Jesus Christus anwenden läßt, und dem Terminus

»Wiedererweckung«, der bei allen anderen gebraucht wird. Auferstehung setzt die Umwandlung und Vergeistigung des Körpers voraus, was bei einer Wiederbelebung nicht der Fall ist.

Es gibt einige Unterschiede zwischen den Texten der vier Evangelisten Matthäus, Markus, Lukas und Johannes. Die religiöse Doktrin rechtfertigt diese Unterschiede als Ausdruck verschiedener Funktionen, da jedes Evangelium für eine bestimmte Gemeinschaft in einer bestimmten Zeit und an einem bestimmten Ort geschrieben wurde.

»Das verlorene Evangelium nach Petrus« wurde einst vielleicht genauso in Ehren gehalten wie die vier anderen. Der Petrusbericht ist nur mehr ein Fragment, der Rest des Werkes ist nicht mehr erhalten.

Viele Metaphysiker und Gnostiker behaupten, daß die Kirche nicht nur Schwierigkeiten hat, wenn es um die Erklärung der Auferstehung Christi geht, sondern vielleicht noch größere bei Christi letzten Worten am Kreuz. Könnte die Tilgung des Petrus-Evangeliums darauf zurückzuführen sein, daß Christi letzte Worte darin lauten: »Meine Kraft, meine Kraft, du hast mich verlassen.«? Dieser einfache Satz weist nach Meinung der Metaphysiker darauf hin, daß diese »Kraft« allen Menschen innewohnt und nicht nur Christus. Könnte diese »Kraft«, die von jedem erlernbar ist, von Christus – wie die Metaphysiker glauben – in der Pyramide erlernt worden sein, während der Zeit vor seinem öffentlichen Auftreten, über die keine Berichte vorliegen?

In der esoterischen Tradition des Westens gibt es eine Reihe von Philosophen, die aufzeigen, daß Jesus einige Zeit in Ägypten weilte. Ein außergewöhnlicher Bericht von Paul Sédir basiert auf dieser Tradition und schildert einen Besuch Jesu bei der Großen Pyramide. In seinem Buch »Initiations« (1967) schreibt Sédir:

»Eines Abends besichtigten unsere Verbannten die Pyramiden. Die Sonne ging unter, und im Schatten dieser riesigen Steindreiecke leuchteten die Feuer vor den Zelten der Beduinen auf.

Während sein Vater und seine Mutter ins Gespräch vertieft waren, vergnügte sich der kleine Jesu damit, im Schutze eines Felsens Linien in den Sand zu zeichnen. Dann lief er zu dem Ältesten der Beduinen und führte ihn zu seinem Werk, um es ihm nach Art aller Kinder zu zeigen. Sobald der alte Mann die Zeichnung erblickte, wurde er blaß und beugte sich schnell über die verworrene Geometrie. In dem großen gleichschenkligen Dreieck entdeckte er den Bauplan für das Innere der Pyramide: die Krypta, die Räume des Königs und der Königin, die Gänge, die Gruben, kurz gesagt – alles. Doch diese Nomaden waren die einzigen, die das Geheimnis des Bauwerks kannten. Als Erben vorsintflutlicher Traditionen wußten sie, daß die Pyramide zusammen mit der Sphinx eines jener steinernen Bücher darstellte, in dem die Patriarchen die Schlüssel zu ihrem Wissen deponiert hatten. Die Position der Pyramide, ihre Orientierung, die äußeren und inneren Abmessungen, die Neigungswinkel der Kanten und Gänge, die Lage der Räume – all dies spiegelt die Elemente der kosmischen und der irdischen Astronomie, Geographie, Soziologie und die politische, philosophische und religiöse Geschichte und ihre Gesetze sowie die der Physiologie und Psychologie.«

Während die Pyramidologen viele Zusammenhänge zwischen Jesus Christus und der Großen Pyramide sehen und seine Existenz anhand der verschiedenen Daten im Pyramideninneren nachprüfen, muß ausdrücklich darauf hingewiesen werden, daß manche Sekten glauben, daß Jesus niemals wirklich existiert hat!

Nach Meinung der meisten Leute existierte Jesus Christus schon allein deshalb, um uns ein Beispiel zu geben, wie oder was ein menschliches Wesen sein könnte oder sollte, selbst wenn es nur äußerst spärliche geschichtliche Beweise für das Leben Jesu und der frühen Christen gibt. In seinem »Ägyptischen Totenbuch« und in »The Mysteries of Amenta«, dem vierten Band seines Werkes »Ancient Egypt the Light of the World«, das 1907 veröffentlicht wurde, schreibt Gerald Massey, daß das »Sonnenbuch Helio Biblia« der alten Sonnenanbeter die Grundlage für die christliche Bibel zu sein scheint. Massey behauptet, daß das Christentum nur eine revidierte Version eines alten Sonnenkultes sei und daß diese Sonnenanbeter von Atlantis nach Ägypten ausgewandert seien. Interessanterweise findet sich auch in Ezechiel 8,16 ein Hinweis auf Sonnenanbeter.

Ferner führt Massey aus, daß anscheinend auch Querverbindungen zwischen Christentum und Hinduismus bestünden. Das Hinduwort für »Sonne« ist »kris« und dürfte sich weiterentwikkelt haben zu dem Wort »Christentum«, während der Hindugott »Krishna« in enger Beziehung zu unserem »Christus« steht.

Massey erzählt eine interessante Geschichte über die Ursprünge von Christus und der Kirche. Massey schreibt, daß nahezu 100 Jahre vor der vermeintlichen Geburt von Jesus zwei starke Sonnenkulte existierten. Der Sonnengott des Westens wurde »Hesus« genannt und der Sonnengott des Ostens »Kristos«. Diese beiden Kulte befehdeten sich seit Jahrhunderten, und auch in Rom selbst kam es zu Auseinandersetzungen, so daß Kaiser Konstantin darin eine Bedrohung sah und das Konzil in Nikäa anordnete, einer Stadt in Kleinasien, das im Jahre 325 n. Chr. stattfand und von ihm geleitet wurde. Massey gibt an, daß achthundert Priester dem Konzil beiwohnten, deren Aufgabe es war zu bestimmen, welche Religion die Vorherrschaft übernehmen sollte – die des Ostens, bekannt als »Hindu Krishna«, oder die des Westens, bekannt als »Druidischer Hesus«, oder eine Kombination der beiden. Im Falle einer Vereinigung würde der neue Name dann lauten: »Hesus Kristos«!

Laut Massey unternahm Konstantin Schritte, um die beiden Sekten zu vereinen und ordnete eine Wahl in dieser Angelegenheit an. Als nur dreihundert der Anwesenden ihm ihre Stimme schenkten, ließ er diejenigen, die sich ihm widersetzten, von der römischen Garde festnehmen und schickte die Anführer der Opposition in die Verbannung. Dies führte zur einmütigen Annahme seines Vorschlags und schuf eine völlig neue Doktrin. Auf diese Weise nahm nach Masseys Worten die christliche Kirche ihren Anfang.

Zur weiteren Unterstützung seines Planes ließ Konstantin eine neue Hauptstadt errichten, die nach ihm benannt wurde – Konstantinopel. Zum Zwecke der völligen Christianisierung dieser Stadt wurden in sämtlichen Vierteln Kirchen erbaut und jede Art von Sonnenverehrung verboten. Massey schreibt auch, daß der Name »Jesus Christus« vor dem Konzil von Nikäa nicht gebräuchlich war und auch in den Schriften nicht vorkam.

Das Konzil schuf zwar eine neue Religion, gleichzeitig aber

auch ein Riesenproblem für diese. Eine Führerfigur mußte gefunden werden, die eine ähnliche Rolle spielte wie Moses bei den Juden und mit der sich die frischgebackenen Christen identifizieren konnten. Massey schreibt, daß diese Führerfigur Apollonius Tyaneus war, der im Jahre 2 unserer Zeitrechnung als Sohn reicher Eltern geboren wurde. Er erhielt eine sorgfältige Erziehung in den Natur- und Geisteswissenschaften und unternahm ausgedehnte Reisen in die fernsten Länder der Erde, wo er mit den religiösen Praktiken anderer Völker in Berührung kam, beziehungsweise sie erlernte und zu einem Mystiker wurde. Durch seine Erfahrungen mit anderen Religionen hatte Apollonius solche gewaltigen mentalen Kräfte erworben, daß er nicht nur in die Zukunft sehen konnte, sondern auch eine Frau vom Tod erweckt haben soll.

Gerald Massey räumt zwar ein, daß die Beweise für das Leben von Apollonius Tyaneus ziemlich spärlich sind, noch kümmerlicher sind aber die Beweise für das Leben des Jesus aus dem Evangelium. Aus den Schriften selbst sind nur etwa 50 Stunden aus dem Leben Jesu belegbar! Die Theologen halten dem entgegen, daß die christliche Bibel in der jüdischen Tradition wurzelt; aber da besteht noch die Möglichkeit, wie Massey behauptet, daß die jüdische Tradition sich von der Helio Biblia herleitet.

Nach Auffindung der Schriftrollen vom Toten Meer hoffte man, daß dadurch mehr Licht auf das Leben Jesu geworfen würde, statt dessen mehrten sich die Zwistigkeiten unter den Theologen, vertieften sich die Konflikte zwischen verwandten Studiengebieten und erhöhte sich erstaunlicherweise die Möglichkeit, daß die christliche Kirche künstlich geschaffen worden war und daß Jesus möglicherweise gar nicht existiert hatte.

Die Schriftrollen vom Toten Meer bestehen aus Manuskripten, geschrieben auf Tierhäuten, Kupfer und Papyrus. Die Texte sind in hebräischen Dialekten, in Aramäisch und Griechisch abgefaßt. Das Wort »Manuskript« bedeutet nicht unbedingt, daß es sich dabei um ein Originaldokument handelt, sondern nur, daß es sich um einen mit der Hand geschriebenen Text handelt. Viele Manuskripte sind einfach Abschriften oder Kopien früherer Kopien, und in den meisten Fällen können die Gelehrten nicht sae es mit einem Originalmanuskript oder einer Kopie Reihe von Kopien zu tun haben, die auch mehrere Jahr- zurückreichen mag bis zum Original.

well Davies schreibt in seinem 1956 veröffentlichten Buch »The Meaning of the Dead Sea Scrolls«, daß beim Datieren von Manuskripten nicht nur die von der Archäologie in situ entdeckten Beweise herangezogen werden, sondern daß viel mehr noch auf die Paläographie oder Handschriftenkunde zurückgegriffen wird. Erfahrene Paläographen haben es mit einer Vielzahl von Problemen zu tun, sowohl was die Übersetzung als auch was die Datierung der Handschriften betrifft. Sie werden laufend mit unterschiedlichen Alphabeten konfrontiert, die Anordnung der Worte in bezug auf die Grundlinie ändert sich, und im Falle des Hebräischen gibt es keine Vokale. Das alte Hebräisch diente dem Leser nur als Gedächtnisstütze, es sollte ihn nur an etwas erinnern, das ihm ohnehin vertraut war.

Zum Beispiel entwickelte sich das Wort »Jehova« aus »Yahowah«, und in altem Hebräisch geschrieben sieht es dann so aus »Yhwh«. Die Israeliten durften den heiligen Namen »Yhwh« nicht aussprechen und benutzten, wenn sie auf das Wort im Text stießen, statt dessen eine Umschreibung wie »Elohim« oder »Adonai«.

Yhwh war der Kriegsgott der Israeliten und offensichtlich auch ihr Hauptgott. Die Bedeutung von »Herr der Heerscharen« könnte sich aus der Tatsache herleiten lassen, daß die Israeliten eher Henotheisten als Monotheisten waren und daß Yhwh sich insbesondere auf ihre anderen Götter bezog.

Die Schriftrollen vom Toten Meer sollen von der Qumran-Sekte geschrieben worden sein, von der man annimmt, daß sie ihren Ursprung bei den Essenern hatte.

Die Qumran-Sekte existierte einige Jahrhunderte vor dem Christentum, und ihr Aufbau läßt eine enge Verwandtschaft zur frühchristlichen Kirche annehmen. Diese Sekte besaß Schriften, die die Christen als Grundlage für ihre eigenen Texte benutzten. Und wenn die Christen Anleihen bei diesen Texten machten, ist es auch sehr gut möglich, daß diese ihrerseits auf noch ältere Schriften zurückgriffen. Es ist durchaus vorstellbar, daß die Philosophie der Schriftrollen vom Toten Meer älter ist, als wir heute vermuten.

Etwa im 2. Jahrhundert vor Christus gab es eine ziemliche Anzahl von religiösen Sekten, die alle voneinander in ihren Doktrinen abwichen. Die Essener galten als Einzelgänger und als heiligste unter den Sekten. Es gab keine bestimmte Stadt, in der sie lebten, sie waren Wanderer, hatten keinen Besitz, und ihre Einkünfte flossen einem gemeinsamen Fonds zu, der zur Unterstützung der anderen Mitglieder diente, die sich auf der Wanderschaft befanden. Es war ihre Pflicht, den Bedürftigen und den Armen zu helfen. Wie Jahrhunderte vor ihnen die Ägypter, verehrten die Essener die Sonne, zu der sie im Morgengrauen beteten.

Die Essener folgten einer Lebensdoktrin, die auf natürlichen Gesetzen beruhte. Sie trugen weiße Gewänder und badeten in kaltem Wasser, was für sie eine heilige Form der Reinigung darstellte. Auch glaubten sie an Engel und leisteten einen Schwur, deren Namen niemals zu verraten.

Das Ritual des von den Essenern praktizierten heiligen Mahls bestand darin, daß sich zehn oder zwölf Anhänger der Sekte vor einem Priester ihrem Rang entsprechend versammelten. Brot und Wein kam auf den Tisch und wurde vom Priester gesegnet, der seine Hände darüber hielt und einen Segen sprach.

Die Essener glaubten an einen Lehrer der Gerechtigkeit, zusammen mit einem Propheten oder Messias, der kommen sollte. Massey weist darauf hin, daß das Märchen von der Existenz Jesu aus den Lehren der Essener seine Inspiration schöpfte, in der Hoffnung, es würde größeren Anklang finden bei den Menschen jener Zeit, die ja mit der Doktrin der Essener bereits vertraut waren.

Das Wort »Christus« ist nicht der Name einer Person, sondern die Bezeichnung für ein Amt, das Amt eines »Gesalbten« – gewöhnlich ein Priester oder ein König. Um aufzuzeigen, daß Prophet und Messias in der Gestalt von Jesus eins waren, sprechen die Evangelien von ihm als »Jesus«, wenn sie sich auf sein Amt beziehen. Die Apostelgeschichte und die Episteln sprechen ihn als König an und nennen ihn »Herr Jesus«, »Jesus Christus«

und »Herr Jesus Christus«. Über Jesus den Lehrer wird eigentlich nur wenig gesprochen, und es war Christus, der (König) Erlöser, der Herr der Christen war. Die Entscheidung, Christus als Erlösergott darzustellen, fiel durch einen späteren Wahlvorgang beim Konzil von Nikäa im Jahre 325 n. Chr.

Die Theologen wissen schon seit geraumer Zeit, daß es zwischen den Essenern und den Christen wichtige Parallelen gibt, und auch, daß das Konzept der Laien vom Ursprung der Christenheit nicht auf der Geschichte, sondern auf der Theologie basiert. Das noch in den Kinderschuhen steckende Christentum war sicherlich auch auf andere Religionen angewiesen.

Die Gelehrten geben zu, daß es historisch unmöglich ist, in Erfahrung zu bringen, wo und wann Jesus geboren wurde. Wenn er in Bethlehem geboren wurde, welches Bethlehem war es dann? Das in Judäa oder das in Galiläa? Über den »Kindermord« gibt es keinen Bericht, um die Geschichte in den Evangelien zu belegen. Der große Historiker Josephus, der sich bis in alle Einzelheiten mit den Verbrechen des König Herodes auseinandersetzte, erwähnt diesen Mord mit keiner Silbe.

Während der Zeit, in der Jesus gelebt haben soll, gab es keine Stadt namens Nazareth. Noch erwähnten das Alte Testament oder der Talmud eine solche. Josephus spricht nie von Nazareth. Möglicherweise ist »Nazareth« ein Synonym für »Galiläa«, dann wäre »Nazarener« identisch mit »Galiläer«. »Nazarener« könnte auch die Bezeichnung für eine religiöse Sekte sein, die einen Messias erwartete oder an ihn glaubte. »Jesus von Nazareth« würde dann einfach bedeuten »Jesus, ein Anhänger einer bestimmten religiösen Gemeinschaft«.

Vor den Christen gab es viele religiöse Kulte, deren Gottheiten – wie zum Beispiel Mithras, Adonis und Osiris – als »Heiland der Menschheit« galten. Die Wintersonnenwende, der erste Tag im Mithras-Kult, war bekannt als »Tag der siegenden Sonne«. Es ist der Geburtstag von Mithras, der 25. Dezember, der von den Christen zum Geburtstag von Jesus erwählt wurde.

Laut Gerald Massey beruht die Geschichte vom Erlöser auf einem Fruchtbarkeitsmythos. Das Konzept von Jungfrau und Sohn hat seinen Ursprung in der Göttin Erde, die im Frühling jungfräulich ist und deren Früchte ihr Sohn sind, der geboren wird, um zu sterben und um den Zyklus zu erneuern.

Dem irdischen Zyklus der Jahreszeiten entspricht ein himmlischer Zyklus. Sirius, der Stern des Ostens, signalisiert die neue Geburt der Sonne gleichzeitig mit dem Aufgang des Tierkreiszeichens Jungfrau. Das am östlichen Horizont heraufsteigende Sternbild der Jungfrau übertrug sich in der Folge ganz einfach auf die Idee der Jungfrau aus der Sonne.

Der Erdmythos verschmolz mit dem Himmelsmythos, vermischte sich mit den Erinnerungen der Alten und entwickelte sich zur Sage vom Kommen des Erlösers.

Die ägyptischen Mysterien behandeln den Schöpfungsakt. Die Mutter Erde, die alles hervorbringt, wird von Isis symbolisiert. Die Erde, geschwängert von den Strahlen der Sonne (Gott), bringt Früchte hervor, symbolisiert durch das Horuskind, das auf dem Schoß von Isis sitzt, dargestellt auf zahlreichen ägyptischen Abbildungen. Das war der Ursprung von Jungfrau und Kind des Christentums, sie existierten schon vor langer Zeit in Ägypten, Babylonien, Indien, Assyrien und entwickelten sich wahrscheinlich in noch älteren Kulturen.

Kind Horus auf dem Schoß von Isis

Massey behauptet ferner, daß das Christentum in die frühe Formulierung seiner theologischen Doktrinen hineinschlitterte. Es machte aus einfachen Funktionen mysteriöse Handlungen. Es verursachte ernste Probleme in einer heranreifenden Welt, da es aufhörte, in angemessener Weise den Prinzipien des Schöpfungsaktes zu folgen und statt dessen versuchte, den Zyklus der Schöpfung mit dem Tod Jesu zu stoppen.

Die alten Meister der Religion, Wissenschaftler in eigener Sache, lehrten die Philosophie der Reinkarnation, die auf dem Schöpfungszyklus beruhte. Ihre Prämisse war das wissenschaftliche Postulat, daß etwas immer von irgend etwas kommen muß. Dieses »Irgend etwas« muß sämtliche Eigenschaften enthalten, die es an das »Etwas« weitergibt, und dieses wiederum muß zur Quelle seines Ursprungs zurückkehren. Das ist das Grundgesetz des Schöpfungszyklus. Die Lehre der Meister über die Schöpfung hat nichts mit modernen Bibelinterpretationen zu tun, sie ist vielmehr eine Lehre von der Transmutation, in der die irdische Welt nur ein Abbild der astralen, himmlischen oder spirituellen Welt ist.

Im ersten Korintherbrief 15,40 bezieht sich Paulus ganz eindeutig auf zwei Körper, den irdischen und den himmlischen, und zeigt damit auf, daß er über die zwei Welten Bescheid wußte. Das große Geheimnis zwischen ewigen und endlichen Dingen wird von Paulus klar veranschaulicht. Endliche Dinge, einschließlich des gesamten planetarischen Systems des Universums, werden geschaffen, dauern eine unbestimmte Zeit an, doch ihr Ende ist gewiß – gemäß den Gesetzen der Schöpfung. Im Gegensatz dazu ist das Ewige – der himmlische Körper – ungeschaffen, hatte niemals einen Anfang und kann daher auch kein Ende haben. Es ist dieser ewige Geist, der, in der menschlichen Form zu Fleisch geworden, endlos reinkarniert.

Die Geschichte von Horus, dem Sohn von Osiris – der litt, starb, begraben wurde und wiederauferstanden ist – wurde eindeutig von den Christen in ihrer Geschichte von Jesus plagiiert. Horus körperlicher Tod und seine Auferstehung im göttlichen Geist symbolisieren das, was von den Christen als »die Auferstehung und das Leben« bezeichnet wird. Horus ist ein Symbol für den Geist (den menschlichen Geist), der seinen göttlichen Ursprung im Ungeschaffenen hat, er ist keine geschichtliche Figur mit übernatürlichen Kräften.

Die vom Christentum geschaffene Bibel scheint mehr Fragen aufzuwerfen als zu beantworten, was die ursprüngliche Absicht der Gründerväter war. Zum Beispiel, wenn Jesus tatsächlich von seinem Cousin Johannes dem Täufer getauft wurde, woher hatte Johannes die Doktrin, die er predigte? Es ist bekannt, daß einige der Jesusjünger sich aus der Gefolgschaft des Johannes rekrutierten, was darauf schließen läßt, daß Johannes und Jesus unter dem Einfluß eines gemeinsamen religiösen Ordens, wie zum Beispiel dem der Essener, standen.

Die Lehren und Predigten von Jesus, ob sie nun göttlich inspiriert waren oder nicht, lassen sich zurückverfolgen bis zu den religiösen Sekten seiner Zeit. Die Grundlagen der von Jesus vertretenen Philosophie lassen sich in der Tat nicht nur im Judaismus jener Zeit nachweisen, sondern auch in zahlreichen anderen religiösen Bewegungen.

Der bei dem heiligen Mahl der Essener vom Priester ausgesprochene Segen enthielt die Aussage, daß das Brot und der Wein der Körper und das Blut Gottes seien. Jesus wich insofern von dem vorgeschriebenen Text für das rituelle heilige Mahl ab, indem er erklärte, das Brot und der Wein seien sein Leib und sein Blut: »Während des Mahles aber nahm Jesus Brot, sprach das Segensgebet, brach es und gab es den Jüngern mit den Worten: ›Nehmet, esset, das ist mein Leib.‹

Und er nahm einen Kelch, sprach das Dankgebet und gab ihn ihnen mit den Worten: ›Trinket alle daraus.

Denn das ist mein Blut des Bundes, das für alle vergossen wird zur Vergebung der Sünden.

Ich sage euch aber: Von nun an werde ich nicht mehr von dieser Frucht des Weinstockes trinken bis zu jenem Tage, da ich sie neu mit euch trinken werde im Reiche meines Vaters.‹« (Matthäus 26,26–29)

Laut A. Powell Davies erklärte sich Jesus mit dieser leichten Abänderung der Schrift zum Messias (siehe auch Markus 14,22–25 und Lukas 22,19, 20).

Während seiner Einkerkerung sandte Johannes der Täufer Boten zu Jesus und ließ ihn fragen, ob er ein Prophet sei, der den Messias ankündige, oder der Messias selbst. Jesus gab kaum eine Antwort, alles, was wir wissen, ist, welche Antwort er auch immer gab, sie erfolgte in verschlüsselter Form.

Jesus erklärte später einigen seiner Jünger, daß Johannes der Täufer der Prophet Elias sei, und daß er, Jesus, tatsächlich der Messias sei, was er später beim »letzten Abendmahl« erneut bestätigte. Jesus verlangte von diesen wenigen Jüngern, dies als Geheimnis zu bewahren, doch Petrus wiederholte es so laut, daß auch die anderen Jünger es hörten. Dies scheint das Geheimnis gewesen zu sein, das Judas den Behörden verriet, die es für die gerichtliche Belangung von Jesus brauchten.

Es war jedoch nicht das erste Mal, daß Jesus bestätigte, daß er Christus oder der Messias sei. Er erklärt dies auch ziemlich eindeutig in Matthäus 16,15–17 und in Johannes 4,25–26, um nur einige wenige Stellen zu nennen.

Was den Titel »Messias« betrifft, so führen die Bibelexegeten folgende Punkte an, von denen sie glauben, daß sie die Meinung Jesu zu seiner Person darlegen:

1. Die redaktionelle Natur der Kindheitserzählung.
2. Das Gebot Jesu zu schweigen (Markus 8,29).
3. Die Weigerung Jesu, auf die Frage zu antworten anstatt eine Passage über das Leiden des Menschensohnes zu zitieren.
4. Jesus akzeptierte den Titel nur in Zusammenhang mit den Samaritern (Johannes 4,25–26).
5. Die Frage, die die Exegeten kümmert, ist nicht, ob Jesus sich selbst für den Messias hielt, sondern was er unter einer solchen Persönlichkeit verstand.
6. Jede Form von Messianismus gehört eigentlich mehr zur Theologie der frühen Kirche als zu Jesus selbst.

Davies zufolge glaubt Albert Schweitzer, Jesus habe sich möglicherweise sehr stark selbst mit seinem Messiastum identifiziert, so daß er tatsächlich den Tod gesucht haben könne, um zu beweisen, daß er der Sohn Gottes sei. Judas habe keine »30 Silberlinge« gebraucht, um die Behörden über Jesu Aufenthalt zu informieren, sondern sei selbst zutiefst davon überzeugt gewesen, daß Jesus der Messias sei, und habe ihm geholfen, seinen Plan auszuführen, der dazu dienen sollte, die Anerkennung Jesu als Messias herbeizuführen. Als Judas dann später sah, daß Jesus tatsächlich starb und daß die Aktion nicht den Anbruch des messianischen Königreiches bewirkte, erhängte er sich wahrscheinlich eher aus Enttäuschung als aus Reue.

Eine weitere Streitfrage, die Anlaß zum Nachdenken gibt, erhebt sich aus der Möglichkeit, daß Maria nicht jungfräulich blieb, wie uns die Schriften glauben machen wollen. Es gibt auch Beweise, daß Jesus einen Bruder hatte, der Jakob der Gerechte genannt wurde. Er könnte ein leiblicher Bruder gewesen sein oder einfach ein Bruder aus dem Essener-Orden. Dieser Jakob hatte selber zwölf Jünger und offensichtlich keine Verbindung zu Jesus. Nach Jesu Tod wählten Petrus, Jakob und Johannes Jakob den Gerechten zum Oberhaupt der Kirche von Jerusalem. Außerdem fuhr Jakob der Gerechte fort, im Sinne der mosaischen Gesetze zu lehren und Ausschau nach einem Messias zu halten!

Die Bibelgelehrten glauben nicht, daß die Schriftrollen vom Toten Meer für die Weltreligion irgendwelche Probleme aufwerfen, denn ihrer Meinung nach bewirken die Schriftrollen eher eine Annäherung unter den christlichen Kirchen als eine Spaltung der Theologen.

Die Bücher der Bibel – sowohl das Neue als auch das Alte Testament – sind Übersetzungen von Manuskripten, die auf noch früheren Abschriften beruhen, und damit stark anfällig für jede Art von Kritik. Wie genau waren die Kopien der Manuskripte, die schließlich übersetzt und als Bibel herausgegeben wurden? Handelte es sich um originalgetreue Kopien, oder wurden auch eigene Auslegungen mit hineingewoben? Fühlten sich die Übersetzer der Bibel ebenfalls zu zeitgemäßen, etwas moderneren Interpretationen veranlaßt? Diese Fragen und viele andere werden sich wahrscheinlich niemals anhand des vorliegenden Beweismaterials beantworten lassen.

Grundsätzlich müssen wir uns an den von den Gelehrten erzielten Konsensus halten, da sie vermutlich eine gut informierte Meinungsgruppe sind und auch von den Seminaristen anerkannt werden. Diese Bibelauffassung erhält den Stempel des Einverständnisses von der Theologie, wenn sie mit ihr übereinstimmt, und gilt als Äquivalent der Geschichte.

Der Gedankenkreislauf, den die Pyramidologen benutzen, um zu »beweisen«, daß die Pyramide eine Bibel in Stein ist, ist die Auffassung, daß die Bibel und die Pyramide dieselbe ewige Wahrheit verkörpern, die eine in Worten, die andere in Stein. Die Pyramide ist eine Bibel in Stein, die Bibel ist eine Pyramide in Worten. Die Pyramide ist Wahrheit in struktureller Form, die Bibel ist Wahrheit in literarischer Form.

Wird die Wahrheit der Bibel in Frage gestellt, dann muß auch ihre Beziehung zur Pyramide in Frage gestellt werden. Offensichtlich bedeutet das nicht, daß es in der Bibel keine historische Wahrheit gibt. Heinrich Schliemann z. B. entdeckte im 19. Jahrhundert aufgrund seiner Bibelauslegung die Lage von Troja.

Für manche Leute ist die Bibel bloß ein Märchenbuch; mit demselben Recht sagen andere, daß die Große Pyramide einfach eine außergewöhnliche architektonische Leistung darstelle. Für mein Gefühl gehen beide am Kern der Sache vorbei, weil sie dermaßen darin verstrickt sind, bei ihrer Aufgabe größte Genauigkeit walten zu lassen statt die diesen beiden kulturellen Meisterwerken zugrundeliegenden Prinzipien anzuerkennen.

Es scheint offensichtlich, daß die Erbauer der Pyramide, so wie auch die Autoren der verschiedenen biblischen Manuskripte, in einer Zeit der zyklischen Krise lebten. Ihr Zeitbegriff war nicht linear, sondern zyklisch, sie verstanden unter Zeit den ewigen Kreislauf großer Zeitalter, die einander ähnlich und doch verschieden waren, heraufzogen und wieder verschwanden, um neuen Zeitaltern Platz zu machen. Religiöse oder soziale Unruhen galten für sie als Zeichen, daß das Chaos bevorstand, beziehungsweise wurde das Ende eines Zyklus auch durch alles vernichtende Feuersbrünste oder Überschwemmungen angezeigt. Danach würde wieder ein neuer Zyklus beginnen mit der Geburt einer neuen Welt und einer neu geordneten Beziehung zwischen Makrokosmos und Mikrokosmos.

Die vorhandenen biblischen und verwandten Manuskripte, ob geändert oder nicht, zeigen Verbindungen mit architektonischen und anderen wissenschaftlichen und mystischen Konzepten auf, die in der Großen Pyramide verkörpert sind. In der Bibel und in der Großen Pyramide finden sich die Schlüssel zu den Wissenschaften der Astronomie, Astrologie, Theologie, Archäologie, Meteorologie und Chronologie, um nur einige wenige der wichtigeren Gebiete zu nennen. Niemand kann heute die Möglichkeit einer göttlichen Intervention auf einem oder allen dieser Wissensgebiete bestreiten. Stellt man Wissenschaftlern, die eine neue Entdeckung gemacht haben, die Frage nach der Möglichkeit einer göttlichen Inspiration oder Einmischung in ihre Gedanken, dann können wahrscheinlich die meisten eine solche nicht leugnen. Einstein und andere sind ein Beweis dafür.

Wenn wir anerkennen, daß die Bibel und die Pyramide auf dem Wissen der göttlich inspirierten alten Meister beruhen und daß beide ursprünglich dazu dienen sollten, die Bedürfnisse der Zivilisationen jener Zeiten zu stillen und ein kosmischer Leitfaden für zukünftige Generationen zu sein, dann herrscht in der Tat Harmonie zwischen der Bibel und der Pyramide.

Sowohl Bibel als auch Pyramide spiegeln einen Mythos der Menschheit, der sämtliche Eigenschaften und Ereignisse jeder gegebenen Zeit einschließt. Ihre Entschlüsselung führt zur Erkenntnis vom Werdegang des Menschen, seinem Zweck auf der Erde und weist die spirituelle Richtung für seine Zukunft. Innerhalb einer solchen gewaltigen Zeitschau läuft offensichtlich die irdische Evolution parallel zu den historischen Ereignissen, die eintreten müssen. Aber die wirkliche Bedeutung dieser beiden uralten Zeugen der Göttlichkeit liegt nicht in der bloßen Geschichte der menschlichen Taten, sondern in der Geschichte und der Evolution des Bewußtseins.

Die Übereinstimmung zwischen den Maßen der Pyramide und biblischen Begebenheiten und deren Interpretation durch die Pyramidologen ist in hohem Maße suspekt. Man hat sogar einen Pyramidologen beim Abschleifen eines Steins ertappt, dessen Maße er seiner Theorie anpassen wollte. Andere wieder geben den verschiedenen Kammern und Gängen symbolische Namen zwecks leichterer Assoziierung mit biblischen Begebenheiten, wie zum Beispiel »Kammer des Chaos« für die unterirdische Grube. Und mit vereinten Kräften machen sie sich auf die Suche nach einer Spalte, einem Riß, irgend etwas, das die von ihnen vorgetragene Chronologie bestätigen könnte. Jeder von ihnen scheint seine Bezugspunkte oder Ausgangspunkte willkürlich zu wählen, um sie seiner Chronologie anzupassen. Sie zählen rückwärts, vorwärts, entlang der Wände und Decken, um die Genauigkeit der Pyramide und ihrer Chronologie zu beweisen.

Liest man die chronologischen Interpretationen der biblischen Pyramidologen, dann bemerkt man nicht nur ihre Unstimmigkeit untereinander, sondern entdeckt auch, daß sie fortwährend die Maßeinheit wechseln, damit sie besser mit ihrer Theorie übereinstimmt, und zwar in einem Ausmaß, daß einmal ein Zoll einem Jahr entspricht und dann wieder bloß einem Tag.

Die Suche nach einer biblischen Chronologie in der Pyramide, wie überhaupt jeder Versuch einer historischen Interpretation der Bibel, kann man bestenfalls als vergebliches Unterfangen bezeichnen. Es ist vielmehr so, daß die Proportionen der Pyramide zu den Menschen jeder Generation direkt sprechen konnten und können, und sie inspirierten zur Suche nach dem Sinn des Lebens, nach seiner Richtung, wobei sie dann den Geheimkode in den heiligen Maßen der Großen Pyramide entdeckten.

Daß es einen Kode in der Pyramide gibt, ist unleugbar, und es wäre durchaus vorstellbar, daß eines ihrer Geheimnisse in der Energie liegt, die durch ihre besondere Form entsteht. Seit den späten sechziger Jahren sind mit maßstabgetreuen Modellen der Cheops-Pyramide Tausende von Versuchen durchgeführt worden, die bewiesen haben, daß es sich bei den innerhalb und außerhalb der Pyramide entstehenden Energiefeldern um reale funktionale Kräfte handelt.

Der Schlüssel zu den Prophezeiungen der Pyramide liegt im Gewinn göttlich inspirierter Visionen aus ihrem Kode und deren Anwendung auf die Gegenwart. Bibel und Pyramide bergen die Schlüssel zur Natur der Zeit. Sie lehren die geheime Sprache, aus der der Mensch den gegenwärtigen Moment ablesen und seinen Platz innerhalb der fortschreitenden Evolution erkennen kann.

10

Der geheimnisvolle Kristall – eine Botschaft aus Atlantis?

Als zu Beginn der siebziger Jahre die Energien der Großen Pyramide wiederentdeckt wurden, untersuchte ein Forschungsteam in der Karibik eine Gruppe von versunkenen alten Bauwerken, bei denen es sich möglicherweise um einen Teil des sagenhaften Atlantis handelt. Diese Unterwasserstadt gleicht einer Pyramide, deren Größe noch nicht absehbar ist und die einen wichtigen Schlüssel liefert, der es vielleicht ermöglichen wird, das Wissen der Alten zu dechiffrieren.

Dieser Schlüssel ist ein Quarzkristall mit unglaublichen Eigenschaften. Blickt man auf die Kristallkugel, die einen Durchmesser von etwa neun Zentimetern hat, dann bemerkt man sofort drei große und mehrere kleine Pyramiden in ihrer Mitte. Es bedarf keinerlei Anstrengung, sie zu sehen, weil die Sprünge im Inneren des Quarzes so sinnreich geformt sind, daß sie den Eindruck von Pyramiden hervorrufen.

Dr. Ray Brown, ein Naturheilkundiger, entdeckte den Kristall in der Nähe der Bahamas im Jahr 1970. Lassen wir Dr. Brown die aufregende Geschichte von seinem bemerkenswerten Fund selber erzählen:

»Im Sommer des Jahres 1968 begab ich mich zusammen mit einer Gruppe von zehn oder zwölf Berufstauchern auf die Suche nach versunkenen Schatzschiffen im Gebiet der Bahamas. In unserer Ausrüstung hatten wir auch einige besonders ausgeklügelte Geräte, die es uns ermöglichten, verschiedene Entdeckungen zu machen und die unter anderem auch zur Entdeckung des Kristalls aus Atlantis führten.

Das Bermuda-Dreieck

Wir benutzten ein Magnetometer, das auf magnetische Weise jede Störung des zurückgeworfenen Signals aufzeigt. Metall oder Eisen verzerrt das Retoursignal und läßt uns auf diese Weise erkennen, daß sich metallische Substanzen unter der Wasseroberfläche befinden, die einer näheren Untersuchung wert sind.

Außerdem verfügten wir über ein Gerät, mit dem wir große Mengen Sand auf dem Meeresboden bewegen konnten, um festzustellen, ob sich darunter Schiffe befinden.

Unsere Untersuchungen führten uns bis zu den Küsten Kubas, und später kehrten wir dann wieder in diese Gewässer zurück, um Jacques Cousteau beim Filmen für seine Fernsehserien zu helfen. Eine davon beschäftigte sich mit den ›Blauen Löchern‹ der Bahamas, das sind die Gebiete, wo inmitten des Ozeans auf einmal Süßwasser hochkommt. Gewaltige Eruptionen von Süßwasser treten auf, manche bilden Seen von einem Durchmesser bis zu acht Kilometern. Der Meeresspiegel wird dann durch den riesigen Unterwasserstrom bis zu einem Meter über den Normalstand angehoben.

Das Gebiet ist auch als das ›Bermuda-Dreieck‹ bekannt, und es begeben sich darin Dinge, die einfach ›anders‹ sind, und von denen ich selbst einige erlebt habe, die nur ich beurteilen kann.

Wir beschrieben mit unserer Unterwasserarbeit einen großen Kreis, der sich von den äußeren Inseln der Bahamas bis zu den Antillen und nach Antigua und Martinique erstreckte. Die kleineren Inseln sind einfach wunderschön mit ihren Sitten und Bräuchen, die sich bis ins 18. Jahrhundert zurückverfolgen lassen und bis heute praktisch unverändert geblieben sind.

Nachdem wir den ganzen Sommer 1968 lang Löcher in einem Gebiet in der Nähe der Bari-Inseln, südöstlich von Bimini, gegraben hatten, entdeckte unsere Gruppe eine Stelle, in der sich die magnetischen Anzeigen dermaßen häuften, daß wir vermuteten, jene spanische Flotte entdeckt zu haben, die 1733 versank und die aus zahlreichen spanischen Galeonen bestand, von denen einige Gold im Wert von mehr als 12 Milliarden Dollar an Bord hatten.

Es gibt dort eine große Sandbank, bei der das Wasser nicht mehr als 10 Meter tief ist, doch an ihrem Rand geht es plötzlich senkrecht wie an einer Mauer bis zu 3600 Meter in die Tiefe. Diese Mauer ist seltsam. In etwa 20 Meter Tiefe verlieren die Fische die Orientierung. Erreicht man 10 bis 12 Meter Tiefe, wird man völlig schwerelos, man steigt weder, noch sinkt man. Die Fische halten diese Mauer für den Meeresboden, und die Pflanzen wachsen ganz gerade daraus hervor.

Die Fische in den Gewässern der Bahamas muß man einmal gesehen haben, um ihre Schönheit zu erfassen, ihre Farben sind einfach unglaublich. Und wenn man von dieser Mauer in die unendlichen Weiten des Ozeans blickt, sieht man in jeder Richtung ein tiefes wunderschönes Blau, das in der Ferne erlischt.

Wir gruben viele hundert Löcher in dem ganzen Areal während dieses Sommers, jedes neun bis zwölf Meter tief, um zu sehen, was die Anzeige auf unserem Magnetometer ausgelöst hatte. Das Gebiet war etwa 8 × 24 Kilometer groß, und die Anzeigen lagen jeweils ungefähr 30 Meter auseinander. Am Ende des Sommers, nachdem wir mehr als eine Million Dollar ausgegeben und nichts gefunden hatten, war die Gruppe am Ende und das Geld auch, und jeder ging seine eigenen Wege.

1970 stellten wir ein neues Forschungsteam zusammen. Eines Tages, als wir in den Gewässern in der Nähe von Miami einen Film drehten, wurde ich so gefesselt von einer interessanten Szene zwischen einem Taucher, einem Hummer und einem Aal, daß ich vergaß, daß es für mich Zeit war aufzutauchen, und statt dessen versuchte, dem Taucher zu helfen. Die Folge war, daß mein Luftvorrat zu Ende ging, und ich noch immer etwa 30 Meter unter der Oberfläche war. Kaum steckte ich endlich meinen Kopf aus dem Wasser – ich glaube, ich hatte nicht einmal Zeit, Luft zu holen – als ich ein Sportfischerboot auf mich zurasen sah. Ich wußte, ich würde sterben. Alles schien von nun an wie in Zeitlupe abzulaufen – viele Menschen berichten, daß im Augenblick der Gefahr sich die Dinge plötzlich zu verlangsamen scheinen.

Meine erste Reaktion war Panik – Angst! Die Wucht des Zusammenpralls drückte mich etwa zwölf Meter tief unter Wasser. Es scheint, daß zu dem Zeitpunkt, an dem ich wieder zum Stillstand kam, auch alle Furcht verschwunden war. In mir war eine tiefe Stille – sehr friedvoll, und es wurde mir bewußt, daß mein Körper nicht atmete. Er brauchte nicht zu atmen – der Schock hatte ihn betäubt und alle Funktionen lahmgelegt.

Ich blickte unter mich und konnte einen Juwelenfisch sehen. Ich war fasziniert vom Anblick dieses wunderschönen kleinen Fisches, und es war, als ob etwas in mir ihn anpeilen würde. Es schien eine Art von Kommunikation zwischen uns stattzufinden, natürlich nicht in Worten, die ich genau wiedergeben könnte, aber der Fisch schien mich zu begrüßen und zu sagen: ›Hallo, ich weiß, wer du bist!‹ Es war überaus friedvoll.

Ich konnte um mich herum sehen, in jede Richtung, und mein Gesichtsfeld dehnte sich langsam und kreisförmig aus und berührte Plankton, Seegras, Fische und so weiter. Und jede Lebensform, die mit diesem Kreis in Berührung kam, schien mir zuzustimmen.

Es war ein intensives Wahrnehmen, das jedes Geschöpf bis in alle Einzelheiten erfaßte, sein Leben, seine Vergangenheit, seine Vorfahren, ein tiefes Verstehen von allem, was mit dieser Lebensform zu tun hatte. Als sich dieses Gewahrsein noch ausdehnte, war es schwierig, das wunderbare Gefühl, das ich empfand, im Zaume zu halten. Ich fuhr fort, mich auszudehnen, zu wachsen... ich hatte schon immer wissen wollen, was weiter unten im Golfstrom los war, und es sollte mir sehr lebhaft vor Augen geführt werden.

Während der ganzen Zeit verlor ich kein einziges Mal das Bewußtsein – ich war vollkommen wach. Dieses kreisförmige Ausdehnen umfaßte schließlich den ganzen Erdball und begann sich an manchen Punkten diamantförmig zu überschneiden. Obzwar das Bewußtsein alle Punkte gleichzeitig erfaßte, schien an den diamantförmigen Konzentrationspunkten ein noch stärkeres Gewahrsein zu herrschen.

Nachdem das Bewußtsein den Erdball mehrere Male umkreist hatte, schien es, vielleicht weil es der Wahrnehmung der irdischen Lebensformen überdrüssig war, zu explodieren. Ich fühlte in diesem Augenblick eine große Erleichterung, und mein Bewußtsein barst in alle Richtungen, verließ den Erdball und wanderte durch den Weltraum und das ganze Planetensystem, und weiter durch die Galaxie und das Universum und dann durch andere Galaxien und andere Systeme, weit über alle menschliche Vorstellungskraft hinaus.

Ich traf auf Lebensformen, die ähnlich der unseren waren und auf andere, die keinerlei Ähnlichkeit aufwiesen, und war mir dessen in jedem Augenblick bewußt. Doch mein Zeitgefühl war während dieser wunderbaren Erfahrung völlig ausgeschaltet – ich wanderte einfach immer weiter, bis ich durch das Bewußtsein, daß etwas nach meinem Körper faßte, zurückgeholt wurde. Ich spürte, wie ich durch das Wasser gezogen und in das Boot, das mich überfahren hatte, gehoben wurde. Dann brachte man mich mittels Hubschrauber nach Fort Lauderdale.

Notarzt und Sanitäter waren überzeugt, daß jede Hilfe zu spät käme und ich tot sei. Und ich war mir dessen sehr bewußt und versuchte, ihnen zu sagen: ›Ich bin in Ordnung – ich lebe!‹ – aber nichts geschah. Dann schlossen sie mich an ein Beatmungsgerät an, und plötzlich entschied sich mein Körper, wieder ›anzuspringen‹, und ich begann zu atmen.

Ich verbrachte den Nachmittag im Krankenhaus. Es war für die Ärzte nicht leicht, das Ganze zu begreifen. Die Zeitspanne zwischen dem Augenblick, in dem ich das Boot verlassen hatte, und meiner Rückkehr zur Wasseroberfläche betrug – die Angaben darüber variieren – zweieinhalb bis dreieinhalb Stunden. Manche Leute behaupten, ich wäre auf jeden Fall mindestens eine, aber vielleicht auch zwei Stunden ohne Luft gewesen. Ich weiß es wirklich selber nicht, jedenfalls muß es ganz schön lang gewesen sein. Als Mediziner weiß ich, daß man ohne Luft nicht so lange leben kann, doch genau das ist geschehen.

Dieses Erlebnis sollte mein ganzes Leben verändern. Ich habe das Gefühl, daß die Augenblicke, die ich in meiner Klinik und bei meiner Arbeit verbringe, geborgte Zeit sind – sie gehören nicht mir. Ich weiß nicht, ob mir ein großes Schicksal bestimmt ist. Durch diese Erfahrung wurde ein Tor aufgestoßen, was in weiterer Folge zur Entdeckung dieses Kristalls führte.

Wir setzten unsere Untersuchungen in jenem Gebiet, das wir 1968 in der Nähe der Bahamas entdeckt hatten, fort. Interessanterweise sagte Edgar Cayce voraus, daß 1968 eine alte Kultur entdeckt werden würde, die unter dem Namen Atlantis bekannt sei. Ich kann zwar nicht beweisen, daß die von uns entdeckten Ruinen von den Atlantern stammen, doch befinden sie sich am rechten Ort, und daß es sich dabei um eine uralte Zivilisation handelte, steht außer Zweifel.

Ich werde einige der Gebäude und Dinge, die es dort gibt, beschreiben, und ich glaube, es wird auch bald möglich sein, Fotos davon zu sehen. Wir haben zwar keine gemacht, aber der Autor Peter Tompkins und einige der Leute, die in diesem Gebiet Forschungen treiben, werden zur rechten Zeit dort sein und den Beweis erbringen, daß diese Ruinen existieren.

Ich bin nicht der eigentliche Entdecker dieser Unterwasserstadt, es gibt andere, die viele Jahre vor mir da waren, und mit denen ich über ihre Beobachtungen gesprochen habe.

Um nun wieder zu unserem Gebiet zurückzukehren, steuerten wir durch die Bari-Inseln hindurch, als ein heftiger Sturm losbrach und uns zwang, vor der nächsten Insel zu ankern, bis er vorüber war. Wir verloren große Teile unserer Ausrüstung, doch sobald der Sturm vorbei war, begaben wir uns ins Wasser.

Das Wasser war sehr aufgewühlt und schlammig. Sobald wir uns über dem Ruinenareal befanden, konnten wir trotz des trüben Wassers die Umrisse von Gebäuden erkennen. Wohin wir unser Boot auch wendeten, überall unter uns ließen sich die Formen und Strukturen von Bauwerken ausmachen. Schließlich wählten wir eine Stelle aus, warfen den Anker über Bord, und schon sprangen unsere Taucher – als wäre eine Panik ausgebrochen – ins Wasser.

Wir waren zu fünft. Ich war der letzte, der im Wasser landete. Es ist besser, sich zu zweit zusammenzuschließen, wenn man in einer einsamen Gegend taucht, und ich sah ein Paar Flossen vor mir durch den Schlamm hin und wieder auftauchen und versuchte ihnen zu folgen. Bei dem Versuch, sie einzuholen, verausgabte ich mich und mußte anhalten. Ich ruhte mich auf einem Stück Koralle aus und versuchte, mich zu orientieren.

Ich sah das goldene Sonnenlicht durch das schlammige Wasser dringen und aufleuchten und bemerkte, daß all das Licht hinter einer Pyramide hervorkam. Ich saß nur da und schaute, weil es das einfach nicht geben konnte –, und doch wünschte ich mir, es würde nie verschwinden. Die Sonne war direkt hinter der Pyramide, und das Licht strahlte nach allen Seiten aus und funkelte. Es war, als hätte jemand ein phantastisches Bild gemalt. Ich dachte unaufhörlich, wenn ich doch nur eine Kamera hätte und diesen Augenblick festhalten könnte; es wäre das Schönste, was je ein Mensch gesehen hat! Besser als jeder Sonnenuntergang, den die Natur je für mich inszeniert hat. Es war ganz einfach phantastisch! Es waren nicht nur die Farben, sondern auch ein wunderbares Gefühl!

Plötzlich kam ich wieder zu mir und stellte fest, daß es – was es auch immer sein mochte – Realität war, ja sein mußte. Also beschloß ich, anstatt bloß herumzusitzen und es anzuschauen, mich hinüberzubegeben.

Nicht die ganze, sondern nur ein Teil der Pyramide schien über den Meeresboden herauszuragen. Ich konnte etwa 30 Meter des Bauwerkes sehen, und der Form nach schien es den ägyptischen Pyramiden zu gleichen, wenn es nicht noch größer war.

Die Oberfläche dieser Pyramide glich einem Spiegel. Sie bestand zwar aus Steinen, doch waren diese so zurechtgeschliffen und aneinandergefügt, daß man nicht einmal eine Rasierklinge hätte dazwischenstecken können. Es schien unfaßbar, daß dies ein Werk von Menschenhand sein sollte. Ich umkreiste schwimmend dreimal die Spitze und entdeckte beim dritten Mal plötzlich eine Öffnung. Obwohl ich mir bei meinen ersten beiden Umkreisungen das Bauwerk genau angesehen hatte, hatte ich keinerlei Öffnung bemerkt, und ich habe bis heute keine Erklärung dafür gefunden, wie und warum es auf einmal eine Öffnung gab und dann wieder nicht, ich kann nur versuchen, es genau so wiederzugeben, wie ich es in Erinnerung habe.

Mein erster Gedanke war, wenn es eine Öffnung gibt, dann muß auch eine Tür da sein. Ich sah mich genau um, fand aber keine. Es war bloß eine Öffnung und keine Tür, nichts, was irgendwie aufgehen oder aufgleiten konnte.

Nun packte mich die Neugier um so stärker, und ich ging hinein. Eine Halle führte vom Eingang geradewegs ins Innere und mündete in einen einzelnen Raum, der sich im oberen Teil der Pyramide befinden mußte. Er war rechtwinkelig und hatte eine pyramidenförmige Decke. Von der Spitze der Zimmerdecke herab ragte eine etwa zehn Zentimeter dicke Metallstange in den Raum, die aus Gold zu sein schien, es aber offensichtlich nicht war. In der Mitte des Raumes stand eine Art steinerne Säule, auf der eine Metallplatte ruhte, aus der sich zwei metallische Hände in menschlicher Größe emporstreckten, und in ihnen lag wie in einer Schale der Kristall. Genau darüber hing der Metallstab von der Decke und zeigte auf den Kristall. Am Ende des Stabes war ein geschliffener facettierter roter Stein angebracht, der spitz zulief.

Um die Säule waren sieben große Stühle gruppiert, ein jeder auf einer steinernen Plattform und immer etwas höher als die anderen. Ich schwamm zur Decke hinauf, stemmte die Füße dagegen und versuchte den Stab loszureißen, doch er bewegte sich nicht. Ich wußte, um diesen Schatz zu erlangen, würde ich Hilfe brauchen.

Da ich wußte, daß die anderen Taucher nur mehr halb gefüllte Lufttanks hatten und sicherlich nicht bereit waren, sofort wieder auf Tauchstation zu gehen, beschloß ich, etwas mitzubringen, um ihnen zu beweisen, daß es hier unten etwas gab, das einen Besuch lohnte. Ich nahm mein Messer und schabte an dem Stab, doch anstatt Späne zu bekommen, mit denen ich meine Tasche hätte füllen können, ruinierte ich die Schneide meines Messers. Seine Klinge besteht aus dem härtesten Metall, das wir derzeit herstellen können – und der Stab bekam nicht einmal einen Kratzer!

Als nächstes ließ ich mich in einem der Stühle nieder. Er hatte Armlehnen und war sehr bequem. Nachdem ich mich einen Augenblick lang ausgeruht hatte, wurden meine Augen wieder von dem Kristall angezogen, der zu strahlen schien. Ich hielt in dem Raum Ausschau nach etwas Losem, das ich als Beweis für dieses Erlebnis mitnehmen konnte, denn der Gedanke, ich würde mir dies alles vielleicht nur einbilden, wollte mir nicht aus dem Kopf. Ich griff nach dem Kristall zwischen den Händen, und er bewegte sich! Ich nahm ihn heraus.

Die Metallhände hatten außen die Farbe von Bronze, doch auf der Innenseite schienen sie gleich dem Stab vergoldet zu sein, wiesen aber einige schwarze Stellen auf, als hätte eine Flamme oder eine starke Energie sie verbrannt. Ich hatte noch einmal Glück gehabt, als ich den Stein herausnahm, war nichts geschehen.

Ich blieb einen Augenblick lang ruhig sitzen, und plötzlich war da eine Stimme, keine hörbare, sondern eine innere, die jedoch deutlich und laut vernehmbar war und aus dem Bauwerk selbst zu kommen schien. Man könnte es auch eine Art Strahlung nennen, doch es war eine Stimme, die mir befahl: ›Du kamst und hast jetzt, weshalb du kamst. Geh und komm nicht zurück!‹

Wieder zurück auf dem Boot mußte ich verblüfft feststellen, daß auch die anderen Taucher ähnliche Erlebnisse gehabt hatten. Jeder brachte irgendeinen Gegenstand mit. Es waren zum Teil sehr merkwürdig aussehende Geräte, manche ähnelten einem Taschenrechner mit einem Fenster, doch ohne Tastatur. Wir fanden nie heraus, wie sie funktionierten, noch wozu sie dienten.

Von der damaligen Gruppe bin ich der einzige Überlebende. Die anderen Taucher sind alle irgendwo in den Gewässern des Bermuda-Dreiecks gestorben. Ich bin zwar wieder dort tauchen gewesen, aber nicht mehr in jenem Gebiet. Ich werde keinen Fuß mehr dort ins Wasser setzen!

Ich kann nur hoffen, daß einmal jemand von den Leuten, die Unterwasseraufnahmen machen, zur richtigen Zeit, wenn so wie damals ein Sturm die Bauwerke vom Sand freigelegt hat, in der Gegend ist und es ihm gelingt, Aufnahmen von der Unterwasserstadt zu machen.

Die Bauwerke waren ägyptischen ähnlich, aber auch jenen, die man in Südamerika findet, obschon die Pyramide glatt und nicht gestuft war. Und es gab auch viele Gebäude, die kuppelförmig waren. Da ich fast die ganze Zeit in der Pyramide verbrachte, konnte ich die anderen Bauwerke nur aus der Ferne wahrnehmen.

Auf der Heimfahrt befiel uns Taucher alle ein seltsames Gefühl. Wir verspürten keine Lust, miteinander zu sprechen, jeder fühlte sich merkwürdig isoliert. Danach trafen wir uns nur noch wenige Male, es schien uns nichts mehr miteinander zu verbinden, obwohl doch eigentlich das Gegenteil der Fall hätte sein sollen.

Es dauerte fünf Jahre, bevor ich mich sicher genug fühlte, um den Kristall der Öffentlichkeit zu zeigen. Er ist der einzige Beweis, der mir von diesem Erlebnis geblieben ist. Ob ich tatsächlich sterben mußte, als eine Art Vorbereitung oder Prüfung, um ihn zu bekommen, kann ich nicht beurteilen, das überlasse ich jedem selbst. Doch habe ich das Gefühl, ein anderer geworden zu sein, mein Gemüt und Verstand haben sich verändert.

Der Kristall selbst ist ein merkwürdiges Phänomen. Er wurde fünfmal öffentlich ausgestellt, wird sonst aber zu keiner Zeit gezeigt. Von den verschiedensten Leuten werden in Zusammenhang mit ihm die verschiedensten Dinge behauptet. Wir stellen Untersuchungen darüber an. Manche Leute behaupten, geheilt worden zu sein, andere Leute sehen oder spüren etwas. Ich glaube nicht, daß es mehr als ein halbes Dutzend Leute gab, die ihre Hände über den Kristall hielten und nicht den Ionenwind verspürten, den er aussendet.

Der Kristall ist ein Quarz. Als Halbedelstein wurde sein Wert im Jahr 1970 auf 20000 Dollar geschätzt, heutzutage wäre er schon etwas mehr wert. Aber in Wirklichkeit ist er natürlich von unschätzbarem Wert. Seine Kugelform ist vollkommen. Da Quarzkristalle in dieser Form in der Natur bekanntlich nicht vorkommen, muß er zurechtgeschliffen worden sein.

In seiner Mitte weist er eine natürliche Eintrübung aus Rauchquarz auf, die nahezu einer perfekt geformten Pyramide gleicht, bei genauerem Hinsehen entdeckt man jedoch drei Pyramiden hintereinander, und im Alphazustand taucht noch eine vierte Pyramide hinter den drei anderen auf.

Blickt man von der Seite auf die Pyramide, dann sieht man, daß sie aus einem Netz feiner Linien gebildet wird, die dem Gitter einer Elektronenröhre ähneln, das nur von vorne betrachtet als Pyramidenform wahrnehmbar ist. Von den Seiten her sieht man nur die Gitternetzlinien. Es gibt Pyramiden innerhalb von Pyramiden, die wieder innerhalb von Pyramiden sind. Die Hauptpyramidenstrukturen sieht man nur aus einem bestimmten Blickwinkel.«

Jeder, der Dr. Brown zuhört, wenn er seine aufregende Geschichte erzählt, wie er zum Hüter des Kristalls aus Atlantis wurde, hat sofort Dutzende von Fragen an ihn. Ich habe jene davon ausgewählt, die es uns ermöglichen sollen, das kostbare Juwel aus der Pyramide besser zu verstehen:

F.: Wo genau befinden sich diese Ruinen?

A.: Die genauen Längen- und Breitengrade habe ich leider nicht im Kopf, aber ich kann es Ihnen auf einer Karte zeigen. Es ist in der Nähe der Bari-Inseln und die nächstgelegene bewohnte Insel ist Bimini.

F.: Bis zu welcher Tiefe wurde der Sand abgedeckt, um die Pyramide zu enthüllen?

A.: Etwa 30 Meter von der Pyramide waren freigelegt, doch setzte sie sich noch weiter nach unten fort. Unter Wasser befindliche Oberflächen weisen immer einen Algenbelag auf und auch tierische Absonderungen, doch sowohl der Raum im Inneren der Pyramide als auch ihre Oberfläche waren absolut fleckenlos. Es war, als blicke man in einen blank geputzten Spiegel, aber es war weißer Stein. Über Wasser hätte es wahrscheinlich wie ein riesiges Stück weißer Marmor ausgesehen. Ein herrlicher Anblick!

F.: Wo war die Öffnung in der Pyramide?

A.: Sie lag genau auf der Mittellinie, ausgehend von der Pyramidenspitze, die übrigens aus Lapislazuli zu bestehen schien. Und ich glaube, daß der Stab direkt aus der Spitze kam.

F.: Würde sich der Raum nicht bald mit Sand füllen, wenn der Eingang weiter offenbliebe?

A.: Ja, wenn er offenbliebe und Sand eindränge, dann würde dieser sicher bald den Raum füllen. Aber wer oder was auch immer es geöffnet haben mag, wird es sicher irgendwann wieder geschlossen haben. Zwar habe ich nicht gesehen, daß es geschlossen wurde, aber ich bemerkte ja auch zuerst keine Öffnung, als ich herumschwamm, und doch gab es plötzlich eine.

F.: Befand sich Sand im Raum?

A.: Nicht die Spur von Sand. Der Fußboden war aus weißem Stein. Ich war beeindruckt, wie sauber und klar alles war.

F.: Was geschah mit der Öffnung in der Pyramide, nachdem Sie sie verlassen hatten?

A.: Solange ich sie beobachten konnte, blieb sie offen. Es gab auch keinerlei Art von Tür. Ich schaute hinein und befühlte die Kanten des Steins, und da war nichts. Das ist ein Rätsel.

F.: Glauben Sie, daß die Wände aus massivem Stein waren?

A.: Ich hatte keine Möglichkeit, dies zu überprüfen. Ich nahm an, daß sie es waren. Alles schien ziemlich schwer und aus massivem Stein zu sein, auch die ins Innere führende, etwa zehn Meter lange Halle und meiner Meinung nach die ganze Pyramide.

F.: Welche Lichtquelle gab es in dem Raum in der Pyramide?

A.: Ich weiß es nicht. Es gab keine Glühbirne oder etwas Derartiges, aber alles war hell. In meiner Aufregung hatte ich meine Taucherlampe im Boot vergessen.

F.: Gab es irgendeine Verbindung zwischen dem Stab und dem Kristall?

A.: Nein. Der Abstand zwischen der Spitze des roten Steines und der Kristallkugel betrug ungefähr 1,20 Meter. Der Kristall dürfte eher für kultische Zwecke benutzt worden sein, vielleicht während einer Zeremonie, die in der Pyramide stattfand.

F.: Woraus war der Metallstab?

A.: Das entzieht sich meiner Kenntnis, aber ich bin überzeugt, daß er aus Gold war und durch ein Spezialverfahren gehärtet wurde.
Auch die alten amerikanischen Kulturen verfügten über ein Verfahren zur Härtung von Kupfer, das dieses härter als Stahl machte. Und es ist bis heute niemandem gelungen, hinter ihr Geheimnis zu kommen, obwohl von der Metallindustrie eine hohe Belohnung ausgesetzt wurde.

F.: Waren die Stühle so aufgestellt, daß sie in eine bestimmte Richtung blickten?

A.: Ich habe mich zwar an meiner Uhr orientiert, aber in dem Raum selbst schenkte ich den Himmelsrichtungen keine Beachtung, außerdem waren die Stühle fast kreisförmig um die Säule herum angeordnet.

F.: Welche physikalischen Eigenschaften hat der Kristall?

A.: Es handelt sich um einen Quarz, doch ist etwas merkwürdig an diesem Stein. Die Lichtbrechung weist ihn als Quarz aus, doch ist er nur halb so schwer, wie er sein sollte. Vielleicht handelt es sich bei den feinen Linien in seinem Inneren tatsächlich um ein Metallgitter.

F.: Was sind Ihre Erfahrungen, wenn Sie den Kristall berühren?

A.: Nimmt man ihn erst einmal heraus, dann geschieht vorläufig gar nichts, aber nach einigen Minuten lädt er sich mit Energie auf und hebt ab... hält man die Hände darüber, dann spürt man heiße und kalte Schichten. Man kann fühlen, wie die Ionen aus dem Kristall herausschießen, und er summt. Knapp über dem Kristall ist die Energie schwächer, je höher man geht, desto stärker wird sie.

F.: Können Sie uns noch von einigen Erfahrungen berichten, die Sie persönlich mit dem Stein gemacht haben?

A.: Wenn ich mich in seiner Nähe aufhalte, passiert es mir ziemlich häufig, daß sich diese außerkörperliche Erfahrung wiederholt. Ich sehe mir dann Dinge auf eine sehr bewußte, wache, aufmerksame Weise an. Die anderen Dinge sind ziemlich schwer zu beschreiben. Ich kann mir zum Beispiel etwas ansehen gehen, was ich sehen muß, um ein bestimmtes Problem, an dem ich gerade arbeite, zu lösen. Andere Leute, die sich in der Nähe des Kristalls aufhielten, haben mir bezüglich der Lösung ihrer Probleme dasselbe berichtet.

Wir haben beobachtet, daß der Stein zeitweise Licht abgibt, und zwar ganz von selbst. Wir waren imstande, gewisse Dinge zu spüren. Wir haben Medien aus dem ganzen Land zu Rate gezogen, und sie waren sich alle einig darüber, daß dieser Stein von besonderer Bedeutung für den ganzen Planeten sei und daß man mit seiner Hilfe Energie in jeder

Form um ein Vielfaches verstärken könne, selbstverständlich auch geistige oder gedankliche. Sie behaupten, er sei gefährlich und gut zugleich.
Winzige Silikonplättchen in Computern vollbringen großartige Leistungen – sie bestehen aus Quarz. Über die elektrischen Eigenschaften von Quarzkristallen wissen wir Bescheid. Ob die feinen Gitternetzlinien in diesem Ding von der gleichen Art sind, wird sich noch herausstellen. Es gibt Leute, die behaupten, durch die Nähe des Kristalls von einem Leiden geheilt worden zu sein.

F.: Glauben Sie an Reinkarnation?

A.: Elizabeth Bacon aus New York hielt eine Sitzung über den Kristall ab. Es waren etwa 500 Leute zugegen. Sie versetzte sich in Trance, und die Leute stellten ihr Fragen über den Kristall. Sie sagte unter anderem: »Den Mann, der ihn hat, pflegte man ›Thoth‹ zu nennen.«

F.: Reagiert der Kristall auf Gedanken?

A.: Ja. Früher pflegte ich ihn nicht unter einem Glassturz auszustellen, und so kam es gelegentlich vor, daß ihn jemand berührte. Einmal erschien eine Dame, die heftige Schmerzen in der Bauchspeicheldrüse hatte. Sie berührte den Stein, und die Schmerzen hörten auf. Aber die nächste Dame, die einige Minuten später den Stein anfaßte, krümmte sich bald vor Schmerzen, die der Stein auf sie übertrug. Seither stelle ich ihn nur mehr hinter Glas aus.

F.: Wie ist es mit dem Meditieren?

A.: In der Nähe des Kristalls zu meditieren ist unglaublich. Man muß es einmal ausprobiert haben, um es zu verstehen.

F.: Können Sie die Energie aus dem Kristall gezielt in eine bestimmte Richtung lenken?

A.: Ich glaube schon. Und zwar geht es leichter auf mentale Weise als durch tatsächliches Ausrichten der Pyramidenspitzen. Es genügt, den Blick in den Kristall zu versenken, und die Energie läßt sich auf andere Punkte – meßbar – übertragen.

F.: Was geschieht, wenn man einen Kompaß über den Kristall hält?

A.: Die Kompaßnadel beginnt sich zu drehen, knapp über dem Stein entgegen dem Uhrzeigersinn und fünf Zentimeter darüber im Uhrzeigersinn.

F.: Haben Sie im Zusammenhang mit den Mondphasen irgendwelche Veränderungen bemerkt?

A.: Nein. Wir waren bisher nicht in der Lage, irgendwelche zeitlichen Zusammenhänge oder Grundstrukturen herauszufinden.

F.: Haben Sie Versuche mit Pyramidenmodellen durchgeführt?

A.: Ja, aber nicht mit großen Pyramiden. Wir haben den Kristall im Innern von verschiedenen Pyramidenstrukturen plaziert und die Energie gemessen – sie ist phänomenal! Verwendet man maßstabgetreue Modelle und plaziert darin den Stein annähernd in der richtigen Lage, dann übertrifft die meßbare Energie alle Erwartungen.

F.: Warum sind Sie damals nicht an Ort und Stelle geblieben und haben weitere Untersuchungen durchgeführt?

A.: Nach dem Erlebnis, das ich hatte, war ich wirklich sehr verunsichert und wußte nicht, ob ich noch länger dort verweilen sollte. Nach der Warnung, die mir zuteil wurde, wollte ich überhaupt keine Minute länger bleiben. Ich glaube, wenn Sie eine Stimme vernommen hätten, die Sie bis ins Innerste erschütterte, wären Sie auch, schon aus Angst um Ihr Leben, ihrem Rat gefolgt. Offensichtlich haben die anderen für ihren Ungehorsam gebüßt.

F.: Glauben Sie, daß die anderen vier Taucher umgekommen sind, weil sie den Befehl, nicht zurückzukehren, mißachteten?

A.: Ich nehme an, daß das der Fall war, weil alle in den nämlichen Gewässern ums Leben kamen. Einer von den Männern, ein sehr guter und erfahrener Taucher, starb in Bimini. Er sprang vom Boot und brach sich den Hals – schlug auf dem Sand auf. Einer wurde ungefähr 60 Kilometer nördlich von Bimini von Haien angegriffen, einer war in Haiti, fuhr in einem sehr kleinen Boot aufs Meer hinaus und kehrte nicht wieder, und der letzte verunglückte in der Nähe von

Jamaica, ebenfalls unter Wasser – die Einzelheiten darüber kenne ich nicht.

F.: Könnten Sie die Pyramide wiederfinden, wenn Sie es wünschten?

A.: Ich könnte Sie zu dem etwa 8 × 24 Kilometer großen Areal bringen. Ob es mir gelingen würde, Sie genau über der Pyramide abzusetzen, weiß ich nicht. Sie werden sich sicher daran erinnern, daß wir einen ganzen Sommer damit verbrachten, die Gegend mit neun bis zwölf Meter tiefen Löchern zu übersäen, ohne auf die Pyramide zu stoßen. Das kostete uns über eine Million Dollar, und wir fanden überhaupt nichts. Dann versuchten wir an einem stürmischen Tag noch einmal unser Glück und fanden auf Anhieb die Pyramide! Wahrscheinlich hat der Sand in der Zwischenzeit wieder das ganze Areal und auch die Unterwasserstadt bedeckt, aber es wird Zeiten geben, in denen sie wieder freigelegt ist. Wir verfolgen die in jener Gegend auftretenden Stürme sehr genau, und ich bin selber gespannt, ob einmal der Zeitpunkt kommt, an dem ich mich entschließen werde zurückzukehren, um dort Aufnahmen zu machen. Mich selbst werden Sie aber kaum dort unter Wasser antreffen!

F.: Wo liegt eigentlich das Sargassomeer von jenem Standpunkt aus gesehen?

A.: Etwa 240 Kilometer östlich davon.

F.: Wo wurden die anderen Gegenstände gefunden?

A.: Zwei davon fand man in einem Bauwerk, das Ähnlichkeit mit einer Bibliothek oder Kunstgalerie hatte – ein ziemlich großes Gebäude. Ihre Lage auf einem Steintisch ließ darauf schließen, daß man ihnen hohe Wertschätzung zuteil werden ließ. Ein anderes Objekt, das in der Form sehr verschieden ist, wurde in einem Gebäude gefunden, das aller Wahrscheinlichkeit nach für Wohnzwecke bestimmt war. Es handelt sich um einen größeren eckigen Gegenstand, und wir wissen nicht, womit wir es zu tun haben. Die übrigen Objekte waren klein und stromlinienförmig, die Ecken abgerundet, und aus einem nicht glänzenden Metall.

F.: Hat schon einmal jemand versucht, den Kristall zu stehlen?

A.: Ja. Ich nahm ihn einmal mit auf eine Party, die ein Freund von mir in Kalifornien gab.
Einer der Gäste, der ein Geschäft hatte, in dem unter anderem auch okkulte Geräte verkauft wurden, wollte den Kristall sehen. Einige Minuten später waren er und der Kristall verschwunden. Am nächsten Morgen war merkwürdigerweise der Kristall wieder da, er lag einfach in der Halle. Doch von dem Mann, der ihn genommen hatte, hörten wir nie wieder etwas. Er kehrte weder in sein Haus noch in sein Geschäft zurück, sondern war einfach verschwunden.

F.: Besitzt noch jemand einen kugelförmigen Kristall?

A.: Es gibt Leute, die Kristallkugeln herstellen.
Mein Kristall verfügt über eine besondere Art von Energie, ein sehr starkes Energiefeld, das ihn umgibt und das andere Materialien, die in seine Nähe gebracht werden, auflädt. Diese aufladende Energie hat die Tendenz, sich mit fortschreitender Zeit zu verstärken anstatt abzunehmen, wofür ich keine Erklärung habe.
Das Energiepotential des Kristalls wächst, wenn man ihn dem Tageslicht aussetzt. Doch er stellt irgend etwas mit der Energie der Leute an. Seine Energie ist größer, wenn er von einer großen Menschenmenge umgeben ist.

F.: Haben Sie versucht, das Alter des Kristalls mit Hilfe der Carbonmethode bestimmen zu lassen?

A.: Nein. Der Kurator des Smithsonian Instituts behauptet, daß das für die Anfertigung dieser Kristallkugel nötige Werkzeug vor 1900 nicht erhältlich war.

F.: Wurde der Kristall je auf Radioaktivität untersucht?

A.: Nein, vielleicht machen wir noch einen Test, um herauszufinden, was es mit diesem merkwürdigen Ionenwind auf sich hat.

F.: War es richtig, daß Sie diesen Stein aus der Pyramide genommen haben?

A.: Offenkundig war das meine Aufgabe, ich wurde förmlich zu dem Stein hingezogen. Ich will Ihnen die Wahrheit sagen: Ich weiß nicht, warum gerade ich ihn besitze. Ich mache zwar verschiedene Sachen damit, aber warum weiß ich nicht.

F.: Glauben Sie, daß dieser Kristall von der Erde kommt?

A.: Nein. Aber das ist nur meine Meinung.

F.: Haben Sie noch weitere Pläne für den Kristall?

A.: Ich weiß es nicht. Wir sind für alles offen. Er ist ja nicht nur ein Behelfsmittel, um Heilungen durchzuführen, obschon ich auf diesem Gebiet zuständig bin und mich daher in erster Linie damit befasse.

Bei der von Dr. Brown erforschten Unterwasserstadt könnte es sich durchaus um die alte Kultur von Atlantis handeln. Natürlich gibt es derzeit noch keine Beweise, daß es sich tatsächlich um die Ruinen von Atlantis handelt, aber sie befinden sich an der richtigen Stelle. Edgar Cayce sagte voraus: »Poseidia wird zu jenem Teil von Atlantis gehören, der als erster wieder aufsteigt – voraussichtlich 1968 und 1969, also in nicht allzu ferner Zukunft.« (Reading 958-3, vom 28. Juni 1940)

In einem anderen »Reading« im August des folgenden Jahres (1152-11, MS-3) ließ Cayce verlauten, daß innerhalb mehrerer Jahre sowohl im Atlantik als auch im Pazifik Land auftauchen würde. Zehn Jahre davor spricht er interessanterweise davon, daß im ganzen Land viele Veränderungen stattfinden werden, am meisten betroffen wird jedoch in Amerika die nordatlantische Küste sein (311-8, MS-7, 9. April 1932). Im Jahr 1934 hingegen sagt er das Erscheinen von Neuland in der Karibik voraus (3976-15).

Natürlich können die sogenannten »Readings« von Edgar Cayce auf verschiedene Weise interpretiert werden, was aber nicht unbedingt ihre Gültigkeit beeinträchtigt. Auf jeden Fall war in ihnen immer wieder die Rede davon, daß Länder aus den Fluten des Atlantiks auftauchen und wieder darin versinken würden.

Über Atlantis wurde schon viel geschrieben, einer der ausführlichsten Berichte stammt aus der Antike und wurde uns von Plato, der etwa 400 Jahre v. Chr. lebte, überliefert. Seit Tausenden von Jahren wird nunmehr die Geschichte von Atlantis von

Weisen und Narren gleichermaßen ins Reich der Fabel verwiesen, nichtsdestoweniger bringt sie uns die Kunde von Atlantis und ist als Bericht über die Vergangenheit von unschätzbarem Wert. Platos Erzählung enthält nichts Unwahrscheinliches, insofern sie einfach eine Beschreibung einer großen reichen Kultur gebildeter Menschen ist und auf Wunder und Mythen völlig verzichtet. Wir haben es mit der Geschichte eines Volkes zu tun, das von Königen regiert wurde, lebte und Fortschritte machte, wie andere Völker auch, und dem es gelang, über seine Grenzen hinaus zu wirken und die Zivilisationen der Welt zu revolutionieren.

Wenn man berücksichtigt, daß die Pyramide architektonisch gesehen ein einzigartiges Bauwerk ist, von dem es in den alten Schriften der Hindus heißt, es übertreffe an Alter alle anderen bis in unsere Tage erhalten gebliebenen Bauwerke, und ferner berücksichtigt, daß auch die Existenz von Atlantis in vorgeschichtliche Zeiten zurückdatiert wird, dann drängt sich die Schlußfolgerung auf, daß das Original für alle bestehenden Pyramiden in Atlantis zu suchen ist, was sich nach dessen Entdeckung bestätigen wird.

Im Laufe der Jahrhunderte wurden viele Versuche unternommen, Atlantis selbst oder einen Beweis für seine Existenz inner- oder außerhalb der Grenzen des Atlantischen Ozeans zu entdekken. Und eines Tages wird Atlantis auferstehen, so wie die Städte Herculaneum, Pompeji, Troja und viele andere aus den Gräbern ihrer Mythen und Legenden wieder auferstanden sind.

Der Intuition von Ignatius Donnelly verdanken wir ein an Einzelheiten und Informationen reiches Werk mit dem Titel »Atlantis: The Antediluvian World«, das zu Beginn des 19. Jahrhunderts veröffentlicht wurde. Seine Geduld und der unermüdliche Arbeitseifer, mit dem er Faktum auf Faktum zum Beweis der Existenz von Atlantis häufte, spiegeln sich in seinem umfangreichen Werk, welches bis heute unerreicht blieb.

Die Unterwasserstadt mit ihrer Pyramide, die bereits einige Jahre vor Dr. Browns denkwürdigem Erlebnis beobachtet worden war, wird nun langsam – wenn auch nur sporadisch und mit einander widersprechenden Beweisen – dokumentiert. Seit vielen Jahren häufen sich die Berichte von Piloten, Flugzeugbesatzungen und Passagieren, die auf einem Flug über die Gewässer der Bahamas eine Pyramide oder andere aus dem Wasser ragende Gebäude gesichtet haben. Doch werden diese Berichte von den offiziellen Stellen als »visuelle Irrtümer«, die auf optische Täuschungen seitens der Beobachter zurückzuführen sind, abgetan.

Die Unfähigkeit, diese Sichtungen selbst beim Vorliegen fotografischer Beweise zu bestätigen, resultiert aus dem Unvermögen, die genaue Stelle, an der die überfluteten Bauwerke gesehen wurden, wieder zu lokalisieren. Dies hat sich als illusorisches Unterfangen erwiesen, da es offensichtlich nicht möglich ist, diese Erfahrung zu wiederholen, selbst wenn die Beobachter ihre Flugstrecke so genau wie möglich rekonstruieren.

Erst kürzlich wurde ein Versuch unternommen, die Stadt mit Hilfe hochentwickelter elektronischer Geräte zu finden, wie sie von der Ozeanforschung zur Ortung versunkener Objekte verwendet werden. Doch auch diesem Unternehmen war nicht der erwartete Erfolg beschieden, das Phänomen erweist sich als trügerisch, ob man nun Beobachtungen von der Wasseroberfläche oder von der Luft aus anstellt.

Charles Berlitz spricht in seinem Buch »Without a Trace« von »untrüglichen Beweisen«, erbracht durch Schalldetektoren, die ein massives pyramidenförmiges Bauwerk an der von Dr. Brown und anderen erforschten Stelle erkennen lassen. Als Störfaktor bei diesen »untrüglichen Beweisen« muß leider das Fehlen der übrigen Ruinen, die bekanntlich ein Teil des ganzen Komplexes sind, gewertet werden, da von den Schalldetektoren hierüber keinerlei Aufzeichnungen geliefert wurden. Die fehlenden Aufzeichnungen lassen natürlich mehrere Schlußfolgerungen zu.

Am plausibelsten erscheint die Schlußfolgerung, daß die Forscher ihren Standort mit dem von Dr. Brown verwechselten, weniger plausibel die Möglichkeit, daß der Sand nur die Pyramide freiließ, die anderen Ruinen jedoch bedeckte und somit vor der Entdeckung abschirmte. Immerhin ragte die Pyramide, als Dr. Brown sie erforschte, nur etwa 30 Meter hoch aus dem Sand, und die Nebenruinen waren gleichfalls von diesem Niveau aus gut erkennbar, wogegen behauptet wird, die »sonare Pyramide« wäre 140 Meter hoch und stünde auf einem ansonsten flachen Meeresgrund – von anderen Ruinen ist nicht die Rede.

Am wahrscheinlichsten klingen für mich die Schlußfolgerungen, die einerseits von einem Versagen beziehungsweise einer fehlerhaften Interpretation der Geräte ausgehen (was bei Schalldetektoren übrigens ziemlich oft vorkommt), und andererseits kann ich mich dem von namhafter Stelle vorgebrachten Einwand nicht verschließen, man habe es hier mit »erfundenen Tatsachen« zu tun zum Zwecke der Aufrechterhaltung der Kontroversen über die Rätsel und Geheimnisse, die sich um das Bermuda-Dreieck, Atlantis und die Pyramide ranken.

Ihr flüchtiges Erscheinungsbild, das durch ihr ständiges Auftauchen und Verschwinden hervorgerufen wird, bildet das größte Hindernis für das Akzeptieren der Existenz dieser Pyramide (oder Pyramiden). Doch selbst dieses Phänomen verliert alles Mystische, wenn man bedenkt, daß die Sandschichten, die den Meeresboden zwischen Bimini und den Bahamas bedecken, durch die häufigen Stürme innerhalb weniger Stunden völlig verändert werden können.

Dr. Brown erklärt, seine kostspieligen, einen ganzen Sommer lang währenden Unterwasserforschungen hätten keine Ergebnisse gebracht, doch die Suche an einem einzigen stürmischen Tag führte zur Auffindung der Ruinen und der Pyramide. Seinen weiteren Ausführungen ist zu entnehmen, daß die Sandschichten sich ständig verlagern und die Unterwasserstadt zeitweise bedecken, aber auch wieder freilegen, und daß daher das Auftreten der Stürme in diesem Gebiet sehr sorgfältig beobachtet werden muß, um eine mögliche Freilegung des Ruinenkomplexes zu erkennen.

Dr. Browns unglaubliche Kristallkugel bildet mit ihren energetischen Eigenschaften, wie bereits früher erwähnt, den symbolischen Schlüssel für die Pyramidenstruktur.

Viele von uns haben eine falsche Vorstellung hinsichtlich der Begriffe »Kristall« und »Quarz«. Ein Kristall entsteht durch die chemische Verfestigung einer Masse, wobei deren Atome ein regelmäßiges Muster oder Gitter bilden, was dem Kristall äußerlich seine charakteristische geometrische Form verleiht. Die meisten Mineralien bilden Kristalle, wenn sie aus einem flüssigen oder gasförmigen Zustand in einen festen Zustand übergehen, weil die Kristallisation eine Form der geringsten Energie bei gleichzeitig größter Stabilität darstellt.

Kristalle beginnen sich von einem mikroskopisch kleinen Punkt aus zu entwickeln. Ihr Wachstum läßt sich mit dem Wachstum lebender Organismen vergleichen, mit dem Unterschied, daß es nicht von innen heraus, sondern von außen durch Zuführung desselben Materials erfolgt. Normalerweise wachsen Kristalle sehr langsam, es braucht Tausende von Jahren bis ein Kristall zu einer faßbaren Größe heranwächst, aber es gibt auch Kristalle, deren Wachstum täglich beobachtet werden kann. Manche von ihnen sind für ihren Riesenwuchs bekannt, der zu Ausformungen mit einem Gewicht von mehreren Tonnen führen kann.

Je nach Form ihrer Kristallisation teilt man die Kristalle in verschiedene Gruppen oder Kristallsysteme ein. Ihrer symmetrischen Gestalt und ihrer schönen Farbe wegen nennt man die Kristalle auch die »Blumen aus dem Mineralreich«. Die innere Gitterstruktur des Kristalls bestimmt seine äußere Form, sie besteht aus regelmäßig angeordneten Atomen, die durch die elektrische Anziehung ihrer gegensätzlich geladenen Ionen zusammengehalten werden.

Historisch gesehen wurde das Wort »Kristall« ursprünglich nur für klare, farblose Quarzkristalle verwendet, die von den griechischen Philosophen für gefrorenes oder zu einer sechskantigen Masse erstarrtes Wasser aus den Alpen gehalten wurden. Daher gilt diese als »Bergkristall« bezeichnete Form des Quarzes als Ursprung aller Kristalle. Quarz oder Siliziumdioxyd ist ein weitverbreitetes Mineral der Erdrinde und findet sich als Sand, aber auch als Felsmasse. Seine Kristalle bestehen meist aus sechsseitigen Prismen, die von Pyramiden abgeschlossen werden, und können farbig oder farblos und durchsichtig sein. Die größeren Quarzkristalle findet man nur in Höhlen oder Hohlräumen im Gestein, manche bilden sich aber auch in winzigen Felsspalten oder auf anderen Mineralien.

Das geheimnisvolle Zusammentreffen von Gold und Quarz als vorherrschende Mineralien in den Pyramidenkulturen ist leicht erklärbar durch die Tatsache, daß Gold für gewöhnlich in Quarzadern gefunden wird. Historische Berichte beschreiben das Staunen der diversen Eroberer angesichts der Unmengen von Gold beziehungsweise des sorglosen Umgangs damit. Gold wurde in erster Linie für die symbolische Darstellung der Sonne verwendet, was aufgrund seiner Beschaffenheit, seiner Farbe und seines Glanzes gut verständlich ist. Kupfer, Bronze oder irgendein anderes Metall konnten sich mit dem Glanz und der damit verbundenen Reflexionskraft des Goldes nicht messen, und es war daher nur logisch, daß die die Sonne verehrenden Zivilisationen das Gold zum Symbol ihres Sonnengottes wählten.

Es ist sehr gut möglich, daß Gold nur das Nebenprodukt war, das man entdeckte, als man nach etwas viel Wertvollerem und Nützlicherem suchte, nämlich Quarz. In unserem heutigen Wertesystem spielt Gold als Standardtauschmittel eine besondere Rolle, während Quarz nur mehr unter ferner liefen rangiert. Es gibt jedoch einige Mitglieder der Quarzfamilie, die sich größerer Wertschätzung erfreuen und als Schmuck- oder Edelsteine gelten, wie zum Beispiel: Amethyst, Rosenquarz, Rauchquarz, Achat, Onyx, Jaspis, Blutstein usw. Seit Anbeginn der Menschheit verkörpert der Quarz in seinen verschiedenen Arten die Kräfte und Mysterien des Kosmos und wurde daher auch – zusammen mit anderen Edelsteinen – mit den Tierkreiszeichen in Zusammenhang gebracht.

Wie der Quarzkristall in seiner sphärischen Form zu seinem eigenen Symbol wurde und was er tatsächlich repräsentiert, darüber wissen wir nur wenig. Die »Kristallkugel« wurde lange Zeit als Mittel zur Verstärkung der psychischen Kräfte mißbraucht, wo doch ihre wahre Stärke aus ihrer Form und ihrem Symbolgehalt entspringt. Für die Alten war sie von unschätzbarem Wert, kostbarer als alles andere, was sie besaßen, denn für sie stellte sie ein dreifaches Symbol dar. Erstens war sie die reine Verkörperung des Kosmos vor seiner Materialisierung, zweitens symbolisierte sie das »Kosmische Ei«, in dessen Transparenz die Schöpfung liegt, und drittens stellt sie die ätherische Sphäre der Welt dar, in deren durchscheinender Essenz das vollkommene Abbild jeder irdischen Tätigkeit aufbewahrt wird.

Den Wissenschaftlern unserer Tage sind die elektrischen Eigenschaften von Quarz wohlbekannt, und sie beschäftigen sich daher mit der künstlichen Herstellung von »fehlerlosem« Quarz für kommerzielle Zwecke. Reiner, in dünne Plättchen geschnittener Quarz, der unter Spannung an beiden Enden aufgehängt wird, produziert bei Dehnung einen meßbaren elektrischen Impuls. Dieser elektrische Impuls ist bis zu einem gewissen Punkt dem Grad der Dehnung ungefähr proportional. Die innere Gitterstruktur seiner Atome in ihrer regelmäßigen Anordnung ist für die Erzeugung des elektrischen Impulses verantwortlich, der bei Dehnung oder Komprimierung des Kristalls entsteht. Aufgrund dieser Eigenschaft spielt der Kristall auf kommerziellem und industriellem Gebiet eine wichtige Rolle, aber auch bei konsumorientierten Produkten. Vielleicht wußten die Alten über seine elektrischen Eigenschaften genausogut Bescheid – ja vielleicht hatten sie sogar Anwendungsformen des Kristalls entwikkelt, die uns unbekannt sind – doch unzweifelhaft handelte es sich dabei um eine wichtige Urform der Energie.

Hinsichtlich Zweck und Nutzung des Kristalls durch die alten Meister gibt es eine Fülle von Theorien. Zum Beispiel glaubt man, daß der Kristall bei besonderer Plazierung innerhalb einer Pyramide kosmische Kräfte anzieht oder akkumuliert, die dann bewirken, daß er seine eigene Energie abzustrahlen beginnt. Diese Energie wurde einst – so behauptet man – zur Gedankenübertragung benutzt oder zur Aufladung von Generatoren, die andere Maschinen speisten.

Laut Beschreibung von Dr. Brown war der kugelförmige Quarzkristall eingebettet in zwei bronzefarbene Metallhände menschlicher Größe, deren Handflächen vergoldet schienen. Direkt über den Händen hing ein goldfarbener Metallstab von der Decke, der auf den Kristall zeigte und etwa 120 Zentimeter oberhalb des Kristalls endete. Der am unteren Ende dieses Stabes befestigte, in Facetten geschliffene rote Stein zielte mit seiner Spitze ebenfalls auf den Kristall.

Der Stab könnte sehr wohl ein Leiter für kosmische Energien gewesen sein, während der rote Stein diese sammelte und auf einen bestimmten Punkt des Kristalls richtete. Auf diese Weise wäre es möglich gewesen, den Kristall zu aktivieren und seine vielfachen Funktionen abzustimmen beziehungsweise durch einfaches Verschieben des konzentrierten Strahls aus dem roten Stein auf einen anderen Punkt des Kristalls zu verändern.

Umgekehrt könnte die in den Händen liegende Kristallkugel auch erhitzt worden sein, wodurch sie dann elektrische Impulse abgegeben hätte, die von dem roten Stein aufgenommen und durch den Stab zur Pyramidenspitze weitergeleitet worden wären. Von der Spitze aus hätten diese Impulse dann nicht nur in die Umgebung, sondern bis in den Kosmos abgestrahlt. Es gibt unzählige Theorien über den Zweck der Abstrahlung dieser Energieimpulse vom Apex der Pyramide.

Betrachtet man das Ganze von der metaphysischen Seite aus, auf der das Mysterium der menschlichen Evolution skizzenhaft festgehalten ist, dann spielte der Kristall vielleicht die Rolle eines Versuchstieres. Eine metaphysische Philosophie stellt die Behauptung auf, daß der Geist durch Beseelung der Materie zu jener Kraft wird, die allem innewohnt und bewirkt, daß sich das Mineral zur Pflanze entwickelt, die Pflanze zum Tier, das Tier zum Mensch und daß schließlich der Mensch sich zur höchsten Ebene, der Ebene Gottes, aufschwingt.

Diese Meister versuchten vielleicht, diesem Mineral ihren Geist einzupflanzen, was bei ordnungsgemäßer Durchführung dann die Verwandlung des Minerals in eine Pflanze bewirkt hätte. Als wahre oder vollkommene Meister könnten sie tatsächlich beabsichtigt haben, das Mysterium der menschlichen Evolution durch den Vollzug einer Transmutation in ihrem Versuchslabor darzustellen, ein Prozeß, der uns unzweifelhaft unter dem Deckmantel von Ritualen und Zeremonien der vielen Religionen der Welt überliefert wurde.

Zwei Steine oder Edelsteine waren für die spirituelle Entwicklung des Mystikers von großer Bedeutung. Der Metaphysiker, der den Stein der Weisen besaß, besaß den größten aller Schätze – Wahrheit. Sein Reichtum überstieg damit jede menschliche Vorstellung. Er wurde unsterblich, einfach weil er fähig war, jenes unkörperliche Element im Menschen zu stärken, das niemals stirbt, und er wurde geheilt von dem größten Übel aller Plagen – der Unwissenheit. Der Stein der Weisen ist ein uraltes Symbol der vollkommenen Liebe, die alles verwandelt und selbst Tote zum Leben erweckt. Er spiegelt den vollkommenen Menschen, dessen göttliche Natur durchschimmert.

Die Metaphysiker suchten auch in den Besitz des hermetischen Steines zu gelangen, der die göttliche Kraft symbolisiert – eine Stärke, die alle Menschen suchen, die jedoch nur im Austausch gegen zeitliche Macht zu finden ist, die dann in den Dienst des Göttlichen verwandelt wird.

Diese beiden für den Metaphysiker so bedeutsamen und wichtigen Steine waren vielleicht wirklich einmal in ein und demselben Quarzkristall vereint!

11
Pyramythologie

Während der letzten Jahre sammelte sich eine Flut von interessanten Informationen über die Originalpyramiden an sowie über ihren eigentlichen Verwendungszweck und über ihre Erbauer. Zum Teil stammen diese Informationen aus Sitzungen mit Hypnotisierten, die in die Blütezeit der Pyramidenkulturen zurückversetzt wurden, andere wiederum kommen von Sehern oder medial veranlagten Persönlichkeiten, die sie während einer Trance empfingen. Einen beachtlichen Beitrag leisteten auch all jene, die sich darüber Gedanken machten, warum die Pyramidenkulturen über die ganze Welt verteilt sind.

In der folgenden Geschichte wurden all diese Daten zusammengefaßt, und obwohl wir es hier mit einem künstlich geschaffenen Beitrag zu tun haben, enthält er doch viele faszinierende Informationen und Details, die es durchaus wert sind, daß man sich näher mit ihnen auseinandersetzt.

Pyramythologie

Wo bin ich?... Ich bin in einem riesigen... weiten... Raum... ohne Grenzen. Ein wolkenähnlicher Nebel scheint von überall her aufzusteigen und schweigend wieder niederzusinken wie Dunstschleier an einem warmen Sommerabend. Diffuses weißes Licht umgibt mich, das aus keiner ersichtlichen Quelle stammt. Wo kann ich sein? Ich erinnere mich nicht, wie ich hierher gekommen bin. Ich versuche mich zu erinnern, wer oder was ich einmal war, doch je mehr ich mich bemühe, desto schwieriger ist es.

Ich bin mir meines Körpers bewußt, aber ich kann ihn nicht sehen. In einem unseligen Muster gefangen wandere ich langsam durch die wogenden Wolkenfelder und spüre weder Wärme noch Kälte. Der Nebel ist weder feucht noch trocken. Ich spüre keinen Lufthauch, noch die Oberfläche, auf der ich schreite... Schreite ich? Ich weiß es nicht, aber ich habe das Gefühl, mich ganz von selbst und ohne Eile durch den Raum zu bewegen. Träume ich? Wie sonst könnte ich dies hier erklären? Was mache ich hier, ganz allein, in diesem limboähnlichen Zustand?

Das alte Paar und das Meisterbuch

Plötzlich sehe ich zwei Gestalten vor mir sitzen. Sie sind weit genug weg, so daß ich ihre Gesichter nicht genau erkennen kann. Die sich drehenden Nebelschwaden lüften sich gerade so viel, daß ich einen fließenden Eindruck von ihnen erhalte.

Es dünkt mich, ich hätte es mit einem Mann und einer Frau zu tun, obschon sie ähnlich gekleidet sind und helle weiße Gewänder tragen, die ihre Füße bedecken, und deren weite Ärmel bis zu ihren Händen herabfließen. Beide haben langes Haar, das bis auf die Schultern herabfällt und zu leuchten scheint. Eine von ihnen trägt einen kurzen Bart.

Nun kann ich auch Farben in ihren Gewändern unterscheiden... blau... grün... gelb... rot und orange. Jetzt sehe ich auch purpur, oder ist es lavendel? Vielleicht ist es flieder. Seltsam... die Farben scheinen zu verschwimmen, wenn ich versuche, sie zu fixieren. Wo das Paar weilt, ist es weniger hell als hier, wo ich mich befinde, doch ich kann den Glanz in ihren Augen sehen.

Beide schauen mich freundlich an, und ich schätze ihr Alter auf etwa 65 Jahre, doch zu meinem Erstaunen fühle ich... spüre ich... sagt mir plötzlich meine Intuition, daß sie Hunderte, ja Tausende Jahre alt sind. Doch nein, halt! Unglaublich! Sie sind alterslos! Bilde ich mir das alles bloß ein? In welche neue Welt wurde ich geleitet?

Nun kann ich sehen, daß sich auf jeder Seite des Paares ein Tisch befindet. Auf einem davon liegt ein offenes Buch – ein riesiges Buch. Ich habe niemals zuvor ein so großes Buch gesehen! Es muß über einen Meter dick sein und fast zwei Meter hoch und mindestens einen Meter breit.

Auf dem Tisch neben der männlichen Gestalt scheint eine Art von Altar aufgebaut zu sein: einige Sachen aus edelsteinähnlichem Material, ein goldener Kelch, eine große Kristallkugel und ein von oben herabhängender Stab, an dessen Ende ein farbloser geschliffener Stein sitzt, der die Kugel fast berührt.

Hinter dem Altartisch hängt ein Symbol. Ein Symbol, das ich schon gesehen habe... und doch nicht gesehen habe. Es erinnert mich an ein Ankh-Zeichen. Doch hat es anstelle des horizontalen Balkens unter der Schleife zwei horizontale Schleifen. Und sein senkrechter Balken ist nicht gerade, sondern ähnelt einem altmodischen Nachschlüssel, doch etwas komplizierter ausgeführt mit seinen drei Seiten und zusätzlichen Einkerbungen.

Ich versuche mich dem Paar zu nähern, muß aber feststellen, daß es mir nicht gelingt, näher, als ich jetzt schon bin, an sie heranzukommen. Bilde ich mir sie nur ein, oder sind sie wirklich? Ihre Lippen bewegen sich nicht, vielleicht höre ich ihre Stimmen nur in meinem Kopf und nicht mit meinen Ohren! Denn als ich mir selbst noch einmal die Frage stelle: »Warum bin ich hier?«, vernehme ich deutlich ihre Antwort: »Meine Tochter, du wurdest erwählt, vor uns zu treten, um einige der Geheimnisse kennenzulernen, die die Alten besitzen.«

Nun spricht der alte Mann: »Ja, mein Sohn, aber es handelt sich weniger um Geheimnisse als um die Geschichte der Erde, und warum die Schmiede der Zivilisation für den menschlichen Geist ein solches Mysterium bildet.«

Jetzt ergreift sie wieder das Wort: »Wir werden dir ein wenig die geschichtlichen Hintergründe aufdecken und auch etwas von unserem Wissen und unserer Weisheit. Es wird nicht in verschlüsselter Form geschehen, denn für Menschen deiner Zeit ist es aufgrund ihres Entwicklungsstandes schwierig, unseren Kode zu verstehen. Doch sobald du einiges über unsere und eure Geschichte erfahren hast, wirst du auch langsam lernen, unseren Kode zu begreifen.«

Es wird mir klar, daß ich es hier mit sehr alten Seelen ... alten Wesenheiten ... alten Meistern zu tun habe. Aber wenn ich ihnen zuhöre, dann klingen ihre Stimmen nicht alt. Ihre Bewegungen sind sehr sanft und sehr eigen. Ich habe Zeitlosigkeit vor mir.

Er zeigt auf das große Buch. »Dies enthält die Geschichte von allem, was war – was ist – und was sein wird. Dieses Buch wird niemals verlorengehen, denn es wird ständig von bestimmten Wesenheiten bewacht – innerhalb und außerhalb eurer Existenzebene. Die Hüter innerhalb eurer Existenzebene sind sich ihrer besonderen Aufgabe nicht bewußt, es sei denn, sie müßten das Meisterbuch verteidigen.

Viele Einzelwesen auf eurer Ebene wurden zu verschiedenen Zwecken als Hüter eingesetzt. Einige wachen über die Geschichte, einige hüten das irdische und das kosmische Wissen, einige wachen über andere Wesen auf eurer Ebene und einige über den Lauf der Dinge.

Zu Hütern werden jene, die, ohne daß sie sich dessen bewußt sind, eine bestimmte Form von Weisheit erlangen. Nicht alle, die zum Hüteramt berufen werden, müssen deshalb eure Existenzebene verlassen, manche von ihnen werden zu sogenannten »genialen Menschen.«

Die alte Frau fährt fort: »Die Lebensformen auf eurer Ebene wachsen und entwickeln sich in positive und in negative Richtungen, doch auf eine nie endende Weise, denn ihr selbst habt gesagt: ›Die Geschichte wiederholt sich selbst.‹ Auch Zivilisation wiederholt sich, Ereignisse, alle Dinge auf Erden und im Universum wiederholen sich. Sie bilden Zyklen innerhalb von Zyklen – Räder innerhalb von Rädern. Du wirst in dieses Wissen eingeweiht und verstehst jetzt, was über das Heute geschrieben steht und heute geschieht, das geschah in der Vergangenheit und wird auch in Zukunft geschehen – nicht ein Mal, sondern viele Male wieder.

Zeit und Geschichte sind viele Male ineinander gefaltet. Manche Ereignisse bilden einen kurzen Zyklus und wiederholen sich innerhalb weniger Minuten oder Tage oder Monate oder Jahre. Andere Dinge wiederholen sich innerhalb von Jahrzehnten oder Jahrhunderten oder Jahrtausenden – aber sie wiederholen sich. Das ist ein Naturgesetz. Das Gesetz des Allmächtigen sagt, das Leben kommt und geht, doch was dem Menschen geschieht, geschieht immer und immer wieder.«

Zu diesem Zeitpunkt wird mir bewußt, daß mein Auffassungsvermögen zunimmt. Die Worte der beiden alten Leute beginnen ihre Wirkung auf mich auszuüben. Sollte das wirklich alles sein, was es über das Leben in Form der menschlichen Existenz zu sagen gibt? Was genau wird das Ergebnis des Lebens selber sein? Wie werden die kommenden Welten aussehen?

Ein viel naheliegender Gedanke drängt sich mir auf. Sie nennt mich ihre Tochter – er nennt mich seinen Sohn. Warum sehen sie mich als zwei verschiedene Personen? Bin ich zwei verschiedene Personen? Ich bin mir zwar meiner Anwesenheit in ihrer Gegenwart bewußt, kann aber meinen Körper nicht voll wahrnehmen.

Die Frau lächelt, was mich beruhigt. Sie sagt: »Meine Tochter, ich weiß, daß du verwirrt bist. Du bist meine Tochter, aber gleichzeitig bist du auch sein Sohn, denn der Mensch vereint die Eigenschaften beider Geschlechter zu gleichen Teilen in seinem irdischen Körper. Die Form deiner Lebensenergie ist gleichzeitig weiblich und männlich.

Du hast ein gutes Auffassungsvermögen und darfst niemals zulassen, daß die Furcht dich übermannt. Denn hat die Furcht erst einmal Fuß gefaßt, dann verdunkelt sie deine Gedanken, und du kannst nicht mehr klar sehen oder denken.«

Ich spüre ein Gefühl der Ruhe auf mich einströmen. Alle Ängste verschwinden, und ein friedliches, nahezu emotionsloses Gefühl erfüllt mein Wesen. Ich glaube, daß ich alles verstehen kann, was man mir anvertraut.

Und sie fährt fort: »Du bist ein Erdenmensch, der heute – in diesem Augenblick – lebt. Auch wir führten einst in der Vergangenheit ein Leben wie du. Deine Existenz liegt für uns in der Zukunft. Es wurde uns erlaubt, die allerhöchste Energieform zu erreichen. Wir sind die wenigen Auserwählten, die jene überwachen und leiten, die die Hüter der Naturgesetze sind.

Die Grundgesetze der Natur müssen von Lebensformen aufrechterhalten werden, und sie müssen auch Aufseher in der Energieform haben, denn auch dies ist ein Zyklus innerhalb eines Zyklus. Wenn eine Lebensform auf der Erde zu existieren aufhört, dann kann es sein, daß sie auch in der Ewigkeit zu existieren aufhört, doch kann sie auch zum Aufseher für ihre Energieform erwählt werden oder zu anderen Lebensformen, die zu Hütern der Naturgesetze ernannt wurden.

Unsere Energieform ist im Vergleich zu eurer niedrigeren Energieform sehr mächtig, und aus diesem Grund kannst du auch nicht näher herkommen.«

Hundert Fragen schießen mir durch den Kopf. Ich möchte so vieles wissen! Doch sie hebt abwehrend die Hand: »Es ist besser, wenn du nicht so viele Fragen stellst und uns aufmerksam zuhörst, denn wir haben dir noch viel zu sagen, so daß sich deine Fragen erübrigen werden.«

Atlantis und Lemuria

Nun beginnt der Mann zu sprechen: »Sohn, so wie du dir über deine Vorfahren Gedanken machst und nur sehr wenig über die Anfänge des Menschen auf deiner Welt weißt, so standen auch wir vor der Frage, wer unsere Ahnen waren. Unser Wissen, unsere Informationen, unsere schriftlichen Aufzeichnungen, unsere Dokumentation sind genauso dürftig wie eure. Alles, was uns bewußt ist und was wir wissen dürfen, ist, daß unsere Vorfahren, die auch die euren sind, aus einer Zivilisation namens Maoth kamen, die inmitten der Erde noch immer existiert. Wann sie ihren Anfang nahm, wissen wir nicht.

Wir wurden auf einem Kontinent geboren und geschult, den ihr heute Atlantis nennt. Zu jener Zeit gab es noch einen anderen Kontinent inmitten des Pazifischen Ozeans, der euch als Lemuria bekannt ist, dessen Bevölkerung aber weder über unser Wissen noch über unsere handwerklichen und technischen Fähigkeiten verfügte.

Die Lemurier mit ihrem begrenzten Wissen machten gerade die ersten Schritte auf dem Gebiet der Forschung. Die von ihnen entwickelte Technologie erlaubte ihnen, über das Wasser zu reisen, und sie fingen an, sich auch in anderen Teilen der Erde umzusehen und niederzulassen.

Wir Atlanter waren jedoch imstande, uns nicht nur auf dem Wasser, sondern auch im Wasser und in der Luft fortzubewegen. Außerdem war es uns bereits möglich, auch anderen Zivilisationen im Universum Besuche abzustatten und dann wieder nach Maoth zurückzukehren.

Vor Atlantis und Lemuria gab es Perioden des Aufruhrs und der Zerstörung in den Ländern im Inneren der Erde und auf ihrer Oberfläche. Zu derartigen Ereignissen kommt es in jedem Zyklus.«

Die alte Frau nickt zustimmend und setzt ihre Erzählung fort: »Wie du siehst, meine Tochter, hatten wir auf dem Gebiet der Nutzung der Energie aus dem Erdinneren und aus dem Kosmos große Fertigkeit erlangt, aber wir wußten nicht, daß wir zuviel Energie sammelten, noch verfügten wir über die notwendigen Fähigkeiten und Mittel, sie zu speichern. Zum besseren Verständnis stell dir vor, was mit den Früchten der Erde geschieht, dem Obst und Gemüse. Wenn zuviel davon produziert und nicht ordnungsgemäß gelagert wird, dann verfaulen und verwelken sie, wie du weißt. Wenn zuviel Energie gesammelt und nicht völlig verbraucht wird, dann beginnt sie sich zu vermehren, sie wird größer und größer. Und je größer sie wird, desto weniger kontrollierbar ist sie – und genau das ist geschehen.

Wir hatten mehr Energie eingefangen, als wir speichern oder verbrauchen konnten. Als Folge davon entlud sich ein riesiger Funke aus unserem Vorrat, der zwischen dem Nord- und dem Südpol hin- und hersprang und eine Katastrophe unvorstellbaren Ausmaßes auslöste, die wir trotz all unserer Weisheit und unserer technischen Fähigkeiten nicht hatten voraussehen können.

Durch die Entstehung dieses Funkens wurde eine Kettenreaktion hervorgerufen, die nicht mehr zu bremsen war. Sie mußte einfach ihren freien Lauf nehmen, was schließlich zum Untergang der beiden Kontinente Atlantis und Lemuria führte. Lemuria war verwundbarer, das arme Land löste sich völlig auf, wogegen Atlantis in mehrere Teile zerbrach, ehe es von den Fluten des Ozeans verschlungen wurde.«

Jetzt spricht der alte Mann wieder: »Ja, die verschiedenen Teile von Atlantis versanken im Wasser. Und nun, nach Zehntausenden von Jahren, wurde es von den Meeresablagerungen völlig bedeckt, die langsam auf es herabgesunken sind. Aufgrund von Erdbeben und anderen Naturereignissen, die die Erde immer wieder in Mitleidenschaft ziehen werden, werden immer größere Teile von Atlantis freigelegt werden. Der Beginn eines neuen irdischen Zyklus wird sich durch das Auftauchen der Landmassen von Atlantis ankündigen, während ganze Gebirgszüge auf den Meeresgrund absinken werden.

Ehe Atlantis unterging, hatten unsere Väter und Vorväter so manches erreicht. Wir lernten, daß der Allmächtige im ganzen Universum zugegen ist. Außerdem lernten wir, die Zyklen des Universums aufzuzeichnen und gleichzusetzen mit den Zyklen der Zeit, der Geschichte und der Menschheit. Unser Wissen auf dem Gebiet der Energie erhielten wir von unseren Vorfahren.

Eine einzige Bauform wurde uns gelehrt – diese Bauform beherbergte Wissenschaft und Religion, sie speicherte Energie und war gleichzeitig der Sender und Empfänger dieser Energie. Diese eine Bauform speiste und versah unsere Maschinen und uns mit Energie, sie nährte unseren Verstand und unseren Körper. Unsere Körper formten sich durch diese Struktur.

Ja – diese Struktur ist die Pyramide! Wir brauchten nur diese eine Bauform, und sie wurde durch das Wissen von Maoth, der inneren Welt, geschaffen.

Einige unserer Vorfahren aus Maoth entwickelten und kolonialisierten Atlantis auf der Oberfläche der Erde. Es war ein Experiment, um festzustellen, ob die Entwicklung der Atlanter auf der Erdoberfläche parallel zu der Entwicklung der inneren Welt verlaufen würde. Sie wußten auch von der Existenz Lemurias, das eine normale Entwicklung auf der Erdoberfläche durchlief, und sie wußten, daß die Entwicklung der Atlanter die der Lemurier innerhalb kurzer Zeit überholen würde, was auch tatsächlich eintraf.

Die Atlanter errichteten auf ihrem Kontinent eine Pyramide, ähnlich jener, die im Land der Maothen im Inneren der Erde stand. Aber sie erkannten nicht, daß die Anziehungskraft der atlantischen Pyramide das energetische Gleichgewicht stören würde und zwar deshalb, weil die Pyramide direkt den Energien aus dem Universum ausgesetzt war.

Dieselbe Bauform im Erdinneren hatte nur zu jener Art von kosmischer Energie Zugang, die durch die Erdkruste hindurch ins Erdinnere gefiltert wurde. Auf der Erdoberfläche hingegen gab es keinen Filter, der den Energiebezug reguliert oder begrenzt hätte.

Das Gleichgewicht der Kräfte zwischen außen und innen begann sich zu verändern und instabil zu werden. Als das Jahrtausend um war, wurde der Unterschied an elektrischem Potential immer gravierender und bedrohlicher, bis schließlich durch Entstehung des Funkens das natürliche Gleichgewicht wieder hergestellt wurde.«

Vorbereitung auf den Holocaust

Nun spricht die alte Frau: »Sieben Jahre lang hielt der Funke an. In dieser Zeitspanne gelang es uns, unsere Weisen, unsere Gelehrten, unsere Techniker und unsere Priester in Schiffen unterzubringen, die in der Luft und zu Wasser unterwegs waren.

Es gab 54 Schiffe – 18 auf dem Wasser, 18 unter Wasser und 18 in der Luft. Aus jeder dieser drei Gruppen wurden neun Schiffe als Außenposten der anderen Zivilisationen aus den anderen Kontinenten rund um den Erdball ausgewählt. Zu jener Zeit hatten wir auf der ganzen Erdoberfläche religiöse Figuren, Erzieher, Mathematiker, Ingenieure, Astronomen verteilt – weise Männer aus allen Disziplinen, die sich freiwillig bereit erklärt hatten, das karge, wilde Land aufzusuchen, um seine Lebensformen zu zähmen und zu belehren.

Einer dieser Außenposten wird in eurer geschichtlichen Überlieferung die »Arche Noah« genannt, nach dem Namen eines unserer Meister, den ihr auf diese Weise übersetzt habt. Er kannte alle Tiere der Erde, und so viele, wie Platz hatten, brachte er auf seinem Schiff, das ihr Arche nennt, unter, um diese Arten vor dem Aussterben zu bewahren, denn die auf der gesamten Erdoberfläche und bis zu einem gewissen Grad auch im Erdinneren einsetzende Vernichtung stand noch bevor. Noahs Arche konnte sich in und auf dem Wasser und auch in der Luft fortbewegen, und es gelang dem Meister zwei Drittel der gesamten zu jener Zeit lebenden Tierwelt noch vor der katastrophalen Zerstörung auf sein Schiff zu bringen und zu retten.

Anderswo wurden weitere Schiffe zur Aufnahme von Steinmetzen, Ingenieuren, Wissenschaftlern, Priestern und so weiter vorbereitet. Wir waren in zwei getrennten Schiffen«, sagt sie, auf sich und den alten Mann deutend, und fährt fort: »Und unsere Schiffe gehörten zu denen, die den Holocaust überlebten. Von den ursprünglich 54 Schiffen überstanden nur neun die Katastrophe.« Sie hält einen Augenblick inne und fügt dann hinzu: »45 Schiffe und alle, die auf ihnen waren, gingen verloren.«

Ihre Augen beginnen noch stärker zu funkeln. Ich weiß nicht, ob sie mit Tränen gefüllt sind, die der Vergangenheit gelten, oder mit Freudentränen über das Ende der Katastrophe. Sie richtet sich in ihrem Sessel auf und fährt fort: »Das Entstehen und Vergehen jeder Energieform liegt im Ermessen des Allmächtigen, und ich befand mich glücklicherweise auf einem religiösen Zwecken dienenden Schiff. Das elektrische Potential dieser Schiffe war geringer, so daß sie weniger heftigen Schocks ausgesetzt waren als die anderen.«

Wiederaufbau nach der Katastrophe

Jetzt ergreift wieder der alte Mann das Wort: »Als die Katastrophe vorbei war, sammelten sich die übriggebliebenen Schiffe, und es wurde eine Konferenz abgehalten, auf der das Überwachungskomitee seinen Bericht verlas.

Das gesamte Antlitz der Erde hatte sich verwandelt. Die Wasserfluten breiteten sich auf dem ganzen Erdball aus und überschwemmten alles. Dann tauchte neues Land aus den Wogen, wo einst Ozeane sich ausgebreitet hatten, während die einstigen Landmassen von den Fluten neuer Meere begraben wurden. Aufgrund des wiederhergestellten elektrischen Gleichgewichts und der anschließenden Repolarisierung fanden die Pole der Erde wieder ihre frühere Lage. Eis begann sich auf den neuen Polen zu bilden und drohte die Einwohner von Maoth einzuschließen. Die drastischen landschaftlichen Veränderungen bewirkten eine schwerwiegende Änderung der klimatischen Bedingungen in den verschiedenen Regionen der Erde. Selbst die Position der Sterne schien sich geändert zu haben, was aber nur auf die Verschiebung der Erdachse zurückzuführen war. Die Anziehung durch die Schwerkraft hatte sich verstärkt, so daß wir Schwierigkeiten mit der Levitation hatten. Die Nachwirkungen der Katastrophe, die sich vor allem in schweren Regenfällen und Flutwellen zeigten, dauerten 40 Jahre an.

Auf unserer Konferenz wurde beschlossen, auf mehreren Kontinenten gleichzeitig einen neuen Anfang zu machen. Wir faßten den Entschluß, unsere kenntnisreichen Meister auf verschiedene Gruppen aufzuteilen, die an verschiedenen Stellen der Erde neu beginnen würden. Einer der älteren Meister schlug vor, eine Gruppe auf einen anderen Planeten zu entsenden, um unsere bereits auf 21 verschiedenen Planeten eingerichteten Außenstellen zu erweitern beziehungsweise zu vervollständigen. Der Vorschlag wurde angenommen, und ein Schiff wurde mit dem Auftrag der Errichtung einer zentralen Basis für das Universum zu den von euch als Plejaden bezeichneten Sternen gesandt. Die Zurückgebliebenen schworen, für immer auf der Erde zu bleiben und sich auf jene zu verlassen, die uns von der zentralen Basis aus besuchen würden.

Wir entschlossen uns, ein Schiff mit Neophyten ins Innere der Erde zurück nach Maoth zu senden, damit ihre Erziehung dort beendet würde. Auch verschiedene Originaldokumente sollten diesem Schiff mitgegeben werden, um für eine sichere Aufbewahrung in Maoth zu sorgen.

Die verbleibenden sieben Schiffe suchten jene geographischen Punkte der Erde auf, die uns aufgrund ihres Klimas und ihrer Beschaffenheit für unseren Wiederaufbau am besten geeignet schienen und auch von Wesen bewohnt waren. Das waren die Urzellen des atlantischen Wiederaufbaus.

Einige dieser Plätze sind euch bekannt, einige werdet ihr etwa um das Jahr 2000 entdecken, der Rest wurde von der Geschichte ausgelöscht. Eine unserer Gruppen siedelte sich in jenem Land an, das ihr Ägypten nennt, eine zweite in Südamerika, eine dritte in Nordamerika, eine vierte im Himalaya, und die übrigen drei verteilten sich auf die Antarktis, Australien und Grönland.

Jede Gruppe nahm einen Teil der Schriften mit sich und gelobte, diese so zu verwahren, daß weder eine Katastrophe im Ausmaß jener, die wir gerade überstanden hatten, noch menschliches Eingreifen sie vernichten könnte. Sieben Gruppen... sieben Teile unseres Geheimwissens.«

Die Frau setzt mit der Erzählung fort: »Wir begannen mit dem Wiederaufbau. An den sieben ausgewählten Stellen der Erde errichteten wir unsere Pyramidenkultur. Jede unserer Pyramiden war genauso gebaut wie das Original in Atlantis. Sie war unser Energiespeicher, unsere Wissenszentrale und das Zentrum unserer Religion. All die Energie, die wir benötigten, bezogen wir wiederum aus der Pyramide. Doch wir waren nun klüger geworden, wir verstanden es, nur so viel Energie anzuziehen, wie wir in dieser Pyramide speichern konnten. Baute sich ein Energieüberschuß auf, so wurde er sofort freigesetzt, denn wir wollten nicht noch einmal in die Falle geraten.

Die elektromagnetische und kosmische Energie wurde durch die Hauptkristallkontrolle am Apex gesammelt und im untersten

Teil der Pyramide gespeichert. Weisheit und Wissen bewahrten wir im mittleren oder zentralen Teil auf, während unsere Religion im oberen Teil, in der Nähe der Spitze, zu Hause war.

Die Pyramide wurde umgebaut, damit die Adepten – jene, die den Wunsch hatten, zu Eingeweihten zu werden – die Pyramide in den vorgeschriebenen Stufen durchlaufen konnten. Jene Adepten, denen es nicht gelang, die Meisterschaft zu erreichen, wurden resorbiert, denn selbst das bruchstückhafte Wissen, über das ein auf dem Weg zur Einweihung befindlicher Adept verfügt, kann gefährlich werden, wenn nicht korrekt damit umgegangen wird.«

Die Helligkeit um mich herum beginnt abzunehmen. Die Visionen, die während der Erzählung der beiden so lebendig waren, verschwinden mehr und mehr, und plötzlich befinde ich mich in totaler Finsternis. Ich sehe und höre nichts. Ein Gefühl der Verlassenheit überkommt mich. Ich bin in einer totalen Leere.

Ich sehne mich nach mehr Wissen, mein Verlangen wird stärker und stärker. Bruchstücke eines uralten Wissens, Jahrhunderte alter Weisheit, werden mir anvertraut, doch qualvoll langsam, und wie bei einem Puzzle muß ich sie erst zusammenfügen, und jedes Mal wenn ich ein Stück finde, das paßt, wird das Bild klarer und die Information, die es mir vermitteln soll, erkenntlicher.

Die Dunkelheit verschlingt mich – und mein schnelles Auffassungsvermögen kehrt zurück. Was geht hier vor? Wohin soll ich gehen? Was soll ich machen? Plötzlich höre ich eine Stimme in mir – eine andere Stimme: »Fürchte dich nicht vor der Dunkelheit, denn die Dunkelheit währt nicht ewig. Auf Dunkelheit folgt Licht – und auf Licht folgt Dunkelheit. Das ist nur eines der vielen Naturgesetze, das vom ewigen Kreislauf: »Das eine folgt auf das andere.« Zuerst muß der Mensch lernen, die Gesetze der Natur zu verstehen, ehe er versucht, die alten Meister zu begreifen, denn die alten Meister wissen, was ihr Menschen vergessen habt.«

Nun beginnt Licht die Dunkelheit zu verdrängen, und ich befinde mich wieder vor dem Paar. Der Mann spricht:

»In den folgenden Jahrtausenden unserer Existenz und Evolution lernten wir, daß die Aufteilung in sieben Gruppen unnötig war, ja sogar zu einer Schwächung der gesamten Energie führte, von der wir abhingen. Wir beschlossen daher, uns wieder zu einer Gemeinschaft zusammenzuschließen, und nachdem wir den Rat der inneren Welt eingeholt hatten, kamen wir zu der Übereinkunft, wieder von vorne anzufangen. Wir räumten unsere Bauwerke und kehrten ins Zentrum zurück. Wir wußten, daß sich die Wesen auf der Erde mit dem, was wir ihnen zurückgelassen hatten, langsam weiterentwickeln würden, und wußten auch, daß es bei ihrer Entwicklungsrate Äonen dauern würde, bis sie den Status des Zentrums erreicht haben würden.«

Jetzt spricht wieder die Frau: »Unsere Gruppe im Weltall erhielt sehr viel Unterstützung aus dem Zentrum, denn das Zentrum erkannte, daß die Raumstationen auf den verschiedenen Planeten im Universum in der Lage waren, die auf die Erde gestrahlte kosmische Energie zu regulieren. Dann entsandte das Zentrum noch mehr Gruppen in das Universum, denn vom Weltraum aus sind wir in der Lage, den Spannungsgradient zwischen der inneren und äußeren Oberfläche der Erde sowie das Spannungspotential zwischen Erde, Planeten und anderen Sternen zu überwachen. Unsere extraterrestrischen Gruppen haben die Möglichkeit, zukünftige Katastrophen vorauszusehen, aber nicht alle, denn die Spontaneität gehört zu den Naturgesetzen.«

Eine neue Katastrophe

Der alte Mann spricht:»Eines Tages entnahmen wir den von sämtlichen Raumstationen ans Zentrum gelieferten Daten, daß sich der Erde eine große Masse näherte. In dem Versuch, die drohende Katastrophe zu verhindern, wurde ein Plan entworfen.

Die sieben auf der Erdoberfläche befindlichen Pyramiden mußten reaktiviert werden, um die von dieser Masse ausgehende Energie zu sammeln. Wir planten, diese Energie zurückzustrahlen, um damit ein Gegengewicht zu schaffen, das einen Zusammenstoß und eine Vernichtung der Erde verhindern und das Objekt zurück in den Weltraum stoßen oder zerstören sollte. Der Plan war insofern erfolgreich, als es uns gelang, die Geschwindigkeit der herankommenden Masse zu verlangsamen und einen Zusammenstoß mit der Erde zu vereiteln, doch verursachte ihre Nähe neue Katastrophen – Erdbeben und Flutwellen. Als schließlich den Wesen auf der Erdoberfläche bewußt geworden war, daß sie die Katastrophe überlebt hatten, fiel ihnen ein neuer Himmelskörper auf – der Mond. Ursprünglich waren es drei gewesen, doch die beiden kleineren stießen zusammen und zerbrachen in Stücke, die auf die Erde fielen oder in den Weltraum hinausschossen.«

Nun spricht sie: »Als die Katastrophe vorbei war, beobachteten wir die Erdoberfläche und bemerkten, daß der Allmächtige eine Auswahl unter den unzähligen Lebensformen auf der Erde getroffen hatte. Und wir erkannten, daß es nicht wirklich möglich war, in die Gesetze der Natur einzugreifen, denn ihre Gesetze regeln und schützen sich innerhalb jedes Zyklus ganz von selbst. Es handelt sich mehr um ein Ausleseverfahren, bei dem jene, die zum Überleben bestimmt sind, überleben, und die anderen, die es nicht sind, eben nicht überleben.

Die überlebenden Wesen degenerierten und fielen wieder in den Entwicklungsstand zurück, den sie vor unserem Leben auf der Erdoberfläche hatten, und unser Regierungskomitee beschloß daher einstimmig, ein Erziehungsprogramm für sie aufzustellen, das ihnen etwas von dem verlorenen Wissen zurückbringen sollte. Wir griffen ein. Wir besuchten viele Gruppen dieser Wesen auf der ganzen Erde, um sie zu erziehen und ihnen ein Grundwissen über die Naturgesetze zu vermitteln, um dadurch den Prozeß ihrer Entwicklung zu beschleunigen.

Außerdem wurde der Beschluß gefaßt, einen Versuch zu unternehmen, die Energie in der Pyramide, die zusammen mit Atlantis versunken war, stillzulegen. Mit einigen anderen Kraftwerken, die wir vor langer Zeit zusammen mit den Lemuriern auf der ganzen Welt errichtet hatten, sollte dasselbe geschehen. Diese hatten die Funktion von Relaisstationen gehabt, die unsere verschiedenen Außenposten auf der Erdoberfläche mit Energie versorgten, die längst nicht mehr bestanden.

Es gelang uns, alle Kraftwerke außer Betrieb zu setzen bis auf drei – eines in der westlichen Hemisphäre, den atlantischen Pyramidengenerator und den lemurischen Würfelgenerator im Pazifischen Ozean. Diese drei Bauwerke, die Energie sammelten und erzeugten, hatten ein starkes Energiefeld rund um ihren Kristallkern entwickelt, das unserer Wissenschaft auch heute noch nicht erlaubt, sie zu deaktivieren. Es sammelt sich daher auch weiterhin Energie in diesen Bauwerken an, die sich von Zeit zu Zeit in einem Ausbruch entlädt, bis sich wieder einmal eine Naturkatastrophe von solchen Ausmaßen ereignet, daß sie vernichtet werden. Doch bis dahin werden die zwischenzeitlichen Entladungen weiter die Menschen stören, denn die gesammelte Energie ist wie der Sand der Zeit – sie geht niemals aus. Energie ist Energie. Sie war, ist und wird immer sein.«

Initiationsriten

Nun spricht der alte Mann: »Wir beschlossen, ein Experiment durchzuführen, um zu sehen, ob wir einige der Geschöpfe der Erdoberfläche wieder mit gewissen Grundformen von Wissen und Weisheit vertraut machen könnten. Wir riefen in den Köpfen der Überlebenden die Erinnerung an den Sinn der in ihrem Gebiet befindlichen Pyramide wach, jedoch ausschließlich auf religiöse Zwecke beschränkt. Wir lehrten sie die Furcht vor dem Licht und die Furcht vor der Dunkelheit, die Furcht vor sich selbst und die Furcht vor dem Unbekannten, denn wir mußten sie lehren, sich nicht zu fürchten, über ihre Furcht hinauszusehen und ihre Ängste zu überwinden. Sie durchliefen die Initiationsriten in genau derselben Weise, wie auch wir unsere Initiationen vollziehen.

Sie wurden in die Pyramide gebracht, wo es vollkommen dunkel war. Es war ihre Aufgabe, verschiedene Punkte zu finden, von denen aus sie sich entwickeln und die nächst höhere Wissensebene erreichen konnten. In der Pyramide sind verborgene Kammern, Türen und Gänge eingebaut, die den verschiedenen Prüfungen entsprechen, die Belohnungen oder Tod zur Folge haben.

Die erste Furcht, die wir in den Eingeweihten entwickelten, war die Furcht vor der Dunkelheit. Sie wurden am Beginn des Labyrinths ausgesetzt und mußten sich ihren Weg durch die Gänge hindurch zur ersten Kammer suchen, die sich unterhalb der Pyramide befand. Hatte der Eingeweihte erst einmal diese unterste, in völliger Dunkelheit liegende Kammer erreicht, dann unterjochte ihn entweder seine Furcht, oder sie erleuchtete ihn. Der nächste Schritt war, ihn mit dem Unbekannten zu konfrontieren.

Die Kammer und der Gang wurden mit Wasser überflutet. In totaler Finsternis mußte der Eingeweihte nun seine nächste Entscheidung treffen – sich seinem Schicksal zu ergeben und sich einfach von den Fluten tragen zu lassen oder dagegen anzukämpfen – und zu verlieren. Jene, die sich willig und ergeben in ihr Schicksal fügten, lernten, daß das Wasser sie trug und durch die Gänge der Pyramide mitnahm, dabei immer höher stieg, bis zur Spitze der Pyramide. Doch diese Spitze war geschlossen – sie hatte keine Öffnung. Wenn der Eingeweihte nicht aufgab, dann fand er heraus, daß das Ansteigen des Wassers rechtzeitig aufhörte, ja langsam wieder zurückging und ihn in die unterste Kammer zurückbrachte. Dort angelangt, mußte er aufgrund eigener Intuition lernen, ohne Hilfe seiner Augen zu sehen. Er mußte mit seinen geistigen Augen sehen, seine Intuition mußte ihn leiten, so wie ein blinder Mann oft mehr ›sieht‹ als ein Sehender. Der Eingeweihte mußte sehen, was er aus seiner Erfahrung gelernt hatte, denn nach all dem, was er durchgemacht hatte, sollte er jetzt erleuchtet sein. Er sollte ein Licht in seinem Geist sehen, das ihn erkennen ließ, daß es einen Ort gab, wohin er sich begeben mußte – eine Geheimtür oder einen Geheimgang, die er noch zu finden hatte. Er lernte, mit den Augen seiner Sinne zu sehen – dem Auge seines Geistes.«

Die Frau spricht: »Die erste oder untere Kammer ist so konstruiert, daß ihre Decke und der obere Teil ihrer Wände völlig glatt sind, um jede Verletzung des Körpers des Eingeweihten während des Überflutungsvorganges auszuschließen.

Nachdem der Eingeweihte vergeblich nach dem Schacht gesucht hatte, durch den ihn das Wasser emporgetragen hatte, würde er als nächstes die Entscheidung treffen, seine Schritte zurückzuverfolgen. Da der absteigende Gang sehr lang ist, würde er früher oder später erkennen, daß es vielleicht eine Öffnung geben könnte, die möglicherweise in einen anderen Gang führte. Hatte er sich schließlich zur richtigen Entscheidung durchgerungen, dann begann er sich langsam den absteigenden Gang zurück hinaufzutasten. In völliger Finsternis mußte er tatsächlich mit seinen Händen um sich greifen – und mit seinem Tastsinn ›sehen‹. Irgendwo entlang der Wände des Ganges fand er schließlich einige Rillen. In unmittelbarer Nachbarschaft dieser Rillen war ein Stein, der sich anders anfühlte, da er von anderer Beschaffenheit war als die restlichen Steine in dem Gang. Hatte der Eingeweihte diesen Stein gefunden, dann sollte er – was auch die meisten taten – den Schluß daraus ziehen, daß dies der Eingang zu einer anderen Kammer oder Passage war.«

Der Mann spricht: »Nun lag es an dem Eingeweihten herauszufinden, wie dieser Stein zu bewegen war oder sich öffnen würde, um ihn hindurchzulassen. Alles was er tun mußte war, einen Psalm in der richtigen Weise zu rezitieren, den man ihn während seiner Vorbereitungszeit gelehrt hatte, ohne ihm den Zweck zu verraten. Nachdem er diesen Psalm fehlerlos und mit der richtigen Betonung vorgetragen hatte, bewirkten die älteren Meister das Öffnen des großen massiven Tores.

Dieses Tor wird gut bewacht, und weder die Leute, die zwischen den Initiationen hineingelangten, noch die Nomaden, die einen Weg hineinfanden, waren imstande, es zu öffnen. Das Tor besteht eigentlich aus drei hintereinanderliegenden Teilen, die heutzutage auch Pfropfen genannt werden, doch handelt es sich hier tatsächlich um drei Tore, durch die der Eingang des aufsteigenden Hauptganges verschlossen wurde und die dem Uneingeweihten den Eintritt verwehrten.

Die Tore wurden nur so weit geöffnet, daß der Eingeweihte

kriechend die Lücke suchen mußte, die gerade genug Platz bot, daß er sich hindurchquetschen konnte. Hatte er das erste Tor hinter sich, fand er ein zweites vor, durch das er sich hindurchzwängen mußte. Aber zuerst mußte er sich ausruhen, und in dieser Ruhepause lernte er etwas über Hingabe. Er lernte, daß es im Leben viele Hindernisse zu überwinden gilt. Ruhte er sich zu lange aus, dann fingen die Tore an, sich zu schließen, und dann mußte er sich beeilen und sich schnell durch das zweite Tor hindurchzwängen, was ein weiteres Schließen vorläufig verhinderte. Hatte er das zweite Tor überwunden, befand er sich wieder in einer engen Kammer mit einer weiteren Tür vor sich. Nun begann sich der Eingeweihte wohl zu fragen, wie viele Türen er noch vor sich haben mochte, ehe er sein Ziel erreichte. Nur jene, deren Intuition bereits stark genug entwickelt war, fühlten, daß nur noch ein Tor vor ihnen lag, und dieser Gedanke ließ sie weniger lange ausruhen als nach der ersten Tür. Jene aber, die ihre Hoffnung bereits verloren hatten, verweilten länger, bis sie merkten, daß das Tor sich zu schließen begann. Waren sie dann nicht schnell genug, so hatten sie ihre Einweihung und ihr Leben verwirkt.

Hatte der Eingeweihte das dritte Tor hinter sich, stellte er fest, daß er sich in einem sehr langen Gang befand – einem Gang, den er wiederum hinaufkriechen mußte, um ans andere Ende zu gelangen. Erreichte er dieses, dann erweiterte sich der Gang zu einem weiten, hohen Raum. Jetzt mußte er lernen, mit einem neuen Sinn zu sehen. Wie der Blinde sich auf seinen Gehörsinn verläßt, so lernte auch der Eingeweihte nun, mit seinen Ohren zu ›sehen‹. Er brauchte nicht länger zu kriechen, sondern konnte sich aufrichten. Indem er von neuem den Psalm aufsagte, war er imstande, den Ausgang aus diesem Zimmer zu finden, da er ihn sozusagen mit seinen Ohren ›sah‹. Dies leitete die nächste Phase seiner Initiation ein.«

Die Frau spricht: »Jene, die nicht erkannten, daß sie mit Hilfe ihres Gehörsinns ihren Weg finden konnten, tasteten sich von einer Seite des Raumes zur anderen und dachten, sie hätten es mit einem einzigen geschlossenen Raum zu tun, dessen hohe Wände ein Erreichen der Decke unmöglich machten. Manche umkreisten ihn viele Male, ohne zu ahnen oder zu bemerken, daß eine

Seite dieser riesigen Halle einen Ausgang enthielt, der in einen merkwürdigen Gang führte, andere aber, die den Kreuzungspunkt, der ihnen zu stehen erlaubte, erreicht hatten, erkannten nicht, daß sich der Weg nun gabelte.

Manche Eingeweihte brauchten sehr lange, um sich über den Plan des Fußbodens in diesem Raum klar zu werden. Jene, die nicht fähig waren, ein Ende des Raumes auszumachen, gaben auf. Sie warteten tagelang, ehe man sie aus der Pyramide führte, und sowohl ihre Intuition als auch ihr Leben beendet waren.

Der Eingeweihte, der den Kreuzungspunkt in jenem Augenblick entdeckte, in dem er imstande war, aufrecht zu stehen, sah sich vor einer anderen Entscheidung – welchen Weg er nehmen sollte. Einige schlugen den geraden horizontalen Kurs ein, während die anderen ihren Weg entlang des steilen Fußbodens des riesigen Raumes fortsetzten und unter Rezitation ihres Psalms das andere Ende erreichten. Merkwürdigerweise schlugen die meisten der Eingeweihten den geraden Kurs ein und erreichten die Kammer am Ende dieses geraden horizontalen Ganges. Jene, die zuerst den Aufstieg wagten, anstatt dem waagerechten Gang zu folgen, fanden am anderen Ende des Raumes keinen Eingang offen, und waren sie vernünftig genug, dann kehrten sie zum Ausgangspunkt zurück, um dem waagerechten Gang zu folgen.«

Er spricht: »In diesem ist ein Altar, und ein Standbild unseres Gottes befand sich in einer Wandnische, das aus den seltensten Edelmetallen und Edelsteinen gefertigt war. Hatte der Eingeweihte einmal diesen Raum betreten, dann mußte er eine Zeitlang fasten und meditieren. Er durfte diesen Raum nicht verlassen, ehe er nicht innere Ruhe und Frieden gefunden hatte.

Drei Meister kamen zu ihm und lehrten ihn, seine Sinne zu gebrauchen. Einer weihte ihn in die Geheimnisse des Tastsinns ein, der zweite in die des Gehörsinns und der dritte in die des Geruchssinns. War die Zeit der Einweihung in der kleinen Kammer beendet, dann durfte der Eingeweihte zum Kreuzungspunkt zurückkehren.

Nun mußte er seinen Aufstieg durch die lange Halle fortsetzen. War er oben angelangt, galt es noch, eine hohe Stufe zu überwinden und dann durch einen kurzen niedrigen Tunnel zu kriechen. Danach sah er sich wieder einem türähnlichen Hindernis gegenüber, doch wurde der Mechanismus dieser Tür nicht mehr in Gang gesetzt, der Eingeweihte mußte zu seiner körperlichen Ertüchtigung darüber klettern. Die Kletterei war ziemlich schwierig, und hatte er sie vollbracht, wartete ein neuer Tunnel auf ihn. Diese Übung beanspruchte aber auch seinen Geruchssinn, mit dessen Hilfe er ›sehen‹ gelernt hatte und den er nun dazu benutzte, um dem Duft von Kräutern zu folgen, der ihm den Weg anzeigte.

War der Eingeweihte durch den letzten niedrigen Tunnel gekrochen, befand er sich endlich im eigentlichen Tempel, wo ihn bereits fünf ältere Meister erwarteten. Sie lehrten ihn alles, was es noch über seinen Körper und seinen Geist zu wissen gab. Er lernte, nicht nur seine Sinne zu kontrollieren, sondern auch jedes Organ seines Körpers. Sie lehrten ihn, seine körperlichen Funktionen so weit herabzusetzen, daß er einen Zustand erreichte, der den des Schlafes bei weitem überschritt. Dieser Lehrgang über die Funktionen seines Körpers dauerte 40 Tage.

Sobald die Meister überzeugt waren, daß er über seine Körperfunktionen genügend Kontrolle hatte, legten sie ihn in einen Behälter, der versiegelt wurde. Jetzt war der Eingeweihte gezwungen, die physiologischen Funktionen seines Körpers so weit herabzusetzen, daß es ihm gelang, in dem luftdichten, versiegelten Behälter drei Tage lang auszuharren. Dann wurde der Behälter geöffnet, und man erwartete von ihm, daß er seinen Körper wieder in Betrieb nahm und die Einweihung fortsetzte. War es ihm nicht gelungen, die komplette Kontrolle über seine Körperfunktionen zu erlangen, dann beendete er seine Einweihung in dem versiegelten Behälter.

Nach der Wiederbelebung seines Körpers wurde der Eingeweihte von den fünf Meistern durch eine Geheimtür in der Tempelwand geleitet und über eine lange gewundene Treppe in einen viel größeren Tempel geführt, in dem nur ein Tisch stand. Er legte sich auf diesen Tisch, und die Meister befestigten Kabel an seinen Handgelenken und an seinen Knöcheln. Ein großer Kristall wurde auf seine Stirn gelegt. Der Eingeweihte mußte die Augen schließen und seinen Körper in jenen Zustand der Aufhebung sämtlicher Körperfunktionen bringen. Nun öffnete sich die Decke über ihm, wodurch der Raum völlig der kosmischen Energie ausgesetzt wurde.

Die Energie, die stark genug war, jeden Uneingeweihten zu blenden, bewirkte, daß der Eingeweihte aus seinem Körper austrat und sich in den Kristall auf seiner Stirn zurückzog. In diesem Augenblick vollzog sich die Vereinigung mit der Allmacht. Er war nun mit jedem Geheimnis des Universums vertraut. Ein blauer Schein umgab seinen physischen Körper und verwandelte ihn in den Körper eines Meisters. Dann schwang die Pyramidenspitze wieder an ihren Platz zurück und bildete von neuem die Decke der Kammer des kosmischen Ritus. Wenige Augenblicke später verschmolz der blaue Schein mit dem Körper des Eingeweihten, und die vier Kabel und der Kristall wurden entfernt.

Der zum Neophytmeister aufgestiegene Eingeweihte wurde in die traditionelle weiße Robe gekleidet. Er verließ den Tempel, führte die älteren Meister eine zweite Geheimtreppe hinab, die er intuitiv kannte, und betrat das Zimmer der Universallehre. Dieser Raum zusammen mit dem Rest der Welt war von nun an seine Universität.«

Die Kräfte des Neophytmeisters

Die Frau spricht: »Wer den Status des Neophytmeisters erreicht hatte, konnte in der Pyramide ein und aus gehen, wie es ihm gefiel. Er gehörte zum Kreis jener Auserwählten, die sich durch harte Arbeit bemühten, in den Kreis der älteren Meister aufzusteigen, denn wenn ein älterer Meister in die reine Energie eintrat, mußte ein anderer ihn ersetzen, um das Wissen über die Geheimnisse des Universums zu bewahren.

Der Neophytmeister hatte nun zu lernen, daß er als einzelner nur sehr wenig tun konnte. Was er tun konnte, würden manche als Zaubertricks bezeichnen, der größte Teil der Leute aber würde es für Wunder halten. Er lernte zu heilen und nutzte zu diesem Zweck die eigene körperliche Energie, um die Energie des Kranken umzuformen und somit dem Krankheitsprozeß Einhalt zu gebieten. Personen, die im Koma lagen und für tot gehalten wurden, konnte der Neophytmeister zum Leben erwekken, Blinde konnte er wieder sehend machen, weil er die Energiekontrolle völlig beherrschte.

Aber der Neophyt hatte als Einzelperson keine Kontrolle über den Lauf der Flüsse, das Wachstum der Pflanzen oder die Wolken am Himmel. Er mußte lernen, mit anderen zusammenzuarbeiten. Nur mit vereinten Kräften ist es möglich, die Natur zu beeinflussen. Alle drei Grade der Meisterschaft – Neophytmeister, Meister und älterer Meister – hatten die Fähigkeit erlangt, ihre Energie zu vereinen, und aufgrund dieser Fähigkeit konnten die Bewohner von Maoth auf jegliche Art von militärischen Einrichtungen verzichten.

Durch den Zusammenschluß unserer mentalen Energien wurde ein großer Energiewall errichtet, den kein Eindringling überwinden konnte. Die Meister schufen Sphären großer Energie, und wenn diese auf die Eindringlinge gerichtet wurde, erschreckte sie diese und veranlaßte sie zur Umkehr, wobei sie sich nicht mehr erinnerten, wo sie gewesen waren.«

Der alte Mann spricht: »Während unseres Aufenthaltes auf der Erdoberfläche hatten wir Schwierigkeiten, weil es viele Wesen aus abgelegenen Ländern gab, die glaubten, sich unsere Schätze aneignen zu müssen. Bei der Abwehr dieser Eindringlinge kam es natürlich manchmal vor, daß einige von ihnen starben. Zugegeben, ihr Tod war die Folge unserer Energie, aber wir haben diese niemals absichtlich zu Tötungszwecken eingesetzt. In ihrer Furcht trampelten sie sich gegenseitig zu Tode, fielen zu Boden und starben, oder sie kämpften blindlings und töteten alles, was ihnen in die Quere kam, ihre eigenen Artgenossen also. Und doch schienen diese Wesen niemals aufgeben zu wollen. Ja, sie zogen sich für eine Weile zurück, aber nur, um sich wieder zu sammeln und neue Angriffspläne zu schmieden. Unsere älteren Meister saßen oft zusammen und lauschten, um zu hören, was sie in ihren fernen Lagern, in ihren Städten, die weit von uns entfernt waren, für Pläne ausheckten, um uns neuerlich zu attackieren.

Manchmal waren wir gezwungen, einen oder zwei unserer älteren Meister zu beauftragen, ihre Städte mit einer Naturkatastrophe zu überziehen, um sie zu beschäftigen und von uns abzulenken.

Natürlich hatten auch unsere anderen Gruppen rund um die Welt dieselben Probleme. Wir mußten einsehen, daß es schwierig war, diese Dinge unter Kontrolle zu halten, da unsere Macht aufgrund unserer Trennung nicht so groß war. Also kamen wir überein, uns zu sammeln und ins Zentrum zurückzukehren.

Wir versiegelten alle Pyramiden, entfernten unsere Statuen und Altäre und den Deckel von dem Behälter, dann gruben wir einen senkrechten Schacht vom Kreuzungspunkt zur ersten Kammer hinunter, nachdem wir die drei torähnlichen Steinpfropfen in eine unverrückbare Position gebracht hatten, und verließen die Pyramiden.«

Die Frau spricht: »Wir waren traurig, doch in unsere Traurigkeit mischte sich große Freude, denn wir erkannten, daß die Wesen auf der Erde sich in einer Weise zu entwickeln begannen, in der auch wir uns entwickelt hatten. Es dauert länger beim Menschen, und er hat viel von dem Wissen und den Fähigkeiten, die wir ihm hinterlassen haben, verloren. Von Zeit zu Zeit begeben sich die Maother zu den Menschen und unterweisen sie und wachen darüber, daß sie sich nicht selbst zerstören.«

Er spricht: »Als die Pyramiden versiegelt wurden, ließen wir sie in einem Zustand zurück, der den Anschein vermittelte, sie wären niemals vollendet worden. Jede Pyramide ist so konstruiert, daß ihr Apex, der oberste Teil des Bauwerks, der die Energiezentrale enthält, leicht entfernt werden kann. Da wir ins Zentrum zurückkehrten, hatten wir keine Verwendung mehr dafür und begruben ihn daher in der Nähe jedes Bauwerks. Sobald die Pyramide ihrer Spitze beraubt ist, verliert sie die Fähigkeit, Energie zu sammeln, umzuwandeln oder zu verteilen.

Der Ältestenrat beschloß, daß für den Fall einer plötzlichen Katastrophe, die den Untergang von Maoth herbeiführte, eine Möglichkeit geschaffen werden müsse, Beweismaterial und Wissen an die sich auf der Erdoberfläche entwickelnden Menschen weiterzuleiten. Aus diesem Grund wurden in einer Geheimkammer in der Pyramide Aufzeichnungen über die Stelle, wo der Apex vergraben ist, und über bestimmte Formeln hinterlegt, die es dem Finder erlauben würden, die Pyramide wieder in Betrieb zu nehmen. Es wurde der Beschluß gefaßt, daß nur die Große Pyramide in Ägypten diese Information enthalten sollte, die anderen Pyramiden hingegen spezifische Informationen betreffend die Gesetze der Wissenschaft, Geschichte und des Universums. Die Geheimkammer in der Großen Pyramide in Ägypten befindet sich in einem der Granitpfropfen im aufsteigenden Gang.

Eine andere große ägyptische Pyramide, die sogenannte Knickpyramide, enthält Erklärungen bezüglich des gekoppelten Zusammenwirkens mehrerer kleinerer Pyramiden in Ägypten und Anleitungen für einen Zusammenschluß der Funktionen sämtlicher Pyramiden auf der ganzen Welt. Die Vorrichtung für die Herstellung und Umsetzung von Energie ist gleichfalls in der Knickpyramide zu finden. Ja, es handelt sich um einen Kristall. Die zu einer Kugel geformten Kristalle bilden nicht die Hauptquelle, sondern sind Hilfsmittel, das heißt eigentlich Kommunikationsmittel, die es ermöglichen, mit den Maothern auf der Erde und im Universum in Verbindung zu treten. Eine solche Kristallkugel wurde bereits gefunden und aus einer der Nebenpyramiden von Atlantis entfernt.«

Sie spricht: »Die Kristallkugel selbst ist nutzlos. Sie muß so verwendet werden, wie sie aufgefunden wurde, doch es wird eine Weile dauern, ehe sich die Tore der Pyramide aufs neue öffnen und den Zugang ermöglichen werden.«

Rückkehr in die Gegenwart

Die Wolken und die wogenden Nebelschleier werden immer dichter und nehmen mir die Sicht auf das alte Paar. Es scheint, als ob ich mich von ihnen entfernen würde. Das Licht schwindet. Ich möchte noch bei dem alten Paar verweilen, aber ich kann sie kaum noch erkennen. Dunkelheit umfängt mich. Ich weiß, daß mir Wissen anvertraut worden ist, weil man mich zum Wächter erwählt hat – zu einem Hüter des Wissens. Nun schwindet das letzte Licht, und das Paar verschwindet, aber ich fühle es – ich weiß es –, daß sie immer bei mir sein werden, auch wenn ich mich jetzt entferne. Ich trete in die Finsternis und von der Finsternis in einen Lichtstrahl. Ich spüre einen Druck auf meiner rechten Schulter, und ich höre eine tiefe, barsche Stimme. Ich öffne die Augen.

Der Fahrer des Busses beugt sich über mich und schüttelt mich verärgert.

»He, aufwachen! Hier ist Endstation.«

Ich blinzle ihn verschlafen an, gähne und strecke mich – der Bus ist leer. Ich fühle mich großartig. So gut habe ich schon lange nicht mehr geschlafen! Ob ich etwa geträumt habe?

Was soll's? Ich erinnere mich nie an meine Träume.

12
Zusammenfassung

Mein Bestreben war in den vorangegangenen Kapiteln nicht so sehr darauf ausgerichtet, eine Antwort zu finden auf die jahrhundertealten Fragen und die Geheimnisse, die sich um die Große Pyramide ranken, sondern eher zu versuchen, in einem Werk sämtliche Informationen und Fragen zusammenzufassen, die die Gelehrten und die Metaphysiker in gleichem Maße seit Urzeiten beschäftigen. Ich wollte dem Leser die Möglichkeit geben, seine eigenen Schlüsse zu ziehen – so weit das überhaupt möglich ist. Mir selbst ist es allerdings bis heute nicht gelungen, zu einer definitiven Schlußfolgerung zu kommen.

Es gibt einfach zu viele ungelöste Fragen, und im Grunde genommen müßte ich jetzt wieder von vorne anfangen: Wurde die Große Pyramide als Grabstätte benutzt? War die Große Pyramide ein Tempel für religiöse und rituelle Zeremonien? – Ich weiß es nicht!

Jeder Ägyptologe, der verkündet, die Große Pyramide wäre ein Grab und sonst gar nichts, muß sich den Vorwurf der Engstirnigkeit gefallen lassen, genauso wie jene Pyramidologen und Metaphysiker, denen er ihren Glauben, die Pyramide wäre bloß ein Einweihungstempel, ankreidet. Die Wahrscheinlichkeit ist groß, daß die Pyramide für beide Zwecke genutzt wurde – zuerst als Einweihungstempel und in der Folge dann als Grab, wodurch sie in weiterer Folge zum Vorbild für die Grabbauten in den zukünftigen Dynastien wurde. Es ist genauso schwierig zu beweisen, daß die Pyramide ein Tempel war, wie den Beweis zu erbringen, daß sie als Grabstätte diente.

Die Ägyptologen haben bei ihrem Versuch, die Pyramiden zu datieren, diese unwissentlich in zwei Kategorien eingeteilt: in Prä-5.-Dynastie-Pyramiden und in Post-4.-Dynastie-Pyramiden. Diese Klassifizierung basiert nicht auf genauen, ja nicht einmal annähernd richtigen Angaben über das Alter der einzelnen Bauwerke, sondern faßt die Pyramiden nach architektonischen Gesichtspunkten zusammen, das heißt die Prä-5.-Dynastie-Pyramiden weisen alle eine bestimmte Ähnlichkeit in ihrer Bauweise auf, während die Post-4.-Dynastie-Pyramiden nicht in dieses Schema passen und daher als Kopien früherer Bauwerke gelten. Anhand dieser Einteilung können wir ein bißchen Forschungsarbeit betreiben und uns ansehen, welche Gemeinsamkeiten die der 4. Dynastie und die der Zeit davor zugeteilten Pyramiden aufweisen.

Die Große Pyramide gilt als Spezialfall, und zwar aus drei Gründen. Erstens ist sie die größte noch erhaltene Pyramide in ganz Ägypten. Zweitens weisen ihre linearen Abmessungen auf einen Bezug zu beinahe sämtlichen kosmischen Aspekten unseres Universums hin sowie auch zu den religiösen Grundlagen der Bibel. Der dritte Grund schließlich für ihre herausragende Stellung ist ihre einmalige innere Beschaffenheit, ihre Gänge und Kammern, die von keiner anderen Pyramide übertroffen wird.

Allerdings treten bei näherer Betrachtung einiger anderer Pyramiden, die ich in der folgenden Skizze nach Höhe, Basisumfang und Böschungswinkel zusammengefaßt habe, interessante zusätzliche Fakten und Möglichkeiten in Erscheinung. Die Chephren-Pyramide, die tatsächlich der Cheops-Pyramide am nächsten kommt, ist auch die zweitgrößte Pyramide Ägyptens, während die Mykerinos-Pyramide – die dritte im Giseh-Komplex – von der Größe her erst an sechster Stelle kommt.

Die drittgrößte Pyramide ist die Knickpyramide des Seneferu, die auch als südliche Pyramide von Dahshur bekannt ist.

Die viertgrößte Pyramide, die gleichfalls dem Seneferu zugeschrieben wird, wird einfach als nördliche Pyramide von Dahshur bezeichnet.

Die fünftgrößte Pyramide schließlich, die ebenfalls dem Seneferu gehört haben soll, wird »Pyramide von Meidum« genannt.

Schematische Darstellung der bedeutendsten ägyptischen Pyramiden

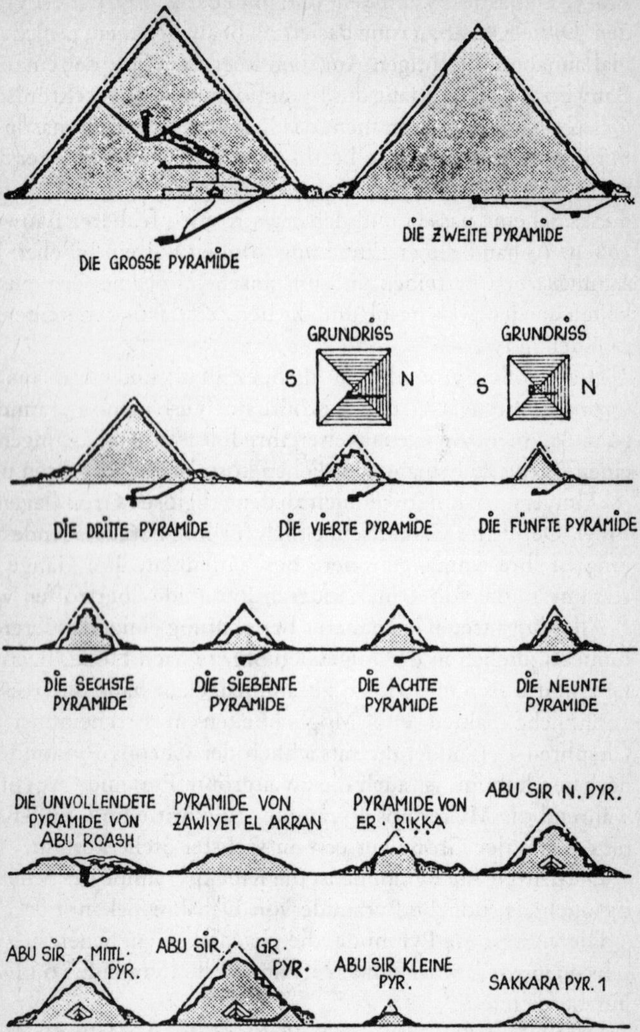

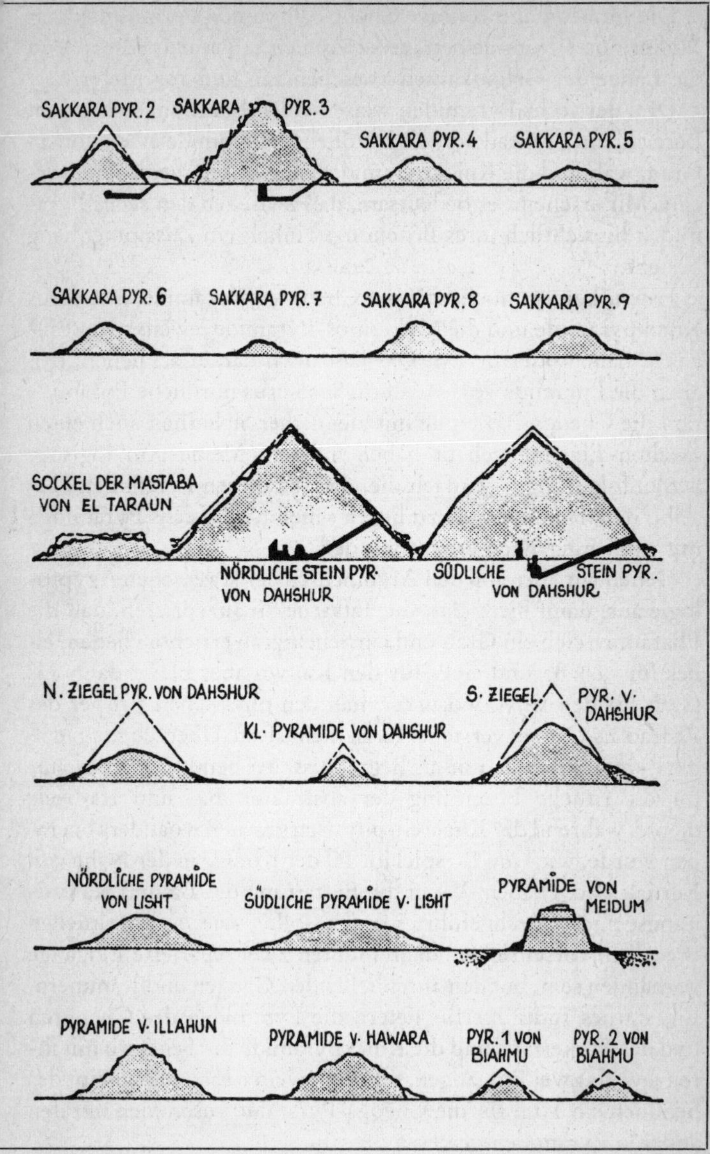

SAKKARA PYR. 2
SAKKARA PYR. 3
SAKKARA PYR. 4
SAKKARA PYR. 5
SAKKARA PYR. 6
SAKKARA PYR. 7
SAKKARA PYR. 8
SAKKARA PYR. 9
SOCKEL DER MASTABA VON EL TARAUN
NÖRDLICHE STEIN PYR. VON DAHSHUR
SÜDLICHE STEIN PYR. VON DAHSHUR
N. ZIEGEL PYR. VON DAHSHUR
KL. PYRAMIDE VON DAHSHUR
S. ZIEGEL PYR. V. DAHSHUR
NÖRDLICHE PYRAMIDE VON LISHT
SÜDLICHE PYRAMIDE V. LISHT
PYRAMIDE VON MEIDUM
PYRAMIDE V. ILLAHUN
PYRAMIDE V. HAWARA
PYR. 1 VON BIAHMU
PYR. 2 VON BIAHMU

Die Höhenmaße von der Cheops-Pyramide bis hinunter zur Mykerinos-Pyramide betragen zwischen 144 und 65 Meter, und die Länge der Grundkanten zwischen 226 und 106 Meter.

Drei der sechs Pyramiden weisen einen Böschungswinkel im Bereich von 51 Grad auf, die nördlichste Pyramide einen von 43 Grad, während die Knickpyramide beide Böschungswinkel vereint. Mir erscheint es bedeutsam, daß zwischen den sechs Pyramiden hinsichtlich ihres Böschungswinkels ein Zusammenhang besteht.

Hinzu kommt noch, daß die Chephren-Pyramide, Seneferus Knickpyramide und die Mykerinos-Pyramide jeweils zwei Eingänge haben oder hatten. Das läßt mich darauf schließen, daß auch die Pyramide von Meidum, Seneferus nördliche Pyramide und die Cheops-Pyramide mit ziemlicher Sicherheit auch einen zweiten Eingang gehabt haben müssen. Meine rein logische Schlußfolgerung ist einfach die, daß, da diesen Pyramiden derselbe Bauplan zugrunde zu liegen scheint, alle sechs Pyramiden mit zwei Eingängen erbaut wurden.

Gehen wir aber von den Argumenten der klassischen Ägyptologie aus, dann hieße das, die Tatsache zu akzeptieren, daß die Pharaonen sich ein Grab und ein Scheingrab errichten ließen, eines für den Ba und eines für den Ka, wo aber bleibt dann das Grab für den Khat, worunter man den physischen Körper des Pharao als Ganzes versteht? Es ist meine feste Überzeugung, daß die Pyramide – wenn sie als Begräbnisstätte benutzt wurde – nur für die rituelle Bestattung der abstrakten Ba- und Ka-Seele diente, während der Khat rein physisch gesehen woanders begraben wurde, wie zum Beispiel im Tal der Könige in der Nähe von Karnak und Theben. Wenn die Bestattung des Ba und Ka ordnungsgemäß durchgeführt werden sollte, wie es die rituellen Praktiken vorschrieben, dann mußten zwei separierte Eingänge vorhanden sein, mit den anschließenden Gängen und Kammern. Ein starkes Indiz hierfür liefern die Pyramiden des Chephren und des Mykerinos und die Knickpyramide des Seneferu mit ihren jeweils zwei Eingängen, und ein zweiter Eingang scheint daher auch ein Muß für die Cheops-Pyramide zusammen mit den anderen Pyramiden gewesen zu sein.

John Phillips lokalisiert in seiner kleinen Broschüre mit dem Titel »Die Große Pyramide und ihr Bauplan« den vermutlichen zweiten Eingang der Großen Pyramide anhand einfacher geometrischer Konstruktionstechniken als auf der Nordseite in etwas mehr als halber Höhe von der Basis aus liegend. Das ist eine interessante Theorie, die auch bei dem höheren Eingang der Knickpyramide zutrifft, doch befinden sich die beiden Eingänge der Knickpyramide auf verschiedenen Seiten, was ja auch bei der Großen Pyramide gut möglich wäre.

Wenn wir uns die Zeichnungen der sechs Pyramiden ansehen, dann fällt die Innengestaltung der Großen Pyramide im Vergleich zu den anderen Pyramiden besonders auf, da bei ihr die Gänge und Kammern hoch oben im Mauerwerk der Pyramide selbst liegen. Nur die nördliche und die südliche Pyramide des Seneferu weisen ähnlich kompliziert im Mauerwerk eingebaute Kammern auf, doch zu ebener Erde. Allerdings haben wir es nur dem Herabfallen eines Steins zu verdanken, daß der aufsteigende Gang entdeckt wurde. Die übrige innere Struktur der Großen Pyramide mit dem absteigenden Gang und der unterirdischen Kammer würde sich ansonsten bis zum heutigen Tag nicht wesentlich von den anderen ägyptischen Pyramiden unterscheiden.

Dieser Punkt verleitet mich dazu, die Möglichkeit in Betracht zu ziehen, daß es auch in den Pyramiden des Chephren, des Mykerinos und des Seneferu aufsteigende Gänge geben könnte. Der Grund für ihre Nichtentdeckung liegt einfach darin, daß die zeitgenössischen Forscher nicht das gleiche Glück wie al Ma'muns Männer hatten, die, als sie den Stein, der den aufsteigenden Gang verbarg, herabfallen hörten, sofort erkannten, daß es noch einen Gang geben mußte. Sämtliche Pyramidenforscher – Ägyptologen, Pyramidologen, Archäologen – rühmten in schöner Einhelligkeit das einzigartige handwerkliche Geschick und Können der am Bau der Pyramiden beteiligten Architekten und Baumeister, und die Tatsache, daß bis heute keine weiteren Kammern und Gänge entdeckt worden sind, ist nur ein weiterer Beweis für die Meisterschaft der alten Ägypter. Diese Gänge und Kammern existieren, aber wie können wir sie finden, ohne dem Bauwerk größeren Schaden zuzufügen?

Dr. Louis Alvarez gelang es bei seinem Versuch im Jahr 1968 nicht, mit Hilfe einer wissenschaftlichen Methode zur Messung der kosmischen Strahlung irgendwelche geheime Kammern oder Gänge in der Chephren-Pyramide zu entdecken, und da Wünschelrutengänger von der Wissenschaft noch immer nicht ernst genommen werden, was bleibt uns dann noch übrig? Müssen wir auf einen weiteren Akt göttlicher Intervention warten, um Licht in eine Sache zu bringen, die der moderne Mensch mit all seinen wissenschaftlichen Errungenschaften bis heute nicht zu entschlüsseln weiß? Allem Anschein nach schon, denn die Forscher aus allen Wissensgebieten scheinen sich durchaus mit flüchtigen Besuchen bei den Pyramiden zu begnügen, um sich dann mit um so größerem Eifer in alle möglichen Spekulationen zu stürzen.

Zwei sehr interessante Tatsachen beweisen mir, daß es zumindest noch eine weitere Kammer in der Großen Pyramide gibt sowie den dazugehörigen Gang.

Erstens, die von Herodot überlieferte Geschichte, daß Cheops auf einer von Wasser umgebenen Insel in der Pyramide begraben worden sei, könnte durchaus wahr sein. Es könnte sich um eine mit Wasser gefüllte Kammer handeln, in der der Sarkophag des Cheops schwamm und die gut versiegelt wurde. Ich leite dies aus den Aussagen einiger Forscher ab, die gegen Ende des 19. und zu Anfang des 20. Jahrhunderts detaillierte Berichte über die Kammern und Gänge der Großen Pyramide schrieben. Es gibt nämlich einen Brief vom 17. Juli 1909, der von John und Morton Edgar in ihrem Buch »Great Pyramid Passages« angeführt wird, in dem es heißt:

»... doch darüber hinaus machte es uns die dicke und harte Salzschicht, die die Wände dieses Ganges auf dem Weg zur Königinnenkammer überzieht, unmöglich, die Fugen mit Sicherheit zu lokalisieren. Diese Salzschicht findet sich nur im horizontalen Gang und in der Königinnenkammer, obgleich ein klein wenig davon auch auf den Wänden des ersten aufsteigenden Ganges zu sehen ist.«

Diese und ähnliche Feststellungen zeigen mir, daß eine Kammer entweder über oder neben der Königinnenkammer existieren muß. Diese noch zu entdeckende Kammer könnte sehr wohl mit Wasser gefüllt und auf geniale Art versiegelt worden sein, oder vielleicht war auch der zu dieser »geheimen« Kammer führende Gang mit Wasser gefüllt. In jedem Fall versickerte dieses Wasser während der vielen Jahrhunderte oder Jahrtausende und verursachte den Belag auf den Wänden der Königinnenkammer und des waagerechten Ganges. Denn interessanterweise gibt es sonst nirgendwo in der Pyramide eine derartige Verkrustung, nicht einmal in der unterirdischen Kammer, wo man dies ja am ehesten noch erwarten würde.

Für das Vorhandensein des Wassers kommen verschiedene Gründe in Betracht. Es läßt sich ein direkter Zugang zur mythischen Schöpfungsgeschichte der Ägypter herstellen, in der von einem Urhügel, der aus dem Urwasser hervorkommt, die Rede ist. Das Wasser könnte aber auch ganz einfach ein letztes Abschreckungsmittel gegen Grabräuber gewesen sein, die bei ihrem Eindringen, falls sie zufällig auf den Gang und die Kammer gestoßen wären, in den Wassermassen den Tod gefunden hätten.

Das Füllen der Geheimkammer und des Ganges konnte auf ganz einfache Weise bewerkstelligt werden, wenn wir die in Kapitel 4 erwähnte Theorie von Nelson über das Eindämmen des Nils in Erwägung ziehen. Wenn das Plateau von Giseh überflutet wurde, um die nächste Steinlage anzubringen, dann brauchte man nur die Fertigstellung der »geheimen« Grabkammer abzuwarten, um sie mit Wasser aufzufüllen, ehe ihre Decke aufgesetzt wurde. Nach Fertigstellung der Pyramide wurden die Staudämme entfernt und das Wasser floß automatisch aus der Königskammer und der Königinnenkammer entlang des aufsteigenden Ganges ab. Das im absteigenden Gang und in der unterirdischen Kammer verbleibende Wasser konnte durch ein hydraulisches Pumpsystem abgepumpt werden.

Der zweite Tatbestand, der mich in der Annahme bestärkt, daß es in der Großen Pyramide einen Gang gibt, der zu einer verborgenen Kammer führt, ist der Nachweis über einen riesigen Steinblock, der dazu bestimmt war, den Eingang der Knickpyramide des Seneferu zu verschließen. Dieser Gleitblock in der südlichen Pyramide von Dahshur war so gebaut, daß er den Zugang zu den Kammern für immer versperren konnte. Wenn wir an

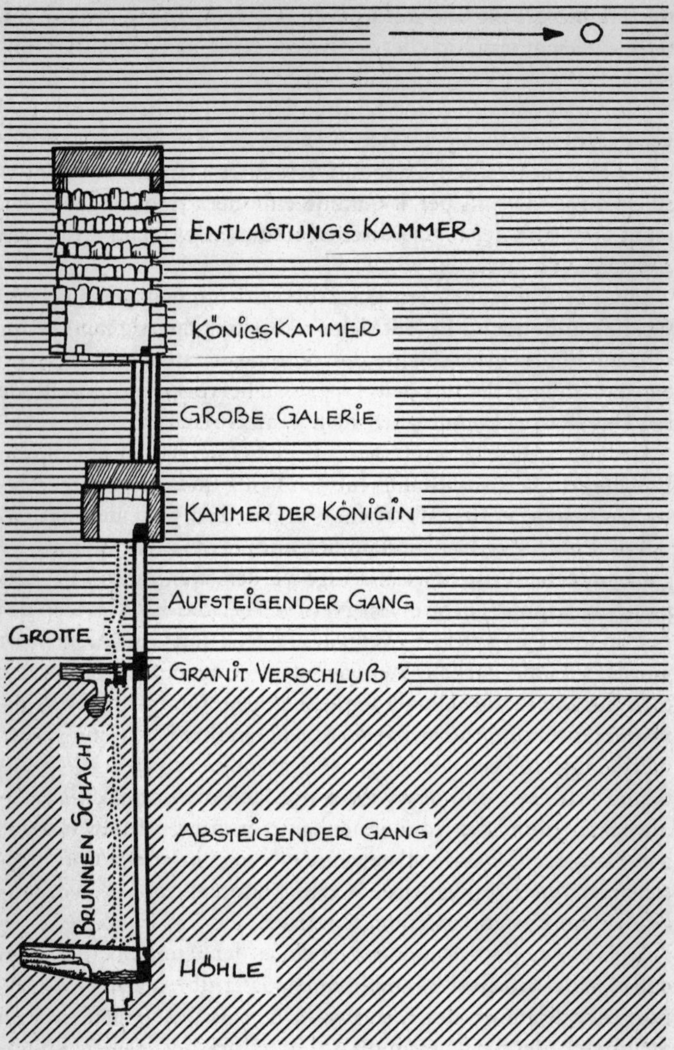

Schnitt durch die Große Pyramide in Richtung Ost-West

dem Konzept der architektonischen Ähnlichkeiten weiterhin festhalten, dann müßte diese Methode auch in anderen Pyramiden zur Anwendung gekommen sein.

Zur Zeit gibt es nur noch eine Pyramide, die Steinblöcke aufweist, die eher eine Sperrfunktion als eine Verschlußfunktion innezuhaben scheinen. Es handelt sich dabei um die drei Granitpfropfen im aufsteigenden Gang der Pyramide. Ich glaube, daß sie so konstruiert sind, daß sie zumindest einen, wenn nicht zwei Zugänge blockieren.

In dieser Hinsicht stimme ich L. Dow Covington zu, einem Amerikaner, der von 1901 bis 1910 Forschungsarbeiten an der Großen Pyramide durchführte und die Theorie aufstellte, daß einer der Granitpfropfen im aufsteigenden Gang das untere Ende eines engen senkrechten Schachtes verberge.

Covington brachte diese Ansicht mehrmals den Brüdern John und Morton Edgar gegenüber zum Ausdruck, die einen bedeutenden Beitrag auf dem Gebiet der Vermessung der Pyramide leisteten. Er begründete seine Theorie mit der Tatsache, daß ein enger senkrechter brunnenähnlicher Schacht sich in den Probestollen mit zwei inklinierten Gängen vereinigt, was er als Beweis ansah für die Existenz eines ähnlichen Schachtes am Kreuzungspunkt des absteigenden Ganges mit dem ersten aufsteigenden Gang. Zwecks Überprüfung seiner Theorie wollte er die Pfropfen entfernen lassen, doch rieten ihm die beiden Brüder offensichtlich davon ab.

Die Probestollen gelten als architektonische Richtlinien für die Erbauer der Gänge innerhalb der Pyramide und wurden etwa 270 Meter östlich vom Standort der Pyramide in den Felsen geschlagen. Nach Petries Ansicht handelt es sich dabei um ein Modell für die Gänge der Großen Pyramide, da diese Probestollen in ihrer Breite und Höhe mit diesen übereinstimmen, nicht aber in der Länge. Des weiteren glaubt man, daß die Position des vertikalen Schachtes an der Kreuzung zwischen absteigendem und aufsteigendem Gang beim Bau der Pyramidengänge geändert wurde. Man spricht jetzt vom Brunnenschacht.

Meiner Meinung nach würde sich beim Hinaufziehen dieser drei Granitblöcke in den aufsteigenden Gang herausstellen, daß

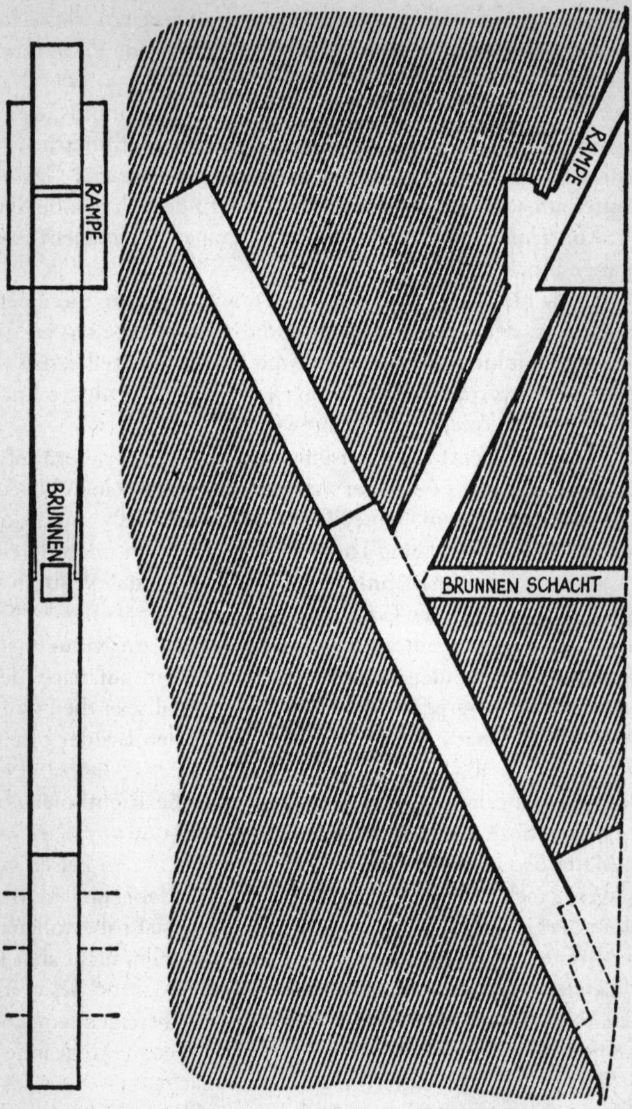

Plan und Schnitt durch einen Probestollen

sich dahinter zumindest ein Zugang zu einem neuen Gang verbirgt, und dies könnte zu neuen Informationen über den eigentlichen Verwendungszweck der Pyramide im alten dynastischen Ägypten führen.

Seher und Medien haben zu allen Zeiten darauf hingewiesen, daß es noch eine Kammer und einen Gang gibt, die erst gefunden werden müssen, doch war niemand bisher in der Lage, auf wissenschaftliche Weise diese Kammer und diesen Gang zu lokalisieren.

Die Granitpfropfen könnten auch Nischen enthalten zur Aufbewahrung von Behältern mit alten Aufzeichnungen, auch diese würden zum Vorschein kommen, wenn man erst einmal die drei Blöcke zwecks genauerer Untersuchung den Gang weiter hinaufgezogen hätte. Diese Prozedur würde nur minimalen Schaden anrichten, andererseits aber einen größeren Fund erbringen als seinerzeit die Entdeckung der Grabstätte des Tutanchamun, dessen bin ich mir ziemlich sicher.

Ich war immer schon neugierig zu erfahren, ob es den Forschern des 19. Jahrhunderts gelungen war oder nicht, diesen Geheimgang und diese Geheimkammer zu entdecken. Waynman Dixon fand die Luftschächte in der Königinnenkammer, G. B. Caviglia legte den Brunnenschacht frei, Oberst Richard Howard-Vyse entdeckte die Entlastungskammern oberhalb der Königskammer und so weiter (siehe Kapitel 7). Diese Forscher und andere gingen sehr geschickt vor bei diesen Entdeckungen, besonders Dixon, da die Luftschächte in der Königinnenkammer so gut versteckt waren, daß ich erstaunt bin, daß sie je gefunden wurden!

Professor Piazzi Smyth berichtet in seinem Buch »Our Inheritance in the Great Pyramid«, daß Mr. Waynman Dixon einen Riß in der südlichen Wand der Königinnenkammer bemerkte. Er beschloß, einen Draht hineinzustecken, um festzustellen, wie tief der Riß war. Als bereits ein »unglaublich langes Stück« Draht verschwunden war, griff Dixon zu Hammer und Meißel – und legte den ersten Luftschacht frei. Seine Ausgrabung brachte auch zutage, daß man es mit einem sauber gearbeiteten quadratischen Schacht zu tun hatte. Dixon vermutete einen zweiten Luftschacht in der gegenüberliegenden Wand – und behielt recht. Diese Entdeckung stellte eine harte Nuß dar für die Pyramidologen des 19. Jahrhunderts, die sich darüber den Kopf zerbrachen, warum die alten ägyptischen Architekten soviel Zeit und Mühe auf das Anlegen zweier Luftschächte verschwendet hatten, die nutzlos waren, da an ihrem unteren Ende eine etwa zwölf Zentimeter dicke Steinschicht nicht entfernt worden war, was jede Art von Luftzirkulation zunichte machte.

Es ist allgemein bekannt, daß diese Forscher nicht nur ihrem Instinkt, sondern auch alten Schriften und Erzählungen folgten, was Oberst Vyse veranlaßte, ein Loch in den Boden der unterirdischen Kammer zu graben, die Wand in der Nische der Königinnenkammer auszuhöhlen und ein weiteres Loch in die Decke der Königskammer zu sprengen. Wäre es möglich, daß einer oder vielleicht auch mehrere unter diesen Forschern tatsächlich die verborgene Kammer und den Geheimgang fanden und sie wieder verschlossen, um ihre Entdeckung und ihre Funde geheimzuhalten? Ich bezweifle, daß dies je bekannt werden wird, doch es gilt zu bedenken, daß mehr gefunden als berichtet oder zur Kenntnis genommen wurde. Denn weder das von Oberst Vyse gefundene Stück Eisen noch der Korb in der Königinnenkammer wurden an die große Glocke gehängt, und so wäre es sehr gut möglich, daß andere Funde überhaupt nicht erwähnt wurden.

Der rituelle und symbolische Charakter eines Pyramidenkomplexes ist stärker ausgeprägt, als man glauben sollte. Aufgrund des religiösen Beigeschmacks der frühen Pyramidenkomplexe zogen die Ägyptologen die richtige Schlußfolgerung, daß die größte Pyramide in dem Komplex als Grabstätte des Pharao anzusehen sei, die kleineren Nebenpyramiden hingegen als Gräber der Adeligen, die mit dem Pharao und seiner Dynastie verbunden waren.

Von den Pharaonen der frühen Dynastien – wie zum Beispiel Djoser aus der 3. Dynastie – wird berichtet, daß sie ein Jubiläumsfest feierten, das sogenannte »Heb-Sed«. Die Ägyptologen nehmen an, daß die Höfe mitsamt den umliegenden Gebäuden innerhalb eines Pyramidenkomplexes vor allem zu dem Zweck errichtet wurden, dem Pharao auch im Jenseits zu ermöglichen, die Heb-Sed-Zeremonie zu vollziehen. Den Überlieferungen zufolge mußte anscheinend jeder Pharao nach Ablauf einer bestimmten Zeit dieses Jubiläumsfest feiern.

Die Ägyptologen glauben, daß das Heb-Sed-Ritual eine wesentliche Voraussetzung für das Wohlergehen des Königreiches bildete, wobei gezeigt wurde, daß die Lebenskraft des Pharao ungebrochen war. Dies sind Anklänge an Stammesriten, wo der Stärkere zum Herrscher wurde. Demnach dürfte es, als Ägypten nach der Einigung zivilisierter geworden war, nicht mehr notwendig gewesen sein, den Herrscher zu töten oder sich seiner zu entledigen – was offensichtlich vor der Vereinigung der beiden Reiche der Brauch war –, sondern seine Stärke konnte durch dieses Jubiläumsfest verlängert oder erneuert werden.

Wie so vieles andere liegen auch die Ursprünge für dieses Fest im dunkeln, doch scheinen seine Wurzeln in jener fernen Vergangenheit zu liegen, in der die Könige während einer genau bestimmten Zeitdauer regierten, nach der sie dann rituell getötet wurden. Dies könnte die Zeremonie sein, die von den Metaphysikern als Initiationsritus angesehen wird, wobei es den Anschein hatte, als ob der Eingeweihte tot wäre, danach aber seine Wiederauferstehung feierte.

Einen offensichtlich wichtigen Bestandteil des Heb-Sed-Festes bildete die Wiederholung der Krönungszeremonie, bei der zwei Throne im Spiel waren – einer für die rote und einer für die weiße Krone. Eine andere Zeremonie, bei der der Pharao eine abgesteckte Strecke rund um den Hof laufend zurücklegen mußte, scheint ebenfalls zum Heb-Sed-Fest gehört zu haben. Er wurde dabei von einem Priester begleitet, der der Hüter der »Seelen von Nekhen« war: der Geister der prähistorischen Könige von Oberägypten. Laut Ägyptologen dürfte sich dieser Lauf von dem primitiven Glauben herleiten, daß die Fruchtbarkeit der Felder in irgendeiner Weise von der körperlichen Konstitution des Pharao abhänge. Die Abbildungen zeigen den Pharao dabei in einem kurzen, enganliegenden Gewand, und in seinen Händen trägt er die Embleme von Osiris.

In den späteren Dynastien wurde dann, so glaubt man, das Kenotaph zum Scheingrab des Pharao, der in seinem neununddreißigsten Regierungsjahr das Heb-Sed-Fest feierte.

Ein anderes Ritual, das mit einem Fruchtbarkeitsritus in Verbindung zu stehen scheint, zeigt den Pharao, der in der Nähe eines hohen Mastes steht, der von vier hölzernen Pfosten gestützt wird. Zwei Männer, einer über dem anderen, sind beim Erklettern dieser Pfosten dargestellt, während andere, die vielleicht eine Art Helferfunktion innehaben, Seile halten, die sowohl am Mast als auch an den Pfosten befestigt sind. Diese Szene mutet sehr stark wie der mittelalterliche Tanz um den Maibaum an.

Es kann sich nur um eine bloße Vermutung von seiten der Ägyptologen handeln bei der Behauptung, daß die Höfe und Nebengebäude des Pyramidenkomplexes für das jenseitige Leben des Pharao gedacht waren.

Ich bin überzeugt, daß der Pyramidenkomplex samt seinen verschiedenen Höfen und Nebengebäuden unter der Herrschaft des Pharao erbaut wurde und von ihm für seine spezifischen rituellen Handlungen benutzt wurde, wie sie die damaligen religiösen Gepflogenheiten erforderten. Ich sehe darin sein »Stadion«, in dem er die spirituellen und körperlichen Übungen verrichtete, die er brauchte, um sich als Herrscher der beiden Reiche und als ihr spiritueller Führer zu bewähren. Die Hohenpriester waren seine Schiedsrichter und seine Trainer, die für die körperliche und geistige Ertüchtigung des Pharao verantwortlich waren. Dies war also auch das religiöse Trainingsfeld des Pharao, wo er sich seinen angemessenen Platz zwischen den Göttern nach seinem Tode sicherte.

Die Große Pyramide selbst könnte dabei in mancherlei Hinsicht eine wichtige Rolle gespielt haben, insbesondere bei der Initiation des Pharao in seine letzte Rolle des »einen, der mit den Göttern geht«. Nach seinem Tod käme es dann zu einer symbolischen Bestattung des Pharao in der Pyramide, wie aus den Zeremonien betreffend seine Ba und Ka hervorgeht. Im Anschluß daran würde der gesamte Pyramidenkomplex als religiöse Stätte gelten, die von den Hohenpriestern betreut würde, die ja schon dem Pharao im Leben und nun auch nach seinem Tode dienten. Wegen der hohen religiösen Bedeutung des Pyramidenkomple-

Darstellung eines ägyptischen Fruchtbarkeitsrituals

xes ließen sich selbstverständlich auch die dem Hof des Pharao angehörenden Adeligen darin begraben.

In logischer Folge ergibt sich daraus, daß der Körper des Pharao, der nun unter den Göttern weilte, ebenfalls als sehr heilig betrachtet wurde und daher auf eine Art und Weise versteckt werden mußte, daß er niemals aufgefunden werden konnte – daß der

Pyramidenkomplex hierfür nicht der geeignete Platz war, weil dies zu offensichtlich gewesen wäre, erscheint nur logisch.

Der Hofstaat des Pharao hingegen hatte das Recht, sich im Pyramidenkomplex begraben zu lassen, um im Tode dem unsterblichen Geist des Pharao so nahe wie möglich zu sein. Diese Theorie erklärt die Gräberanlage rund um die Große Pyramide und auch, warum in keiner der frühdynastischen Pyramiden eine Pharaonenmumie gefunden wurde noch irgendwelche Aufzeichnungen über ihre Begräbnisstätte.

Ein Pharao folgte auf den anderen und je nachdem in welchem Maße er sich mit seinen Ahnen identifizierte, versuchte er die Statuen und Bauwerke seiner Vorgänger zu restaurieren oder zu sanieren. Es ist eine wohl belegte Tatsache, daß während der Saite-Periode, in der 26. Dynastie, große Restaurationsarbeiten an den alten Bauwerken durchgeführt wurden. Offensichtlich verspürten die Pharaonen in dieser Dynastie eine starke Zuneigung zu ihren Vorfahren und waren bemüht, die alten Zeiten wieder aufleben zu lassen. Dies könnte der Grund dafür sein, warum die Ägyptologen solche Schwierigkeiten beim Datieren der Pyramiden haben, insbesondere wenn es gilt, diese einer bestimmten Dynastie zuzuordnen. Wie schon früher erwähnt, hing das Datieren der Pyramiden ausschließlich davon ab, welches geschichtliche Beweismaterial den Ägyptologen zur Verfügung stand, entweder in Form von eingemeißelten oder aufgemalten Zeichen in den Gängen und Kammern oder in Form von Berichten der nachfolgenden Dynastien, die das Bauwerk einem bestimmten Pharao zuschrieben, und inwieweit sie dieses Material für das betreffende Bauwerk als relevant ansahen. Manches Beweismaterial wird von den Ägyptologen anerkannt, anderes hingegen verworfen. Abgesehen davon sind es die Restaurierungsversuche und die verschiedenen Aufzeichnungen über die dynastische Abfolge, die eindeutig schuld daran sind, daß den Ägyptologen, insbesondere wenn es galt, Pharaonen und Bauwerke der älteren Dynastien zuzuordnen, so viele Fehler unterliefen.

Die religiöse Macht scheint ihren Höhepunkt in der 3. Dynastie erreicht zu haben, als Seneferus Knickpyramide und seine beiden anderen Pyramiden – die nördliche Pyramide von

Dahshur und die Pyramide von Meidum – errichtet wurden. Auch der in der 18. Dynastie unternommene Versuch einer Renaissance konnte an die von den Pharaonen der späten dritten und frühen vierten Dynastie ausgeübte Macht nicht einmal annähernd herankommen. Die Priester des Re aus der 3. und 4. Dynastie verstanden es ausgezeichnet, ihren Einfluß in die Errichtung der herrlichen Bauwerke jener Epoche umzusetzen.

Ich bin sicher, daß die Knickpyramide noch viele Geheimnisse und Informationen birgt, die erst nach der Entdeckung ihrer aufwärts führenden Gänge und der damit verbundenen oberen Kammern ans Licht kommen werden. Rückblickend bleibt die Große Pyramide auch weiterhin das Rätsel, das sie immer gewesen ist und vielleicht auch immer bleiben wird. Sie stellt für den menschlichen Verstand ein schwer faßbares Problem dar: für die Wissenschaftler, die keine ausreichenden Antworten zur Erklärung all ihrer Eigenheiten finden können, für die Mystiker, die in ihrem Symbolismus nach ihrem Kode suchen.

Die alten Ägypter verwandten eine ungeheure Energie darauf, ihre wissenschaftlichen Erkenntnisse sowohl in den Abmessungen der Pyramide als auch im Bau selbst auszudrücken. Diese Energie mußte sich selbst in ihren Steinen niederschlagen. Das brachte mich auf die Idee, ein bestimmtes Experiment auf dem Gebiet der Psychometrie durchzuführen. Personen mit psychometrischen Fähigkeiten sind in der Lage, sich auf die von einem bestimmten Objekt ausgehende Energie einzustimmen und daraus seine Vergangenheit, Gegenwart und Zukunft zu erschauen.

Ich hatte einige kleine Stücke von den Kalksteinblöcken erworben, aus denen die Große Pyramide von Giseh erbaut ist, und ließ sie in kleine Plastikpyramiden eingießen. Zwei davon steckte ich in völlig neutrale Schachteln, die ich versiegelte und an Personen, die als meine Helfer bei dem Versuch fungierten, weitergab. Meine Anweisungen an sie lauteten: »Bitte geben Sie diese Schachtel einer Person mit psychometrischen Fähigkeiten und halten Sie genau fest, was diese dazu zu sagen hat.«

Von den acht Antworten, die ich erhielt, habe ich jene ausgewählt, die am besten die psychometrischen Eindrücke wiedergibt. Sie stammt von Anna M., einer dreißigjährigen Seherin aus New

York. Die Schachtel ruhte zwischen ihren Händen auf einem Tisch vor ihr, und nachdem sie in eine leichte Trance getreten war, gab sie ihre auf mediale Weise empfangenen Eindrücke wie folgt wieder: »Ich sehe eine Pyramide, aber gleichzeitig sehe ich auch eine bergähnliche Form. Ich sehe ein Auge, nur ein Auge. Ein Glücksgefühl durchströmt mich. Ich spüre Wärme. Der Himmel ist wundervoll blau mit kleinen weißen Wolken. Ich fühle, daß Wasser in der Nähe ist, kann es aber nicht sehen. Ich kann nicht sagen, woher es kommen könnte, denn das Gebiet ist sehr sandig. Es gibt Felsen von tiefroter Farbe. Es gibt eine Art Tunnel. Ich kann nicht sagen, ob er groß oder klein ist. Jetzt ist Nacht. Ich werde zu einem sehr hellen Stern im Himmel hingezogen. Ich bekomme den Stern von Bethlehem. Obwohl es Nacht ist, ist es sehr hell. Ich sehe in der Ferne ein Kreuz und einen Tempel.«

Die Eindrücke von Anna M. sind typisch für die Antworten sämtlicher Testpersonen. Alle nahmen zumindest die Pyramide wahr, sandiges Terrain und Wasser. Zwar gab es Unterschiede, was die Einzelheiten und die Länge der medial erlangten Eindrücke betraf, doch läßt sich das erstaunliche Phänomen nicht von der Hand weisen, daß dieses Stück Stein von der Großen Pyramide noch immer mit den Energien aus vergangenen Zeiten getränkt ist, die nach all den Jahrtausenden noch registrierbar sind und uns somit vielleicht einen neuen Weg zur Erforschung ihrer Geheimnisse weisen.

In den Gesichtern mit dem gütigen, friedfertigen und doch machtvollen Ausdruck, die überall in der ägyptischen Kunst anzutreffen sind, liegt ein Verstehen und eine Einheit des Bewußtseins, das den Geist zeigt, in dem die Große Pyramide erbaut wurde. Die ungeheure Anstrengung und das technische Wissen, die nötig waren, um solch ein unpraktisches und anscheinend nutzloses Wunder wie die Große Pyramide zu errichten, mußten ihre Wurzeln in der kulturellen Einheit und spirituellen Macht der ägyptischen Zivilisation haben, deren Wesen sich in ihnen verkörperte. Ich glaube fest daran, daß die Menschheit, wenn sie diese spirituelle Macht wiederentdeckt und sich aufs neue mit ihr verbündet, die verlorene Einheit mit sich und der Welt wiederfinden und in ein neues Goldenes Zeitalter eintreten wird.